高等院校应用型人才培养“十四五”规划旅游管理类系列教材

会展概论

Introduction to MICE Industry

主编◎王尚君

華中科技大學出版社
http://press.hust.edu.cn
中国·武汉

内容提要

本教材紧密结合会展专业新课标，收集并分析近几年来一系列在我国举办的重大国际会议、展览等会展活动，不仅引导学生深入理解会展的基础知识点，也综合展现会展业在当代社会发展中的作用，更激发学生的爱国情怀和自豪感。本教材共五个章节。第一章主要介绍会展的学科性质和特征、会展专业人才素养结构以及会展行业岗位需求与职业定位，使学生掌握会展学科、专业及职业特征。第二章介绍会展的概念和类型，明确会展定义、内涵与外延。第三章主要介绍会展业及产业结构、会展经济及目的地的影响效应、我国会展产业发展区域特征、会展经济运行环境及机制等。第四章主要介绍会展市场三要素的构成、定义和特征。第五章主要介绍单一会展项目、会展活动的开展所需要的组织流程与管理内容，主要包括前期会展策划、中期会展服务与管理、后期会展评估与客户关系管理等。

图书在版编目(CIP)数据

会展概论 / 王尚君主编. -- 武汉 : 华中科技大学出版社, 2025. 6. -- ISBN 978-7-5772-1919-6

Ⅰ. G245

中国国家版本馆 CIP 数据核字第 2025YL3412 号

会展概论

Huizhan Gailun

王尚君　主编

策划编辑：王雅琪

责任编辑：鲁梦璇

封面设计：原色设计

责任校对：刘小雨

责任监印：曾　婷

出版发行：华中科技大学出版社(中国·武汉)　　电话：(027)81321913

武汉市东湖新技术开发区华工科技园　　邮编：430223

录　　排：孙雅丽

印　　刷：武汉市籍缘印刷厂

开　　本：787mm×1092mm　1/16

印　　张：16

字　　数：347千字

版　　次：2025年6月第1版第1次印刷

定　　价：49.80元

本书若有印装质量问题，请向出版社营销中心调换

全国免费服务热线：400-6679-118　竭诚为您服务

前　言

Preface

作为现代服务业的重要组成部分，会展业是提升产业链供应链效能的重要抓手，也是构建现代市场体系和开放型经济新体制的重要平台。当前，我国会展业发展呈现两大鲜明特征。

第一，伴随我国已迈入数字经济发展新阶段，会展业也正顺势而行，利用数字化信息化手段，不断优化资源配置，向产业数字化迈进。2024年4月，商务部印发《数字商务三年行动计划(2024—2026年)》，提出要推动数字贸易改革创新发展，提升重要展览展会数字化水平，为会展业数字化发展保驾护航。

第二，2021年文化和旅游部印发《"十四五"文化和旅游发展规划》，进一步推进文化事业、文化产业和旅游业繁荣发展，整合优势资源，实施"文化＋""旅游 ＋"战略，推动文化和旅游产业与相关产业融合发展。在此背景下，会展业作为文旅融合发展的重要组成部分，也不断与旅游业及其他产业进行深度融合，呈现特色发展新业态、新模式。

会展业发展的新趋势、新现象与新特征对高校会展专业人才的培养提出了高要求，跨学科、复合型、应用型、创新型成为会展人才的总体培养目标。在理论与知识结构方面，会展专业人才应更加具备跨学科属性，需要掌握管理学、市场营销学、传播学、艺术设计学、经济学、社会学、统计学、信息科学、旅游学等多学科知识；在专业技能方面，会展专业人才应具备综合素养，包括策划、组织、设计、运营、管理、评估等多层次专业技能；在实践操作方面，会展专业人才应更加具备创新创造能力，包括创新思维、应变能力、国际视野以及跨文化沟通能力等。此外，会展专业人才还应具备良好的职业素养，包括树立正确的世界观、人生观和价值观，具备良好职业道德、培养服务意识和团队合作精神。

面向会展业发展时代特征以及高校会展专业人才培养的目标与要求，本教材在编写中做到了与时俱进，从整体上对教学内容、资源和素材做了调整。在课程地位方面，会展概论在会展专业课程体系中居于非常重要的地位，是该专业其他核心课程(如会展营销、会展策划、会展项目管理等)的先导课程，本教材的知识架构与章节逻辑可以有效引导和帮助学生全面熟悉和了解所学专业的学科理论与知识体系。会展概论是会展专业学生了解会展基本经济现象的一把钥匙，是洞察会展业发展环境、状态与趋势的一扇窗户，因此本教材的知识体系设计与内容编排体现了动态化与前瞻性，启发学生培养创新思维，树立可持续发展观，促使他们在知识获取与学习过程中保持与时俱进。从课程任务来看，会展概论是引导会展专业学生进入会展领域的入门课程，因此本教材在内容设计和素材选择上注重“立德树人”，将“工匠精神”“中国会展”“峰会外交”“文化自信”“新质生产力”“创新发展”等与章节内容有机融合，在传授理论与知识的同时实现思想与价值的引领，为培养德才兼备的专业人才奠定基础。

本教材在编写过程中参考了大量国内外相关文献研究成果，借用了政府、相关部门和机构的政策性文件，参考了中国国际贸易促进委员会各年度的中国展览经济发展报告，并得到包括上海博华国际展览有限公司等多家会展机构和企业的支持，在此一并表示诚挚的谢意!

本教材在编辑过程中尽量将所引用和参考的数据、图表、案例等素材与教材内容融于一体，有助于学习者准确洞悉和把握行业相关政策、发展动态、经济效能与时代特征，以提高教材编写所要达到的教学目标与教学要求。

未来，笔者将继续保持与时俱进的优良作风，时刻关注党和政府有关会展业发展的政策，洞悉会展行业发展动态，将复合型应用型创新型会展专业人才培养落到实处。

编者

2025年5月7日

目　录

Contents

第一章

绪论

章节概述

走进会展，不忘初心！迈入会展“殿堂”伊始，学生需要明确会展理论学习框架，熟悉和了解会展行业的岗位需求，熟知行业对从业人员的素质要求，结合自身特长与优势，合理定位并做出职业选择，以蓬勃热情投身会展行业，成为一名勤劳踏实、奋勇拼搏、勇于突破、德才兼备的“会展匠人”。

学习目标

1. 了解会展学科的性质和特征，树立正确的会展学科思维。
2. 明确会展学科学习的基本知识结构，熟知会展人才培养目标。
3. 掌握会展行业和岗位需求，明确职业方向与定位。

素质目标

1. 会展行业作为跨学科、多领域融合的综合体，需要一支敢于创新、踏实苦干的应用型、复合型、创新型人才队伍。本章引导学生树立正确的职业观、价值观和人生观。

2. 我国会展行业在世界经济和贸易浪潮中砥砺前行，持续彰显“中国精神”，即不断发展和弘扬劳模精神、劳动精神、工匠精神。本章帮助学生树立职业初心，成为“会展匠人”，为中国特色社会主义伟大事业贡献力量。

3. 我国会展行业正以创新驱动为引领，以绿色低碳为导向，为中国经济高质量发展持续注入活力。会展行业要跟随科技发展，在行业发展中融合数字化、智能化等要素，展现强大效能与活力。本章帮助学生掌握“新质生产力”的理论，助力培养契合现代化建设需求的创新型、复合型人才。

章前引例

中国国际进口博览会在“四叶草”等你来！

第一节　认识会展学

现代服务业和会展产业的蓬勃发展，推动了会展学作为一门新兴学科的形成，现代服务业、会展产业的兴盛催生了会展作为新兴学科的诞生。有学者提出：“会展学是基于社会科学、技术科学和自然科学的一门综合性交叉学科。”

随着全球化的不断深入，会展不仅成为企业推广产品、拓展市场的关键平台，也成为提升城市形象、促进地区经济发展、加强国际经贸合作的重要桥梁。

在这样的大背景下，会展学科应运而生，通过培养专业的会展策划、组织、管理和运营人才，适应会展业快速发展的需求。

一、学科属性

会展业的高速发展，依赖于会展学科的日益成熟。

以“会展”为关键词在中国知网上进行搜索，截至2025年1月27日，共搜到“学术期刊”文献34134篇，其中中文文献13662篇，外文文献20472篇。中文文献中，关于会展的第一篇文章发表于1954年9月28日，名为《全国基建出土文物会展中所见的石器时代》，第二篇发表于1986年7月30日，名为《欲扬先抑——从〈北京青年画会展〉说起》。

在万方数据库中，截至2025年1月27日，“会展”相关论文共计69966篇，其中学位论文2814篇，公开发表的期刊论文56549篇。万方数据库中“会展”相关论文的研究范围如图1-1所示。

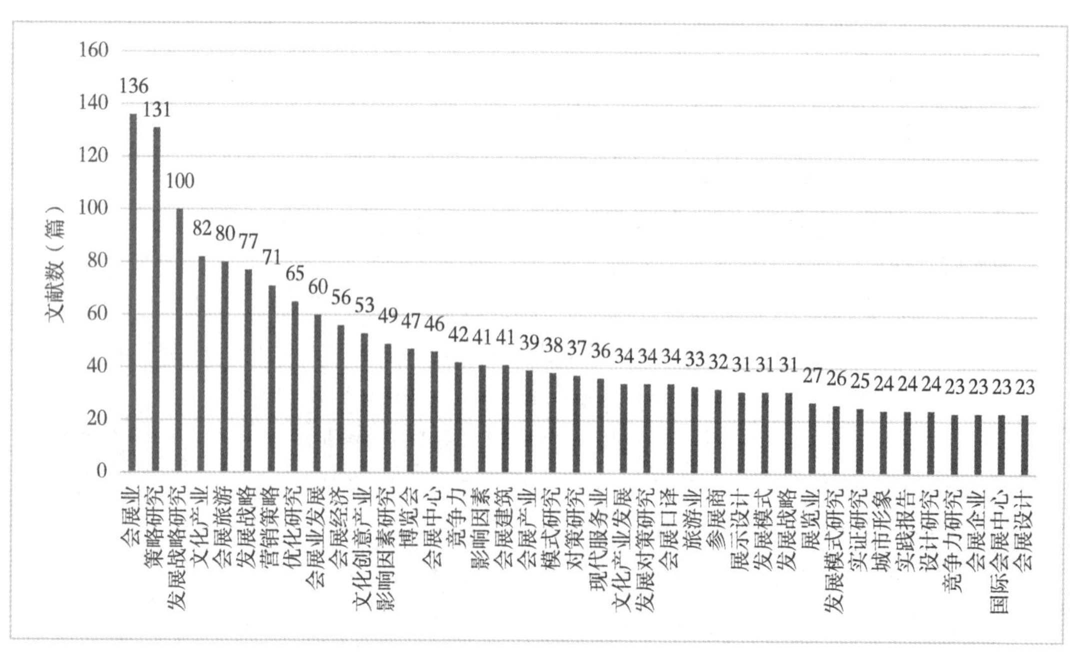

图1-1　会展学研究范围

综合分析可知，会展相关研究内容和领域既包括理论研究又包含应用研究。理论上，会展研究涉及会展基础研究、会展应用研究和会展专题研究三部分。会展基础研究涵盖会展学原理、会展史学、会展社会学等多个具体门类；会展应用研究涉及会展及会展业属性和产业规律、会展策划、招展布展、经营、服务与管理等门类，旨在分析与解决会展行业实践中存在的普遍现象与问题，探讨解决方案与策略以指导会展行业发展。

（一）学科定位

首先，会展学是一门基于社会科学、技术科学、自然科学的综合性交叉学科。它既是理论学科，又是应用科学，是一门边缘科学。它既是研究人类社会政治、经济、文化活动的学科，又是对人类会展实践经验的概括和总结。会展学的知识领域涉及信息学、传播学、经济学、管理学、旅游学、建筑学、运输学、口岸学、艺术学、环境科学、安全科学、社会学、文化学、政治学、公共关系学、心理学、政策学、法学等众多学科。还有学者将会展的本性理解为现代服务业中的营销沟通服务。其次，会展学具有独特的学科属性。考虑会展学科定位，必须考虑会展的本质属性：会展是一个信息栈，会展信息交流属于"栈交流"。俞华先生进一步认为，根据交叉学科偏序性特征对会展学进行学科定位，会展学应属于信息科学范畴，为信息科学的分支学科，并提出，只有将会展学纳入信息科学，才能将现场会展与网上会展统一归类于一门学科（即信息科学）之下，会展学理论才能自圆其说、自成体系。

会展学教育面临着社会辨识度低的问题，学界对其学科归属的科学性尚未达成共识，会展学科体系尚未走向成熟。各个高校根据自身教育资源，对会展教育的定位也各不相同，有管理学定位、旅游学定位、传播学定位、艺术学定位等。

庄惠阳认为，会展最初以行业的姿态现身，取名为"会展学""会展经济学""会展管理学""会展策划学""会展营销学"等，均无法彰显会展学科体系的独立性。

会展业作为一个务实性、操作性和服务性很强的行业，会展活动具有复杂性和广泛性，会展学的诞生应属水到渠成、恰逢其时。

李昀怿指出，会展学作为一个综合经济、社会、艺术和传播的交叉学科，在现代社会中具有重要的价值。通过建立完善的会展学学科体系，打破会展领域长期以来重实践、轻理论、技术导向的局限，推动行业的人才培养和理论研究，进而更好地实现会展的价值，推动会展行业的全面发展。

由此，明确会展学的学科性质，不断突破理论局限性，创立能够与时俱进的系统的会展科学理论，建立稳定的会展科学模式、有序合法的会展学学科体系，有利于指导会展事业的健康持续发展。

我国会展专业本科定位与确立集中于2010年前后，专业命名为"会展经济与管理"，学科归属为"管理学"中的"旅游管理类"，即作为旅游管理二级学科下的三大专业之一。但会展经济与管理专业与旅游管理专业、酒店专业管理间存在实质上的差距，其自身的附属性、衍生性、综合性远超这两个同级专业。

2020年，教育部公布“2019年度普通高等学校本科专业备案和审批结果”及《普通高等学校本科专业目录(2020年版)》(见图1-2)。上海大学会展专业成功获批目录外新增首个特设交叉本科专业，其被纳入文学门类新闻传播学专业类下，专业代码为99J001T(后变更为050310T)，学制四年，授予文学学士学位。其设立的内在逻辑是支持急需紧缺和新兴专业，同时对新专业的科学性、必要性、可行性和以及专业名称规范性严格把关，体现了教育主管部门根据社会需要，以及在专业设置上的科学态度和创新作为，成为新时期会展教育跨入新阶段的标志。

教育部关于公布2019年度普通高等学校本科专业备案和审批结果的通知

教高函〔2020〕2号

各省、自治区、直辖市教育厅（教委），新疆生产建设兵团教育局，有关部门（单位）教育司（局），部属各高等学校、部省合建各高等学校：

根据《普通高等学校本科专业设置管理规定》（教高〔2012〕9号），我部组织开展了2019年度普通高等学校本科专业设置和调整工作。经申报、公示、审核等程序，根据普通高等学校专业设置与教学指导委员会评议结果，并征求有关部门意见，确定了同意设置的备案专业、国家控制布点专业和新增目录外专业点名单。本年度各高校新增备案专业1672个、审批专业181个（含130个国家控制布点专业和51个目录外新专业），调整学位授予门类或修业年限专业47个，撤销专业367个。

现将2019年度普通高等学校本科专业备案和审批结果予以公布（见附件1）。同时，在《普通高等学校本科专业目录（2012年）》基础上，增补了近年来批准增设的目录外新专业，形成了最新的《普通高等学校本科专业目录（2020年版）》（见附件2），一并予以公布。

请各地各高校认真做好新设专业的建设工作，坚持需求导向、标准导向、特色导向，把按社会需求办专业作为专业设置和调整的前提条件，把落实国家标准作为专业建设的底线要求。要根据社会需求变化情况，动态调整招生规模，持续改进和提升专业内涵。要健全质量保障，加强对新设专业的检查，促进人才培养与经济社会发展紧密结合。

图1-2　教育部关于公布2019年度普通高等学校本科专业备案和审批结果的通知教高函〔2020〕

(来源:中华人民共和国教育部官网)

总的来说，我国会展学科的发展可大致分为以下阶段:起步阶段、快速发展阶段、成熟与深化阶段。

在起步阶段(2000年及更早)，会展学作为一个相对新的领域，开始受到学术界和业界的关注。此时，会展学主要被视为与旅游、管理、经济等学科相关的交叉学科，学科定位尚未形成统一的认识，但已有学者开始探讨会展学的学科属性和发展方向。

在快速发展阶段(2000年至2010年)，伴随着会展业的高度繁荣，越来越多的高校开始设立会展相关专业，并加强了对会展的研究，会展学的交叉学科属性日益凸显，不仅与管理学、经济学等学科紧密相关，还涉及旅游学、传播学等多个领域，在此阶段，会展学的学科定位逐渐清晰，被视为一个综合性的交叉学科，旨在培养具备多学科知识背景和实践能力的会展复合型人才。

在成熟与深化阶段(2010年至今),会展学在快速发展的基础上,进一步纵深发展,在全球化加速和数字化技术普及背景下,会展业面临着新的挑战和机遇。会展学衍生出数字会展、智慧会展等新兴领域,会展学的定位将会进一步体现交叉学科属性和集中服务产业功能。会展学不仅关注会展活动的策划、组织和管理,还更加注重国际化、产学研一体、创新发展和可持续发展。未来,伴随着会展行业的创新发展实际,会展学的定位也将不断更新和完善,以适应行业高速、高质量发展的新需求。

(二)学科特点

会展学区别于其他学科的最根本的特点,便是"以人类社会的会展活动现象为研究对象,研究人类会展活动的基本规律、普遍原理和通用方法。"

相比其他应用型学科,会展学的自身特点十分明显,主要体现在会展学要匹配动态的市场需求。会展学的目标是围绕会展学科的知识点,紧扣会展环节所需的技能,最终达到知识点与技能点的完美结合。

综合考量会展学的诞生背景、学科定位、专业建设、课程体系、人才培养以及教育模式等一系列条件,可以发现,作为一门位于诸多学科交叉边缘地带的高应用性的新兴人文学科,其学科性质可以概括为以下几方面。

1. 多元性

在分析会展学体系的多元属性时,需关注其跨领域特性和实际应用性。会展学是一门融合了经济、管理、文化等学科领域知识与技能的综合性学科。它的核心特点在于理论与实践的紧密结合,如会展活动的策划、执行与评估。技术的进步和市场需求的变化促使会展学不断吸纳新理论和新技术。因此,在构建会展学体系时,必须兼顾其多元性和实用性,确保理论基础的稳固,同时满足实际应用的需求。

2. 应用性

会展活动由人类需求发展而来,会展学的任务就是要告诉人们应该如何进行现代会展的服务与实施。会展活动的策划是否能与时俱进、展台的设计是否能体现企业文化并吸引大众、招商招展是否能成功、现场管理是否能做到有条不紊等,必须付诸实践,去实施、去检验,所以会展学是直接服务于社会实践的学科,有很强的应用性特征。

3. 交叉性

会展活动影响面广、联动性强。当前,会展与文化创意产业、旅游产业、移动互联网产业等的跨界合作和资源整合,正成为会展业的新常态。基于此,会展业需要一大批熟悉跨行业、跨媒介的全产业链组织运作人才,通过跨界去融合行业资源,创新会展业的产业发展模式,实现会展业的转型升级。近年来,会展业的数字化转型进程加快,通过5G、直播、VR等新技术手段打造的线上会展、云会展已成为会展的新模式。

4. 层次性

会展学的层次性体现在会展的教育与研究涉及应用型的会展设计与技术、管理型的会展策划,以及会展学科研究。

二、会展专业"大观"

(一) 专业设置

据统计,国内高等院校自2002年创办会展专业以来,截至2023年,全国29个省(区、市)的65个城市累计有246所高等院校开设会展经济与管理专业(本科)或会展策划与管理专业(专科),相比2022年减少了16所,降幅为6.1%。其中,本科院校有120所开设会展管理相关专业,专科院校有126所开设会展管理相关专业。

会展专业设置的普遍性以"工程化、实战型"为基础,即将科研活动引入教学,强化实训和实践环节,实现见习、社会实践、科研训练、课程设计、综合实训、毕业设计等实践教学工程化。

坚持师生互动、教学相长的创新教学;坚持"学以致用、实战为本"从模拟到实战的实务训练与实践;坚持"创新应用,真题真做"的实训设计;坚持"专业人做专业事"的全线策划实践活动,有机联系课堂、校园,教学与实践相得益彰。

我国会展专业设置在层次上包含研究生、本科、高职和中职四个教育层次,在专业类别上主要涉及会展管理类和展示设计类专业,命名略有差异。依据对全国会展专业设置的不完全统计,会展管理类专业名称命名主要有会展经济与管理、会展策划与管理、会展管理与服务、会展营销与策划、会展旅游管理、会展商务管理、会展信息管理、会展项目管理、国际会展管理、会展经济与贸易、会展与节事管理、会展物流管理、会展广告与传媒、会展服务与管理、会展运营管理、会展与活动管理、会展与文化产业管理、会展大数据管理、会展人力资源与管理、会展法规与政策、会展英语(管理方向)、会展金融与财务、会展数字化管理、会展国际商务等;展示设计类专业名称主要有展示艺术设计、会展设计与制作、展览展示设计、会展空间设计、会展视觉传达设计、展示陈列设计、会展多媒体设计、展具设计与工艺、会展环境设计等。

(二) 课程设置

基于会展业的跨行业、跨专业特性,国内大部分高校专业核心课程设置十分庞杂,主要以管理学、市场营销学、经济学等学科为依托构建课程,体现了会展专业交叉属性、跨领域价值和信息沟通交流特质(见表1-1)。

表1-1 国内10所高校会展经济与管理专业课程比较

学校	华侨大学	天津财经大学	上海对外经贸大学	湖南师范大学	中山大学
核心课程	西方经济学、管理学基础、传播学、会计学基础、统计学、市场营销、经济法概论、管理信息系统、会展概论、会展财务管理、会展人力资源管理、会展经济学、会展公共关系、会展专业英语、会展运营管理、展览会组织与管理、会展场馆经营与管理、会展现场管理、会展风险与安全管理、休闲与旅游学概论、旅行社经营管理等	会展政策与法规、企业参展实务、文化创意产业导论、会展艺术设计基础、会展营销、会展传媒与公共关系、会展场馆经营与管理、博物馆经营管理、节事活动策划与管理、会展商务谈判、会展电子商务、会展物流管理、会展项目管理、会展项目经典案例、奖励旅游、会展文案、会展运营实验、会展视觉系统设计、虚拟会展设计、会展信息与管理、会展沟通与礼仪、会展调研报告、旅游学术思想研讨、旅游经典著作阅读、旅游研究方法	中方课程：活动管理原理与实务、国际贸易、财务管理、统计学、会计学(英)、会展与旅游概论、展览组织与策划、第二外语(德语)等； 德方课程：微观经济学、商务管理原理、市场营销、宏观经济学、战略管理、人力资源管理与领导力、跨文化交际与学术写作、文化管理、国际会展业概况、会展财务与风险管理、企业参展实务、会议管理、企业活动管理、会展物流、场馆与会展目的地管理、会展创业管理	旅游学概论、管理沟通、会展概论、会展营销、会展数字化运营、旅游目的地管理、会展策划与管理、旅游接待业、会展项目管理、会展传播学、管理研究方法、旅游消费者行为、商业分析与数据思维、会展场馆经营与管理、会展商务英语	微观经济学、宏观经济学、管理学原理、会计学原理、旅游地理学、旅游学原理、程序设计、商务统计、研究方法基础、研究设计、旅游组织行为学、营销学原理、服务运营管理、旅游消费者行为学、战略管理、会展概论、项目管理、会展策划与管理、整合营销传播、文化创意产业导论、体验设计与管理、活动风险管理

学校	上海师范大学	四川大学	南开大学	北京第二外国语学院	上海第二工业大学
核心课程	会展概论、节事活动策划与管理、会议策划与管理、展览会策划与管理、奖励旅游策划与管理、公司活动策划与管理、婚庆策划与组织、参展实务、会展市场营销、DMC经营与管理、会展融资、展示设计与搭建等专业课程	管理学原理、微观经济学、宏观经济学、产业经济学、市场营销学、消费者行为学、商务统计学、项目管理、会展概论、会议需求与策划、展览策划与组织、节庆活动策划与管理、企业参展原理	管理学、微观经济学、市场营销、财务管理、会计、人力资源管理、展览策划与管理、会议策划与管理、节事策划与管理、会展营销、会展风险评估与管理等	经济学、管理学原理、统计学原理、服务业管理、项目管理、管理信息系统、会展概论、会议运营管理、展览会策划与管理、策划学等	西方经济学、管理学、会计学、产业经济学、运营管理、国际贸易理论与实务、应用统计学、市场调查与分析、会展概论、会展策划、会展营销、会展文案、会展英语、会展项目管理、会展信息管理、会展财务管理、会展场馆运营与管理、参展实务、艺术策展管理、奖励旅游策划与组织、节事活动组织与管理

（来源：根据各院校官网收集整理）

会展业准入门槛相对不高，但专业性极强，会展人才需求具有跨学科、跨专业的特点，因而除了让学生掌握扎实的基础知识和技能，各高校应根据自身的师资、硬件设施等实际情况，发挥专业背景优势，找准会展人才培养的切入点，设置独具特色的专业课程体系，立足专业特色，培养本校学生的核心竞争优势。从国内较早开设会展本专科专业的高校来看，专业特色和课程设置大致可分成四个方向。经济管理类方向以上海师范大学、浙江万里学院等为代表，重点研究会展整个过程的策划、营销、管理和服务；外经外贸类方向以北京第二外国语学院、上海对外经贸大学为代表，配套世界经济与政治、跨文化研究以及国外会展等课程；旅游类方向以厦门理工学院、沈阳师范大学为代表，主要设置了会议策划与管理、展览会策划与管理、旅游策划与管理、节事活动策划与管理等课程；信息管理类方向以上海第二工业大学为代表，重点从信息管理、信息传播角度切入。再如，上海工程技术大学的会展人才培养聚焦于“展会设计与展台搭建”方向，发挥该校艺术设计专业的优势，并结合工科院校的特长，培养的学生十分受就业市场欢迎。再如，上海出版印刷高等专科学校强调培养学生策划设计能力，偏向文化创意板块；上海工商职业技术学院将会展与电商结合，强调学生营销与服务能力。

在数字经济时代背景下，会展业正不断拓宽融媒体资源和打造平台，从传统会展向数字会展转型。数字会展市场和企业需求，为会展人才培养提出了新的导向。会展数字化人才培养，要提升多领域能力，增设会展信息系统、数据分析、智能化等课程，强化信息化管理能力，运用信息技术优化流程，提升管理效率与服务质量。开设虚拟展厅、数字化展品等课程，借助VR、AR技术培养学生的数字化展示设计能力，提升展示效果与观众体验。教导学生运用移动营销、搜索引擎营销等手段，提升数字化营销能力，增强参展商参展意愿。加强在线支付等信息安全教学，重视会展数字化安全和服务能力培养，保障参展商信息安全，提升展会口碑。培养会展专业学生的数字化能力，能提升管理效率与服务质量，增强展示效果与观众体验，提高参展商参展意愿与服务效率，规避信息泄露风险，是建设会展品牌、推动会展行业发展的关键。总之，伴随会展行业的发展，会展专业设置以及课程体系的设计均需增强新理解、新认知，不断做出积极的调整，促进会展专业课程体系建设的科学化、规范化和适用性，以应对会展业对应用型复合型人才的需求。

此外，产学融合、校企合作是当前高校在会展人才培养中的重要模式，可以弥补会展教学偏重理论知识教育、与实践相脱节的问题。与会展企业合作开展实习实训，可以弥补高校教学资源不足的问题，为学生提供更多接触实践和锻炼的机会。校企联合培养模式可以优化会展人才培养方案，促进学生理论知识与实践相结合，形成理论教学与实践教学相结合、课堂教学与现场实习相结合、校内实习与校外实习相结合的人才培养机制。

三、学科研究及发展趋势

新时代背景下，会展学研究正呈现出一系列引人瞩目的发展趋势。

（一）高度聚焦数字化、智慧化发展领域，研究趋势愈发显著

在智慧会展产业理论及评价标准的体系构建方面，众多学者致力于梳理智慧会展的概念、内涵以及其独特的运行机制，力求构建一套科学、全面且具有可操作性的评价标准体系，以此来衡量智慧会展的发展水平和成熟度。城市会展经济的发展需要融入数字经济，全方位、多角度地实现场馆的数字化、智能化转型升级。例如，从智能化设施的配备程度、数据处理与分析能力，到用户体验的优化等多个维度设定指标，为智慧会展产业的健康发展提供理论依据和实践指导。在产业的大数据平台搭建上，通过整合参展商、观众、展会活动等多方面的数据，利用先进的数据挖掘和分析技术，精准洞察市场需求、参展偏好以及行业动态，为展会的策划、组织和运营提供有力的数据支撑。以进博会、工博会为例，借助大数据平台，成功实现了参展商与观众的精准匹配，大大提高了展会的成交效率和商业价值。同时，信息化创新人才培育也成为关键一环。随着会展行业数字化、智慧化进程的加速，培养既懂会展业务又具备信息技术和创新能力的复合型人才迫在眉睫。高校和专业培训机构纷纷开设相关课程和培训项目，为会展行业输送新鲜血液，向着高质量、绿色化方向稳健发展。

（二）研究视角变得更为立体，跨领域融合的趋势已初步显现

以往的会展研究往往局限于单一会展领域，而如今的研究范畴已拓展至会展与营销、旅游、文化、新媒体等多个领域的融合。在会展与营销的融合研究中，学者们探讨如何利用会展平台进行有效的品牌推广和市场拓展，通过创新营销手段，如线上线下结合的互动式营销、社交媒体营销等，提升会展活动的影响力和商业价值。会展与旅游的融合则催生了会展旅游这一新兴业态，学界开始研究如何整合会展资源和旅游资源，打造集会展、观光、休闲、购物于一体的综合性旅游产品，吸引更多游客和参展商。会展与文化的融合，让会展成为传播文化、传承历史的重要载体，通过举办各类文化主题展会，展示地域文化特色，提升城市文化软实力。而会展与新媒体的融合，使得会展的传播渠道更加多元化，利用直播、短视频等新媒体形式，打破时空限制，让更多人能够参与到会展中来。

（三）研究聚焦会展经济与品牌塑造等领域，并不断向纵深发展

在会展经济研究方面，学界更加注重研究方法与模型的适用性以及实证数据的可靠性。学者们运用计量经济学、统计学等多学科方法，构建科学合理的研究模型，对会展经济的各个环节进行深入分析。例如，通过建立投入产出模型，评估会展对当地经济的直接和间接拉动作用，为政府制定相关政策提供科学依据。同时，对实证数据的收集和分析也更加严谨，通过实地调研、问卷调查等方式，获取真实可靠的数据，确保研究结论的准确性和可信度。在会展品牌塑造方面，研究聚焦于品牌的传播力和对城市形象的塑造。一个成功的会展品牌，能够通过有效的传播手段，吸引更多的参展商和观众，提升展会的知名度和美誉度。同时，会展品牌作为城市的一张亮丽名片，能够向外界展示城市的产业特色、文化底蕴和发展活力，对城市形象的塑造和提升起到积极的推动作用。例如，德国汉诺威工业博览会作为全

球知名的会展品牌，不仅推动了德国工业的发展，也极大地提升了汉诺威这座城市在全球的影响力。

第二节　走进会展行业

一、会展行业发展现状

会展业是一个新兴的服务行业，会展经济效益高、联动性高、导向性强、凝聚性好、交融性强，已经发展成为我国新的经济增长点。

以展览业为例，依据《中国展览经济发展报告2024》，在国家政策支持和市场活力的共同推动下，2024年中国展览行业在2023年全面复苏的基础上，保持平稳发展，市场化水平不断提升，国际化程度持续加深，在京津冀、长三角、珠三角等重点区域形成了具有全球影响力的展会集群，为中国乃至全球经济高质量发展持续注入活力。中国展览业已进入优化布局、提升质量的重要阶段，需要不断改革创新，充分挖掘潜力，推动展览业高质量发展。整体呈现以下几个特征。

（一）规模持续扩大，区域集群结构不断优化

中国展览业近年来保持快速增长态势，2024年共举办经贸类展会3844场；展览总面积达1.55亿平方米，同比增长10.1%；展览规模与数量居亚洲首位，并逐步成为全球会展市场的重要参与者。从区域分布来看，2024年经贸类展会依然呈现明显的区域集聚特征，东部地区举办经贸类展会项目数量和总面积均为全国之最，分别占国内经贸类展会总数和总面积的67.3%和72.5%。京津冀、长三角、珠三角三大区域举办经贸类展会数量占全国总量的54.9%，总展览面积占比达62.1%。一线城市（如北京、上海、广州）仍是核心会展中心，二线城市（如成都、杭州）及西部地区（如重庆、西安）依托产业优势和区域政策支持，加速形成区域会展集群，推动东中西部协调发展。

（二）国际化水平提升，出境展比例增加

一方面，中国展览国际化水平和规模不断提升。UFI（国际展览业协会）认证是对展会质量和规模的国际化权威认证，2024年通过UFI认证的中国（不含港澳台）会员单位和展会项目数量不断提升。截至2024年12月，中国已有265个展会项目通过UFI认证，相比2023年增长超过20%；通过认证的会员单位有253家，相比2023年增长约10%。这些会员单位分布在中国的52个城市，其中上海、北京、深圳是中国UFI会员单位最多的前三大城市，分别有36家、32家、20家。

另一方面，展览业是经济发展的“晴雨表”和“风向标”。中国是全球经济的增长引擎，也是整个展览行业的增长引擎，外资企业重视通过展会拓展中国市场，国际参展商占比显著提

升。2024年，进博会、链博会、服贸会等重点展会的外国参展商数量均创新高。2024年，第二届中国国际供应链促进博览会共有600余家企业、机构和国际组织参展，境外参展商占比从首届的26%上升到32%；涉及69个国家、地区和国际组织，其中包括78家世界500强企业、86家中国500强企业。

同时，中国会展企业积极"出海"。2024年，中国贸促会审批通过并实际执行出国展览项目1166项，涉及60多个国家或地区，其中出国参展1067项，出国办展99项，涉及68家组展单位和60个国家或地区，参展企业5.01万家，展览面积70.37万平方米。从出国展实际执行项目数量、组织企业数量、展出面积来看，分别同比增长29.4%、26.3%、23%。

（三）科技赋能行业，继续推进数字化转型

科技创新能够催生新产业、新模式、新动能，是发展新质生产力的核心要素，近年来，我国展览业不断加快产业数字化进程，以新动能推动新发展，整体上数字化转型加速。大数据、云计算、人工智能、区块链等技术加速创新，推动会展模式，线上线下融合办展模式成为常态，通过线上平台拓展展示空间和参与范围，同时结合线下的实体展示和交流互动，VR、AR技术为参展者和观众提供更加丰富和便捷的体验，沉浸式体验效果上升。"数智化"为展览业创造新需求、新模式和新增长点。展览业数智化转型是顺应新一轮科技革命发展趋势、把握产业变革新机遇的必然选择。

（四）实现"双碳"目标，绿色转型加速

为深入贯彻落实国家"双碳"目标，响应《国务院关于进一步促进展览业改革发展的若干意见》中提出的"低碳、环保、绿色理念"以及《国务院关于加快建立健全绿色低碳循环发展经济体系的指导意见》中提出的"推进会展业绿色发展，指导制定行业相关绿色标准，推动办展设施循环使用"的战略导向，中国多地政府将绿色会展纳入政策支持范围，会展业积极开展展览绿色化、低碳化发展之路，将碳中和作为会展行业硬性要求积极开展实践。第一是实现"绿证"办展，减少碳排放量。例如，2024年第七届中国国际进口博览会首次实现"零碳认证"，场馆采用光伏发电和可循环建材；中国华电集团有限公司将新能源项目申领的1万张"绿色电力证书"捐赠给国家会展中心（上海）助力实现场馆"零碳排"用能办展，第七届进博会前后2个月的绿色电力消费需求，估计减少碳排放约4200吨，绿色电力消费规模和时长为历届之最，进一步提高了中国绿证的国际影响力。第二，是在展会运营中对可持续材料的广泛应用：展会搭建、装饰环节更多地使用可回收、可再生、可降解的材料，减少对传统不可降解材料的依赖，降低展会废弃物的产生。第三是实现全产业链的绿色协同：会展业将加强与上下游产业的协同合作，形成全产业链的绿色发展理念和模式，包括展览场馆、搭建商、参展商、物流供应商等各方共同参与，实现资源的高效利用和废弃物的减量化、资源化处理。

除了绿色低碳实践，会展业也着手探索绿色会展的标准化建设，取得了一定成效，标准体系逐渐完善，涉及国家标准、地方标准、行业标准和团体标准四个层面。在国家标准层面，2023年由国家市场监督管理总局和国家标准化管理委员会发布的国家标准《绿色展览运营

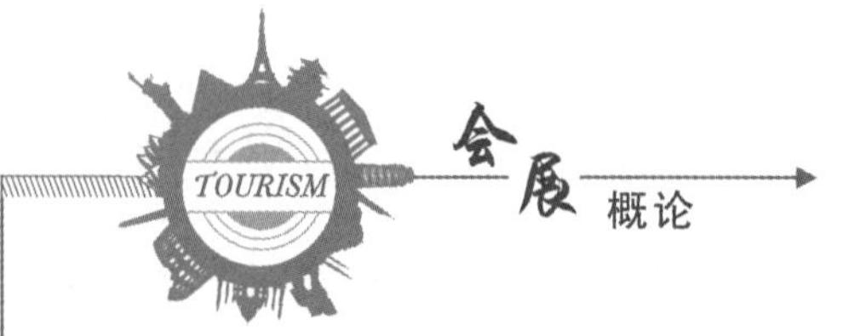

指南》(GB/T 42496—2023)提出了"3R原则"(即减量化、再利用、再循环),为全国会展行业提供了具体规范。在地方标准层面,上海、浙江、广州等省市已发布了绿色会展相关地方标准,如2018年由上海市质量技术监督局发布的《绿色展览会运营导则》(DB31/T 1112—2018)等。此外,还有相关行业标准,如2018年由商务部发布的《环保展台评定标准》(SB/T 11217—2018);以及地方行业协会为代表的团体标准,如2023年由上海市会展行业协会发布的团体标准《绿色会展运营与管理要求》(T/SCEIA 001—2023)等。

(五)新质生产力是发展新机遇

2024年,我国展览行业紧紧抓住新质生产力发展机遇,以创新驱动为引领,以绿色低碳为导向,展示我国新质生产力发展的最新成就,战略性新兴产业、未来产业等成为2024年展览业的重点与热点展示内容。2024年,工业与科技类展会数量仍居各类展会首位,共1064项,同比增长63.4%;占比达27.7%,同比增长11.1%。

二、会展行业发展趋势

(一)展览业高质量发展将持续为经济发展注入活力

1. 展览会举办将引领消费升级

展览业作为现代服务业的重要组成部分,是扩大内需的重要支撑,展览活动有利于更好地实现供给与需求的对接。通过各类展会,能够助力消费需求的有效释放,引领消费升级新趋势。中央经济工作会议还强调要"创新多元化消费场景""积极发展首发经济、冰雪经济、银发经济",重大展会活动已成为企业发布新产品,推出新业态、新模式、新服务、新技术的重要展示平台,未来展览业将继续发挥推动消费新模式、新业态发展的重要作用。

2. 展览业将更好地扮演区域经济发展助推器

UFI发布的《2025年值得关注的五大趋势》指出,展览业在推动相关行业市场壮大,带动地方经济发展方面发挥着非常积极的作用,越来越多的政府了解到展览业的战略价值和重要性,展览业未来将更加明确自身的定位和作用。以北京、上海、广州、深圳等重点会展城市为代表,中国形成了多个具有国际影响力的展览集聚地,围绕展览活动构建起涵盖交通、餐饮、住宿、广告、物流等多领域完备的产业链条,吸纳了大量就业人口。其中,带动效应最大的产业部门依次为租赁与商贸服务业、住宿业、餐饮业。举办高水平展会是各城市展示经济发展成就和良好营商环境的重要窗口,围绕展会相关的产业和配套服务逐渐聚集与升级,将进一步带动区域经济发展。2025年,各地政府将更加注重展览业对区域经济的推动作用,出台更多鼓励展览业发展的政策措施,培育本地展览品牌,吸引优质展会资源落地,促进区域经济多元化发展。

3. 展览业助力国际合作与对外开放的重要平台作用将更为突出

面对逆全球化、贸易保护主义抬头等不利的国际环境,中国持续扩大高水平对外开放,展现大国担当和开放姿态。进博会、链博会、广交会、服贸会、消博会等重大展会为全球提供了交流合作、增进互信的开放平台。这些展会通过汇集全球各地的人流、物流、信息流等，推动更多全球优质商品、技术和服务进入中国市场，让更多海外企业共享中国经济发展的红利与中国大市场机遇，展示中国经济的良好发展态势和巨大潜力，向世界传递中国持续扩大高水平对外开放的坚定决心。

（二）科技创新不断成为展览业高质量发展的关键引擎

1. 前沿技术将愈发成为展览业发展新动能

互联网、大数据、人工智能、虚拟现实（VR）、增强现实（AR）等前沿技术将深度融入展览场景。线上展览平台打破时间与空间限制，实现全天候展品展示、线上洽谈交易，与线下实体展会相互补充、融合发展，为参展商和观众提供更便捷、高效的参展观展体验。利用大数据分析技术，主办方能够精准把握参展商需求、观众兴趣偏好，实现精准营销与个性化服务，提高展会运营效率与质量。而VR、AR技术则为展品展示增添科技魅力，观众无需亲临现场即可沉浸式感受产品细节与应用场景，极大地拓展展览的辐射范围与影响力。

2. 人工智能推动展览业向智能化加速迈进

近年来，随着数字技术的发展，人工智能在实现更智能、更高效的活动策划、提供数据导向的解决方案及提升与会者体验方面发挥了重要作用。全球独立目的地管理公司2024年第三季度会议和活动调查显示，48%的会展行业受访者表示在日常办展工作中使用人工智能工具，高于2023年底30%的占比。AI技术将全方位渗透展览业的各个环节，有力地推动展览业朝着更加智能化的方向加速迈进。

3. 新质生产力打破展览业边界，加速“展览+产业”融合创新

一方面，展览业与高端制造业紧密结合，重大展会展示智能机器人、3D打印设备等前沿制造产品，为制造业企业搭建交流、交易平台，促进新技术产业化；另一方面，与新兴数字产业联动，数字展、虚拟展会等展览业新业态不断涌现，不断开辟展览业新赛道，催生新商业模式。

（三）绿色理念凝聚行业共识，推动低碳可持续发展

中国政府高度重视展览业的绿色低碳发展，在相继出台了一系列政策文件和行业标准后，绿色理念将进一步成为行业共识，继续推动低碳可持续发展，助力国家双碳目标的实现。从展览场馆建设与运营来看，越来越多的新建场馆在设计之初就将绿色建筑标准融入其中，如选用环保节能材料，大幅降低建筑能耗；采用智能感应节能灯，减少不必要的能源消耗；实施垃圾分类精细化处理，最大程度降低对环境的负面影响；展会期间的交通组织也积极践行绿色理念。中国重点展会积极倡导、践行绿色办展理念，为中国乃至全球展览业绿色发展提供了重要示范，第二届链博会制定了“绿色搭建、绿色运营、绿色餐饮、绿色物流、绿色推广”联动方案，入选《中国绿色展览发展报告（2024）》优秀案例；第136届广交会在100%绿色布

展的基础上，探索创建零碳广交会，首次实现碳中和目标。

第三节　会展人才与职业岗位

近年来，我国会展产业快速发展，逐步呈现规模越来越大、类型越来越多样、国际化程度越来越高、举办地越来越下移(逐步发展到县域)的特点，对会展人才的需求加大、要求更高。新时代背景下，作为一种“战略性先导产业”①，会展行业的蓬勃发展，推动行业向现国际化、多元化、集团化、品牌化、信息化方向发展；未来，面向新质生产力的影响，会展行业的转型升级将会对会展人才提出更具挑战性的要求。

一、会展人才的需求

(一) 会展人才基本需求

会展业是一个综合性服务业，其所具有的产业结构多元化、产业链纵向延展长等特点，决定了行业对会展人才的需求在种类与数量上都将不断增加。基于传统会展业系列化、一体化产业链发展，会展人才需求基本呈现以下特点。

1. 人才需求类型综合能力强且要求高

综合会展业发展进程各时期对会展人才的需求状况，总体上，会展业对人才的基本需求是兼有管理型、高素质应用型，以及复合创新型。管理型是指会展人才除具备基本的专业知识素质外，还应全面了解甚至掌握全产业链条各环节相关知识与技能要求，以具备管理洞察力；高素质应用型是指会展人才应与时俱进，不仅具有能综合开展策划、营销、运营、管理等一系列与展会举办流程相关的实际操作技能，还需及时补充和掌握会展新业态的技能要求，如新媒体背景下对会展营销提出的要求，即通过视频号、公众号等开展招展招商等宣传营销业务等。复合创新型指会展人才应符合会展业跨界融合特征、会展服务其他行业的特点，在知识与能力架构上应从会展专业人才向“会展＋”复合人才拓展，具备跨学科、跨专业素养，同时能够应对行业创新转型发展，不断培养创新技能，如新质生产力影响下的会展业对高素质新型人才提出了需求，又如数字技术影响下的会展业数字化发展对会展创新型人才提出了新需求等。

2. 传统五大技术技能岗位人才仍是需求核心

依据中国贸促会发布的《中国展览经济发展报告2017》，会展行业企业技术技能类岗位主要有策划、管理、营销、运营和服务五大岗位群，如表1-2所示。其中，策划、营销、运营为三

① 这一观点由中国会展经济研究会原会长袁再青在2017中国会展经济研究会第十二届年会暨海口会展经济论坛中首次提出。

表 1-2　会展行业技术技能岗位群

技术技能岗位群	岗位名称
策划岗位群	会展策划师
	展览设计师
	活动策划助理
	会展工程师
	文案策划
	品牌策划经理
管理岗位群	招聘经理
	人事行政专员
	人事培训经理
营销岗位群	展会销售专员
	招商专员
	电话销售
	会议会展销售
	渠道营销专员
	MICE 销售助理
运营岗位群	项目经理
	项目助理
	市场经理
	会展市场专员
	公关专员
	业务拓展总监
服务岗位群	现场执行
	活动执行
	客服专员
	接待员

（来源：中国贸促会《中国展览经济发展报告 2017》）

大核心需求岗位，会展策划师、展览设计师、展会销售专员、项目经理是较为紧缺的人才类型。

在能力及素养层面，这些岗位均要求会展人才具备知识能力、创新实践能力、应用能力等共通能力，对团队合作、组织协调、外语沟通等能力也提出了一定的要求和标准。此外，抗压适应能力、情绪管理能力、积极的工作态度、良好的职业道德、外向自信的性格等也成为企业对会展人才的岗位诉求。具体人才要求如下。

(1) 策划岗位群。

策划岗位群要求人才应具备创新思维、市场调研分析能力、主题策划能力以及空间设计和美学等知识和技能。

(2) 营销岗位群。

营销岗位群要求人才掌握市场营销、品牌推广、客户关系管理等知识和技能,并能够利用新媒体、大数据等手段进行精准营销。

(3) 运营岗位群。

运营岗位群要求人才能够胜任会展项目筹划、组织与协调、现场服务与管理、供应链管理等方面的工作,并具备较强的组织协调能力和应变能力等。

3. 会展产业全链延伸岗位及人才需求增加

伴随现代会展业的多元化发展,会展产业链向系列化、一体化不断延伸,涉及更多外延企业,如会展设计与搭建、会展物流与运输、会展信息服务与管理、会展新媒体运营、会展数字技术等会展增值业务的出现,使得会展全链岗位人才需求不断增加。尤其是在数字经济的影响下,信息技术、数字技术赋能传统会展活动,逐步向数字化方向迈进。会展项目的运营管理将不断实现信息技术与会展活动的深度融合,这不仅要求会展人才掌握与会展活动相关的知识和专业技能,而且要适应数字化发展变革,能够基于数字信息技术开展线上线下融合会展模式的策划、设计、营销与服务活动等,并能贯通传统会展与数字会展融合模式下会展产业链上下游创新运作方式,以适应会展数字化发展的需要。

会展行业真正大量需要的是具备宽泛的知识理论,策划创新能力、组织管理能力、沟通协调能力较强,且能在复杂环境下处理会展项目的复合型创新专业人才。在当前互联网技术与会展领域开始深度融合的背景下,会展举办方式、运营管理等方面发生重大变化,对会展高技能复合型人才的需求不断增加,同时对其创新能力的要求也愈加明显,而诸如网络会展、信息化管理、虚拟仿真等技术相关的知识体系尚未发育成熟,构建单一的仿真实训环境运行效果不理想,这无疑不利于高素质、高能力、现代化会展人才的培养。

(二) 数字时代下的会展人才需求

新技术催生了数字经济这一经济发展"新方式",数字素养成为实现高质量就业的"新技能"。数字产业化和产业数字化的快速发展对全球劳动力应具备的知识、技能和能力提出了新的要求,由此催生了数字化思维、分布式认知,以及通过虚拟空间进行知识传播和人际交往的能力,最终将彻底改变人才培养的理念、方法和管理体系。在数字经济时代,面向数字化人才的培养模式转型是职业教育主动适应国家经济产业格局、为经济社会培养大批新型数字化能工巧匠、大国工匠的必经之路。具备基本的信息素养、互联网意识、数字化知识与应用技能,以及通过多种渠道获取自己所需的信息等,已经成为未来大学生的必备能力。伴随大数据、人工智能、区块链、5G 等数字技术对会展业的影响,会展业正打破时空局限,呈现线上虚拟展览、混合式会展等丰富多元的新业态,这对会展从业人员的能力及素养提出了更高要求,包括数字化意识与创新思维、跨学科知识融合能力、数字技术应用能力等。

1. 数字化意识与创新思维

数字化意识与创新思维主要指在数字会展场景下,会展人才对数字信息保持高敏感度,及时捕捉热点话题和客户反馈,精准把握客户需求,挖掘潜在服务诉求,及时创新会展设计、策划、运营的思路;能够运用新技术、新理念和新模式,策划与设计具有独特吸引力的数字会展项目;善于利用互联网下的新型传播和推广方式进行宣传与推广,扩大数字会展项目的影响力;能够树立数字化对客服务意识,优化会展数字化服务环节,为参展商和观众提供个性化服务推荐,提升客户沉浸式参展体验,提高客户满意度。

2. 跨学科知识融合能力

数字会展的复杂性和多样性要求会展人才具备跨学科的知识背景,融合计算机科学、市场营销、管理学、设计学等多学科知识,以更好地应对数字化会展的复杂需求。例如,会展人才需要了解计算机科学中的编程语言、数据库等基础知识,以便与技术人员更好地沟通协作,实现数字化会展项目的开发和实施;需要掌握市场营销学中的市场调研、品牌推广等知识,制定有效的数字会展营销策略等。

3. 数字技术应用能力

数字化场景下,会展产业链上下游各环节的连接更加紧密且智能化,信息流通更为顺畅,效率大幅提升。一方面,传统会展从策划设计到服务管理全链条均实现了数字化一站式解决方案;另一方面,数字会展的技术复杂性与形态灵活多样性对会展人才的跨学科知识背景提出了更高的要求,要做到"一专多知"。"一专"即指掌握传统管理学、市场营销学、经济学等相关的专业理论知识;"多知"即拓展跨学科知识体系,融合计算机科学、传播学、设计学、美学等多学科知识,更好地适应数字化会展的复杂需求,胜任数字会展场景下的岗位工作。例如,了解计算机科学中有关编程语言、数据库等基础知识,以便与技术人员更好地沟通协作,实现数字化会展项目的开发和实施;掌握市场营销学中的市场调研、品牌推广等知识,制定有效的数字会展营销策略等。

(三)面向新质生产力的会展人才需求

2023年9月,在新时代推动东北全面振兴座谈会上,习近平总书记首次提出了"新质生产力"这一概念。新质生产力是由技术革命性突破、生产要素创新性配置、产业深度转型升级而催生的当代先进生产力,它以劳动者、劳动资料、劳动对象及其优化组合的跃升为基本内涵,主要表现在全要素生产率的大幅提升。在劳动者层面,新质生产力以科技创新为主导,新型劳动者通过提升自身的知识技能、掌握科学技术就可以改善产品的性能,大幅提高劳动生产率。在劳动资料层面,新质生产力衍生出来的许多新技术、新业态、新模式,使传统劳动资料焕然一新,比如新能源、新材料、新设备等,包括风能、海洋能等可再生能源。新的生产资料提供了新的产品和服务,比如大数据、人工智能、移动支付等新型数字信息技术的

运用，产生了电商平台、共享经济、远程医疗等，新质生产力时代的劳动工具依托现代数字信息技术手段，助推生产向尖端化、智能化发展。在新质生产力时代，劳动对象呈现出创新化、技术化、综合化等特征，技术密集度不断提高。

新质生产力的提出与发展推动了会展业的不断创新变革，新技术的应用和新业态的形成均对会展人才提出了更高要求，要求会展人才不仅能具备跨界知识与技能、项目管理与统筹能力等复合型人才的特征，还应具备面向新质生产力发展的创新型、科技型人才的特质，能够在实际会展项目运营中打破传统会展商业模式，运用新技术创意策划虚实结合的展会主题，打造沉浸式参展体验活动，采用大数据等手段开展精准营销，搭建线上线下一体化服务平台，以及对客户参展行为进行数智化分析与偏好推断，从而实现会展的转型升级。作为新质生产力的会展人才必然是具备新质生产力特质的新型劳动者。

二、会展人才结构

在全面建设社会主义现代化国家新征程中，职业教育被习近平总书记赋予了“前途广阔、大有可为”的高度评价。习近平总书记强调，要增强职业教育适应性，加快构建现代职业教育体系，以此培养更多高素质技术技能人才、能工巧匠、大国工匠。随着社会经济的发展，各行各业对专业人才的需求日益多样化和精细化。会展行业作为现代服务业的重要组成部分，近年来发展迅猛，对应用型人才的需求也在不断提高。会展应用型人才教育作为职业教育的一个细分领域，与职业教育的整体发展理念和目标高度契合。它不仅是职业教育在特定行业的具体实践，更是推动会展行业持续进步的关键力量。通过培养适应会展行业需求的高素质技术技能人才，会展应用型人才教育为会展业的繁荣发展注入源源不断的活力，同时也为职业教育的多元化发展增添了浓墨重彩的一笔。

1. 会展就业方向及部门

在就业方向上，会展专业学生的就业岗位主要分布在以下几个方面。第一，政府机构、会展行业协会和会展专业组织：从事会展调研、行业规划、研究与管理工作；第二，会展主营业务公司及会展服务公司：从事会展策划、公关、设计、制作、现场运营管理工作；第三，会展场馆、酒店和各类文博馆：从事会展策划、会议与活动管理、现场运营管理工作；第四，目的地管理公司、旅游公司或旅行社：从事大型活动策划和管理工作；第五，参展商企业：从事企业参展策划、会展设计、广告推广工作；第六，会展教育、科研、咨询和出版机构：从事调研、教学组织、辅导及研究工作。此外，会展专业大部分学生也依托原有的旅游类、新闻传播类、外语类、国际贸易类、设计类等专业，依据自身能力的拓展性与融合性，流向广告、公关、传媒、科技、互联网等行业，在宣传部门、公共关系部门与发展开拓等部门，从事与会展相关的工作。其岗位涵盖会展场馆、会展主办方、会展科技企业、会展服务企业等会展产业链上下游的各个环节。

2.会展主要职业岗位

依据《中华人民共和国职业分类大典(2022年版)》对会展职业岗位做出的相关规定可知,会展职业主要包括会展策划专业人员、数字媒体艺术专业人员、会展服务师、会展设计师、装饰美工、陈列展览设计人员等涉及策划、管理、营销、运营、服务五大岗位群的职业岗位,如表1-3所示。

表1-3 会展职业岗位现状

序号	会展职业岗位	职业代码	职业岗位工作
1	会展策划专业人员	2-06-07-05	从事会展项目调研、策划、运营、推广
2	数字媒体艺术专业人员	2-09-06-07	在广播、电视、网络、电影、会展、娱乐等领域,从事数字艺术、媒体、游戏、动画、图形与图像、界面、交互设计
3	会展服务师	4-07-07-01	从事会展场馆场地出租,会展设施设备租赁、调试与维护,接送及食宿安排、现场签到等工作
4	会展设计师	4-08-08-21	在会议、展览及节事活动中,从事空间环境视觉化表现设计工作
5	装饰美工	4-07-07-02	制作模型使用专用工具,进行文化、商业、展览及广告等
6	陈列展览设计人员	2-09-06-09	从事陈列展览研究与策划、设计工作
7	会展搭建师	4-07-07-04	从事会展活动场地的搭建和布置,以及负责会展活动结束后的拆除和清理工作

"会展策划专业人员":从事会展调研、策划、运营、推广的专业人员,主要工作任务包括:确定会展项目主题,并进行可行性研究;策划会展项目实施方案;实施会展项目招商、招展、赞助、预算和运营管理;策划开幕式、闭幕式、同期活动;制定推广方案和宣传材料;维护、管理与参展商、专业观众、赞助商、参会者、会展展馆客户关系;管理会展项目合同、档案;进行会展项目风险评估和风险管理;提供会展项目信息咨询服务。

"数字媒体艺术专业人员":在广播、电视、网络、电影、会展、娱乐等领域,从事数字艺术、媒体、游戏、动画、图形与图像、界面、交互设计的专业人员。

"会展服务师":从事会展场馆场地出租,会展设施设备租赁、调试与维护,接送及食宿安排、现场签到等工作的服务人员。该职业下设"会展场馆管理师"和"会议接待服务师"两个工种。

"会展设计师":在会议、展览及节事活动中,从事空间环境视觉化表现设计工作的人员。

"装饰美工":使用专用工具,进行文化、商业、展览及广告等美术制作的人员。

"陈列展览设计人员":从事陈列展览研究与策划、设计工作的人员。

为及时反映职业发展变化和趋势,健全符合我国国情的现代职业分类体系,大力发展新业态、新模式，开发新的就业增长点，2023年10月，人力资源社会保障部发布通告，向社会公开征集新职业信息。又发布了19个新职业，其中包括新增一个会展职业岗位，即“会展搭建师”。

“会展搭建师”：从事会展活动场地的搭建和布置，以及负责会展活动结束后的拆除和清理工作的人员。会展搭建师的主要工作任务包括：理解并解读会展设计方案，确认设计要求，并提出可行性建议；搭建展台或展厅主体结构；安装装饰物品、摆放辅助展具和展品；安装灯光、音响等多媒体设备；拆除搭建的结构，并清理展位；处理搭建和拆除过程中的其他问题。

三、会展人才职业素养根基与应用综合能力的打造

职业素养的内涵十分丰富。Norm Friesen认为，素养是一种包含了认知、技能和情意等多层面的综合体。蒋乃平认为，职业素养是个人在世界观、人生观、价值观和专业知识、技能基础上表现出来的作风和行为习惯，涵盖职业道德、职业形象、职业安全、职业能力、职业体能、职业审美等诸多方面的观念意识及其相应的作风和行为习惯。诸多学者都秉持职业素养应当包含技能及由此炼化的情感、意志和行为这一观点。

不同职业有着不同的职业素养要求。会展业因具有平台性、综合性特点，其核心是将人、财、物、信息等资源汇聚，按规范流程举办活动以实现各方利益。这就要求从业人员具备多方面能力：一是处事能力，能够组织协调资源、解决问题并落实公司战略目标；二是交往能力，能与合作方及客户有效接洽沟通；三是表达能力，包括良好的文字和语言表达，涉外业务还需英语技能；四是思考力，面对复杂问题能进行准确的理解判断和逻辑分析；五是具备良好职业素质，拥有强烈责任心、敬业精神并遵守职业道德。综合能力不仅是会展行业的要求，也是众多行业的底层能力，体现了会展行业对人才的包容性。

会展行业极具挑战性，从业者需具备良好心理素质，面对困难挫折应保持镇定，要有敏锐洞察力、善于倾听且能察言观色，还需拥有饱满的工作激情和强烈的成功欲望，敢于冒险创新，富有使命感、勤奋且锲而不舍、上进心强。同时，会展人才应具备国际视野，能在国际市场整合资源、参与竞争。

会展职业素养是会展从业人员在工作中展现的符合行业内在要求的综合品质，涵盖会展职业技能（如项目策划、营销推广、展示设计等）、职业道德（如对项目负责、诚实守信）、职业意识（如创新、风险防控、服务意识，以及工匠精神、团队协作、吃苦精神等）和职业行为习惯（为完成工作任务和保证质量养成的习惯）四个方面。会展职业素养具有三个特征：其一，专业性，即包含通用职业素养，更强调胜任会展岗位的专用职业素养，是从业者职业化成长的关键；其二，实践性，会展业实践性强，人才培养应以职业技能为核心，注重在实践中培育职业素养；其三，综合性，会展属复合产业，活动类型多样，涉及领域和工种广泛，对从业人员综合素质要求高。

同时,随着数字时代的不断发展,会展行业的应用型人才需要具备数字化思维和数字技术的应用能力。在数字经济背景下,面对会展行业的数字化巨变,从业人员不能局限于传统的经验思维,应主动更新观念、开放思维,以数据意识和数字技术为突破口在工作中寻找解决问题的方法。会展行业的应用型人才更需要深刻认识到数据的价值,重视数据的收集、整理和分析,充分利用数据,以数据作为决策执行的重要依据。并且不仅要转变对数据的认识,还要关注数字技术的发展,主动接触数字技术,意识到数字技术是会展管理运作流程中重要的管理工具,能有效提升数据的利用效率、加强项目策划、规范工作流程和提升运营效率。

(一)我国早期会展人才的基本职业素养

自2006年起,中国会展业发展迅速,具有很大的发展潜力和发展空间,许多会展机构和相关企业发展很快,他们对应用型人才的需求量很大。由于会展业是一个新兴行业,然而早期大多数从业人员都是半路出家,这些人员的实践经验较强,但专业化水平较弱,对国际展会运作模式也了解甚少。而现代会展业是一个涉及面广、政策性强、专业化程度高的行业,对专业人才和复合型人才的要求特别高。

著名会展理论研究专家马勇教授认为,专业会展人才应具备政治家的胆略和长远眼光、军事家的谋略和决战能力、外交家的口才和真知灼见。会展人才首先应“博”,即具备广博的知识、优秀的沟通技巧、艺术家的品位,以适应不同内容的会展项目的要求;其次应“深”,即深入掌握会展各方面的专业知识和理论;再次应“精”,即要精通整套会展业的操作流程。可以说,这是会展人才高质量培养的总体要求。对在校学生来说,最重要的还是学好管理、营销、法律、经济等相关理论基础。

会展业要求从业人员不仅要熟练掌握会展业的基本知识和操作技能,而且要具备多元化的知识结构和相应的能力水平。据了解,国内会展业由于起步较晚,正规的学校教育体系还不完善,一些高校设置了相关的会展专业,但师资力量缺少实战派经验,学院派的教学模式能否满足不断变化和发展的市场存疑,因此,目前国内会展业亟待建立一套行之有效的人才培养机制。除系统的理论教育外,还应采取“送出去,请进来”的方式,把优秀的从业人员送到会展业发达的国家或地区学习,引进会展大国的管理模式、管理体制、运作模式等先进理念。

上海世博会之后,我国会展人才需求不仅没有出现拐点,反而还在稳步上升。实践能力是会展专业人才的基本素质,只有经历会展从申请到结束的整个流程,才能在工作中应对自如。由于会展专业人才包括支持性、辅助性和核心人才三个层次,不同层次人才所需掌握的技能不同,且各层次人才可通过努力实现转变发展,我国需要采取这样的培养方式。

早期会展人才由于行业发展尚不成熟,虽存在专业化水平不足等问题,但他们凭借实践经验在行业发展中发挥了重要作用。随着会展业的持续发展,对人才职业素养的要求愈发全面和严格。马勇教授提出的"博、深、精"要求,以及行业所需的多元化知识结构与能力水平,都明确了会展人才的培养方向。构建有效的人才培养机制,不仅能提升会展人才的专业素养,也将有力推动会展业向更高水平迈进,使其在经济发展中发挥更重要的作用,为我国会展业在国际舞台上赢得更多的竞争力与话语权。

(二)新时代下,会展人才的职业素养需求

1.国际化会展人才的职业素养

国际化会展人才的职业素养需求主要集中在语言、礼仪和认知能力等方面。第一,应加强语言能力。"一带一路"倡议下的会展经济往来,无论是引进来,还是走出去,语言能力是必不可少的,尤其是作为世界通用语言的英语必须掌握。第二,掌握国际礼仪。学生走入社会,在社会认知的过程中,务必掌握社交基础礼仪,这是人与人沟通和交流的基础;在组织或参与国际化会展活动的过程中,掌握国际礼仪也是非常必要的。第三,认知会展行业。这需要了解我国会展行业发展和世界会展行业发展的现状和格局、趋势,如现在的会展行业分为美国模式、欧洲模式,还有德国模式,还有新加坡模式和澳大利亚模式等。在会展教育中如果没有设置该课程或学生缺少这方面的认知,在工作中就会存在短板。第四,深化实践课程学习。现在海外的会展教育,被称为"汉堡包"教育,也称为二元教育,对实践性的要求特别高,而且会展本身的实践性也非常强,学生对会展基础的认知需要在社会实践中得以加强。

2.数字化会展人才的职业素养

习近平总书记围绕我国人才事业和人才工作,在多个场合多次提到人才开发、人才培养、人才使用和人才评价,形成了完整的人才理论体系。习近平人才理论体系把人才工作放在了组织建设的首要地位,将其推向一个新的战略高度,为我国在新发展理念下人才工作的创新发展指明了方向。在数字时代与新发展理念下,会展产业需要整合会展企业培训与会展专业教育,从理论出发走向实践,完善专业培养机制、改进专业评价机制、创新专业流动机制、健全专业激励机制,探讨人才队伍建设途径,培养适应大数据时代的优秀会展产业人才。

对数字化会展人才而言,扎实的技术应用素养是根基。他们不仅要熟练掌握人工智能、大数据、云计算等前沿技术,更要能精准地将其运用到会展的策划、筹备、执行与后续评估中。比如,通过大数据分析技术,深度挖掘参展商和观众的行为偏好、地域分布、消费习惯等信息,从而为会展项目的精准定位、个性化服务定制提供有力支撑。在展会现场,利用虚拟现实技术搭建虚拟展厅,突破传统空间限制,让观众仿佛身临其境,提升参展体验。

强大的数据分析素养同样不可或缺。数字化会展进程中,海量数据持续产生,数字化会展人才需具备敏锐的数据洞察力,能够高效收集、整理和深度分析这些数据。从观众流量的实时监测,到参展商反馈的量化评估,再到市场趋势的精准预测,数据背后隐藏着无尽的价值。通过数据分析,不仅能优化会展流程,提升运营效率,还能为会展企业的战略决策提供科学依据,助力企业在激烈的市场竞争中抢占先机。

创新思维素养则是数字化会展人才的核心竞争力。在快速变化的数字时代，唯有创新才能推动会展产业持续发展。数字化会展人才要敢于突破传统思维定式，积极探索全新的会展数字化解决方案。比如，创新开发基于区块链技术的会展数据安全管理系统，保障参展商和观众的数据隐私安全；或设计新颖的线上线下融合会展模式，为行业发展注入新活力。会展企业需要专业型会展人才加入，使企业形象以及经营内容更加专业化，实现“去褶皱”。

3. 绿色化会展人才的职业素养

从国家政策导向、信息技术进步、行业低碳环保发展等多方面来看，我国会展业正面临新一轮的发展机遇——数字经济赋能会展业绿色转型发展，这既是我国会展行业发展的必由之路，也是贯彻落实党的二十大精神、推动经济社会绿色转型发展的重要举措。

一方面，会展活动要创新展示内容和形式，充分利用多媒体、AR/VR等先进技术手段，生动直观地呈现绿色、低碳、环保、节能等主题内容，集中展示生态环保、节能减排、资源循环等领域的前沿技术、创新产品、最佳实践，发挥示范引领和辐射带动效应。另一方面，充分发挥会展的公共教育平台功能，会展从业人员需要自己深入理解绿色理念与绿色会展运行方式，这样才能积极策划开展形式多样、贴近生活的环保公益活动，普及绿色生活知识，传播绿色消费理念，提高公众环境保护意识和绿色参与度。同时，会展行业还要积极搭建产学研用协同创新平台，加强与政府、企业、科研机构、社会组织的交叉融合，汇聚各方力量，在绿色技术创新、标准规范制定、人才培养交流等领域深化合作，共同推进绿色会展事业蓬勃发展。例如，中国国际生态环境技术与装备博览会通过设立“零碳主题馆”，集中展示节能、减排、固碳等领域的创新成果，现场达成多项绿色技术合作协议，促进了绿色产业链协同发展，彰显了引领行业“绿色变革”的时代担当。作为绿色化会展的人才还需要具备资源管理能力，精确计算会展所需物资，避免过度采购。在会展期间，高效调配人力、物力资源，降低闲置浪费。活动结束后，妥善处理剩余物资，实现资源回收、再利用或环保处置，最大程度减少废弃物产生。

（三）培养会展人才的工匠精神

在校园积极推动工匠精神落地。通过主题讲座、榜样事迹分享，引导学生理解工匠精神的内涵；完善制度，激励学生践行；注重行为习惯养成教育，培养学生严谨专注态度，助力学生树立正确职业理想，让工匠精神在校园盛行。以“需求、实践、创新导向”开展会展专业产教融合教学顶层设计，将工匠精神融入人才培养方案，构建“3＋X”模式。课程建设深挖工匠精神元素，课堂教学借助案例分析、项目实践传递精神，校园生活中组织多样活动，如新生专业导论、素质拓展、实习实践、“MICE WEEK”活动周等，让学生在各阶段感受工匠精神，激发内在追求。校企组建“三导师制”，学校教师传授理论，企业技术骨干培养实践技能，企业管理人员引导学生了解行业规范与职业素养。在真实工作环境中，全方位指导学生，培养其对职业的敬畏和对技艺的执着，完善学习评价体系，培育兼具专业技能与职业道德、工匠精神的会展人才。

四、会展人才职业素养体系构建

基于以上有关会展行业发展对人才的需求状况、主要会展职业及岗位工作的要求，当前会展行业核心职业岗位以及新质生产力发展推动下对会展人才的要求，综合构建会展人才职业素养指标体系，具体如表1-4所示。

表1-4　会展人才职业素养指标体系

一级指标	二级指标	具体描述
品德修养	职业道德	秉持诚实守信原则，在会展策划、招商、执行等环节严守商业道德，不泄露机密，公平竞争，维护行业秩序
	社会责任感	积极推动会展项目的可持续发展，关注环保、公益等社会议题，通过会展活动传播正能量，促进社会和谐发展
	工匠精神	深耕会展行业，在工作岗位上发扬"工匠精神"，追求卓越，精益求精
知识结构	会展专业知识	精通会展策划、组织、营销、管理等核心知识，熟悉会展行业的发展趋势、政策法规及行业标准
	相关领域知识	掌握市场营销、广告传播、活动策划、物流管理、项目管理等相关领域知识，以便在会展项目中协同运作
	跨学科知识	管理学、经济学、新闻与传播学、工程与技术、心理学、文化与社会学、环境学与可持续发展、计算机科学、统计学等
	数智技术知识	了解大数据、人工智能、虚拟现实等数智化技术在会展中的应用原理，能运用相关技术提升会展的数字化、智能化水平
应用能力	项目执行能力	能够根据会展策划方案，高效组织人力、物力、财力资源，确保会展项目按计划顺利实施，处理好现场突发问题
	营销推广能力	运用多种营销手段，如线上线下推广、社交媒体营销、客户关系管理等，吸引参展商和观众，提高会展项目的知名度和影响力
	数据分析能力	收集、整理和分析会展相关数据，通过数据挖掘洞察市场需求、客户行为，为会展项目的优化和决策提供数据支持
科创素养	科技认知	关注科技发展动态，对前沿科技在会展领域的应用前景有敏锐的洞察力，具备将科技与会展业务融合的意识
	数智技术应用	熟练掌握常用的数智技术工具，如会展管理软件、数据分析平台、虚拟现实展示系统等，能够运用这些技术进行会展项目的设计、运营和管理
	创新能力	敢于突破传统思维，在会展项目的主题策划、展示形式、服务内容等方面提出创意想法和解决方案，提升会展项目的竞争力
跨文化沟通	语言能力	具备流利的外语听说读写能力，能够与国际参展商、观众进行无障碍沟通，能够处理涉外商务文件和事务。
	跨文化交流	掌握跨文化沟通技巧，了解不同国家和地区的文化习俗、商务礼仪，能够在跨文化环境中有效沟通，避免文化冲突

续表

一级指标	二级指标	具体描述
跨文化沟通	国际视野	关注国际会展市场动态，了解国际会展行业的先进理念和经验，具备参与国际会展项目竞争与合作的意识
团队合作	团队协作	积极融入团队，与团队成员密切配合，发挥自身优势，共同完成会展项目的各项任务，能够在团队中建立良好的合作关系
	沟通协调	在团队内部，能够清晰表达自己的想法和观点，倾听他人意见，协调团队成员之间的工作，解决团队合作中出现的矛盾和问题

思考题

1. 会展学科的基本性质和主要特征有哪些？结合实例说明其在实际应用中的体现，并讨论这些特点如何影响会展专业的人才培养。

2. 会展专业的学习基本知识架构包括哪些内容？简单阐述这些知识在会展行业中的重要性。

3. 会展行业及其岗位的人才需求有哪些？如何根据自己的特长和优势进行职业定位？

4. 会展专业教育面临的社会辨识度低的问题应该如何解决？分析会展专业教育在社会中的现状和挑战，并提出提高社会辨识度和认可度的建议和措施。

5. 会展人才应具备哪些职业素养和能力？概括会展人才应具备的核心职业素养和能力要求，并以小组形式探讨如何通过学习和实践提升这些素养和能力。

第二章

会展的概念与类型

章节概述

会展作为人类信息互通与往来、物质文化交流与传播的重要形式，其内涵丰富、种类多样，并以其鲜明的个性特征，影响着人类社会各个领域的发展。本章旨在整体介绍会展的基本概念和主要类型，深入分析会展的属性与特征，使学生能够理解会展的内涵与外延，追溯其起源于新时代发展的新现象与新特点。通过本章的学习，学生应掌握会展的基本定义、熟知会展的基本类型、理解会展的属性与特征，并能够探究会展的起源与发展新现象。同时，本章将结合数字会展等新兴业态以及进博会等典型案例，帮助学生深刻认识会展在新时代的创新发展路径，感受中国国家级展会、外交峰会所彰显的大国力量，以及在促进国内国际双循环中的重要作用。

学习目标

1. 掌握会展的基本定义，能识别会展的内涵和外延。
2. 熟知并掌握会展的主要类型，明确会展类型的异同和特点。
3. 了解会展的特征，能理解会展的属性，为后续课程的学习打下基础。
4. 领会数字会展等新兴业态的内涵与特征，探索其发展模式与未来趋势。
5. 认知中国国家级展会与外交峰会的作用与引领价值。

素质元素

1. 中国国家级会展展现大国实力，对于推动国内国际双循环以及构建人类命运共同体意义非凡。作为“中国方案”的展示窗口，中国的国家级展会在会展领域占据突出位置，发挥诸多功能，如集中呈现中国发展成就等。熟悉中国会展有利于学生认知其价值，从而提升民族自豪感，激发他们投身会展事业的积极性。

2. 中国峰会在国际事务中发挥着无可取代的作用，充分诠释“中国担当”。它是国际关系中关键的交流合作与问题解决平台，具备重要地位与深远影响。学生知悉峰会的意义后，可强化责任感，在会展事务与国际交流合作中积极践行中国担当，助力国际交流合作迈向新高度。

3. 数字会展作为中国会展业创新发展的重要方向，是中国积极拥抱数字化转型的成果。它作为“智慧中国”的缩影，展现了中国在数字经济时代的领先地位与创新能力。通过学习数字会展的应用与实践，学生能够深刻理解科技对国家竞争力的提升作用，有助于激发其探索科技创新、推动会展行业高质量发展的使命感与责任感。

章前引例
博鳌亚洲论坛：展现中国担当与大国力量的舞台

第一节　会展基础认知

在经济活动的众多构成要素之中，会展凭借其独特的存在形式与运行机制，深度融入经济体系并切实影响着经济的发展进程。回溯历史，从早期简单的集市交易逐步演进至如今高度专业化、国际化的大型会展活动，会展自身的发展轨迹与经济形态的演变紧密交织。

这种交织不仅体现在会展形式的变迁上，更体现在其功能与作用的不断发展之中。在不同的经济发展阶段，会展基于当时的经济环境与需求，凭借相应的功能和特点，积极主动地适应经济形势，进而有力地推动经济发展。无论是在助力区域经济走向繁荣的进程中，还是在推动全球经济一体化的浪潮里，会展始终作为经济活动中活跃且关键的一环，充分发挥着不可忽视的重要作用。

一直以来，会展与经济的脉搏始终同频共振。参照发达国家的发展历程，会展在推动现代贸易达成方面，是极为关键且无可取代的一份力量，促进商业贸易成效显著。不仅如此，会展除了能够有效地促进行业之间的交流以及贸易往来，还能够积极推动文化的传播以及创新发展。

那么，究竟什么是会展？会展有着怎样的内涵与外延？中国国际进口博览会作为国际知名的会展活动，它又承载着怎样的愿景与目标呢？接下来，让我们一同深入探索会展的世界。

一、解析会展概念的多维度架构

（一）梳理会展内涵的狭义与广义范畴

当探讨会展的概念时，其内涵具有多维度特性。在学术研究及行业实操场景中，会展的定义存在狭义与广义之分。在狭义层面，会展被视作会议活动与展览活动的统称，核心功能是为参展商和观众提供一个高效的商业对接平台；而从广义视角出发，会展不仅囊括展览与

会议，还将文艺演出、体育竞技等活动纳入其中，所涉业务领域更为宽泛，核心价值在于其对社会经济和文化发展的综合推动作用。

在全球会展范畴内，“MICE”这一称谓常被用来概括此类聚集性活动。“MICE”源于“Meetings（会议）、Incentives（奖励旅游）、Conferences/Conventions（大型企业会议或大会）、Exhibitions/Expositions（活动展览）”的首字母缩略组合。这四个部分一同成为现代会展产业的关键构成要素。

1. 会议

在组织形态层面，会议既可以指代那些为定期研讨、处理事务专门设立的常设组织或机构，从活动性质出发，会议又是由主办方召集的群体活动。这类活动有着一定规模，且以现场交流作为主要沟通方式，旨在达成特定目标。作为集会的一种类型，在会议进行期间，参与者会围绕特定议题，在有序引导下展开讨论。

会议是一种在特定时间与地点开展的活动。人们借助演讲等方式，在此过程中获取、交流信息，进而收集想法并得出一定结论。它有着明确的指向性，具备一个或多个既定目标，或者围绕某一共同主旨而进行。会议的主要类型包含学术会议、商务会议、培训会议等。

2. 奖励旅游

奖励旅游是由企业或社会团体承担费用，为协助企业达到特定目标而开展的活动，它是一种现代化的管理工具。

奖励旅游活动具有商务性、主题性、个性化以及激励作用等特性，这类活动十分注重带给参与者舒适感和惊喜感。在该活动中，企业或社会团体为参与者提供商务化和个性化的旅游体验，打造一个难以忘怀的旅游假期，以此作为奖励。

企业采用的奖励旅游，与旅行社推出的大众旅游、散客旅游及个人自助游存在明显差异。奖励旅游具备多元功效，企业能够借助这一方式提升自身形象，扩大品牌知名度，增强员工之间的凝聚力，促进员工彼此间的交流，加深情感联系，深化与合作伙伴的关系以拓展业务，最终实现提高企业经济效益的目标。

3. 大型企业会议或大会

大型企业会议或大会一般针对特定主题或领域举办，具有较高的国际性与专业性。学术大会汇聚全球学者，行业大会吸引业内精英，政府大会聚焦公共事务。参与者来自不同地区，专业水平较高，会议内容围绕前沿技术、市场动态、政策解读等展开。

4. 活动展览

活动展览是为企业和个人展示产品、服务与形象的大型商业贸易活动。具有商业性与宣传性，参展商借此展示产品、技术与服务，吸引潜在客户与合作伙伴。

部分学者提出独特见解，认为“MICE”中的“E”应当指“Events”，也就是各类节事活动。在这种观点的框架下，会展的范畴得到了显著拓展。节日庆典因其独特的文化与社交属性，体育赛事凭借其广泛的关注度与参与性，文艺演出基于其艺术感染力与观赏性，都可被纳入会展的领域之中。这一重新界定，极大地延伸了会展的外延，使其从传统的会议、展览等核心业务，拓展至更为丰富多元的领域，为会展产业的发展开辟了新的路径与可能性。

芬德林和皮勒（1990）根据对会展历史的追踪和研究提出，“会展”一词最早使用是在1649年，主要意思是展示或放置展出。

在我国，会展概念的溯源路径清晰可辨，会展概念发展历程表如表2-1所示。

表2-1　会展概念发展历程表

时间	事件	关于“会展”概念的情况
2000年	保健云和徐梅两位学者在《会展经济：一种蕴藏无限商机的新型经济》中提到，会展的涵盖范围极为广泛，像展览会、博览会、体育运动会、大型国际会展、交易会等各类大型会议、展览展销活动、体育竞技赛事以及集中性商品交易活动都包含在内	将会展范围扩展，突破传统“会议＋展览”的单一模式
2004年	马勇、肖轶楠在对会展的定义中加入节事活动	强调会展与节事活动的关联性，会展范畴得到进一步拓展
2004年	刘大可立足“活动”这一新的视角对会展进行重新定义，提出会展主要涉及节庆活动、会议、其他特殊活动等五个方面	从“活动”视角拓宽会展边界
2006年	马勇和冯玮在《会展管理》中从广义和狭义两个层面对会展进行定义，认为狭义的会展指的就是会议和展览会；广义的会展则是通常所说的“MICE”	从狭义与广义两方面出发，进一步明确会展概念

会展从概念的初步形成到内涵外延的不断丰富与完善，其发展历程不仅为后续学者针对会展领域的研究搭建起基本框架，也为学界在该方向的探索提供了重要的理论基石与研究依据。

（二）探寻会展外延的跨学科关联路径

在探索会展学科属性的过程中，我们发现将跨学科关联分析内容置于此处，能更好地展现会展丰富的内涵与广泛的联系。会展的外延极为广泛，与众多学科紧密交织，如表2-2所示，下面我们将从多个角度深入剖析会展的外延。

表2-2　不同领域会展相关概念及内容重点

领域	内容重点
产业经济学视角	会展业是会展经济活动驱动下形成的同类企业集合体，会展产业链是会展业与上下游行业基于利益最大化目标形成的战略合作格局，促进企业协同发展和产业生态繁荣
旅游学领域	会展旅游是通过举办各种交流活动，带动人员来访和旅游观光，从而促进酒店、餐饮、商业、交通、运输等相关产业的发展，是会展业与旅游业融合的产物，与会展业有本质区别

续表

领域	内容重点
营销学范围	会展营销是通过组织和参与各种展览、博览会、会议和活动，以促进产品、服务或品牌的宣传与销售，是会展业与营销业融合的创新型实践
物流学范畴	会展物流是会展业与物流业深度融合的成果，是高端物流形式，核心任务是展品等特殊物品的运输和相关流程操作，业务范围广泛
可持续发展理念下的发展	将“绿色设计”理念引入会展领域，强调减少资源能源消耗、控制有害物质排放、重视回收再利用，推动会展业可持续发展
传播学范畴	会展传播是将会展看作一种传播媒介，通过会展这种媒介，进行信息交流和互动，是集人际交流、文字传播、多媒体展示、实物展示及虚拟现实于一体的传播方式

1. 产业经济学视角

从广义视角出发，会展业是在会展经济活动的驱动下，逐渐形成的同类企业集合体。会展业在现代经济体系中占据着举足轻重的地位，宛如一颗活跃的经济细胞，对整个经济生态的运转起着不可忽视的作用。会展产业链则是在特定的区域范围内，会展业与为会展业提供支撑和服务的上下游行业，基于共同追求利益最大化的目标，形成的一种稳固且持久、相互依存的战略合作格局。这种合作模式不仅促进了各企业间的协同发展，也推动了整个产业生态的繁荣。

2. 旅游学领域

关于会展旅游，学界的主流观点如下：通过举办各种博览会、展览会、交易会、招商会、专业性会议等交流活动，增强项目合作、商业洽谈、文化沟通、信息交流，带动人员来访和旅游观光，从而促进酒店、餐饮、商业、交通、运输等相关产业的发展。这一过程不仅能够有效拉动消费，为当地经济注入活力，还能创造积极的社会效益与环境效益。会展旅游作为会展经济的直接产物，在会展产业链中扮演着至关重要的角色。然而需要明确的是，会展旅游与会展业存在本质区别。会展旅游是会展业与旅游业两大产业链对接融合的结晶，是两者交集的体现。会展旅游作为一种新型旅游形式，以其强大的经济效益和社会效益，日益成为我国经济发展的新增长点，进而推动经济转型。

2009年，《文化部 国家旅游局关于促进文化与旅游结合发展的指导意见》发布，首次将文化与旅游的融合发展提升到国家战略层面，明确提出了文旅融合的核心目标，这标志着该理念的在官方层面的确立。

在文旅融合背景下，会展成为文旅产业生态的重要组成部分。在文化和旅游部官网搜索“会展”，可见多份文件提及会展对文旅产业的助推作用。张朝枝在《旅游学刊》中也提到，通过会展活动集中展示物质或非物质文化，能够有效提升文化的“可参观性”。此外，会展还能吸引商务和休闲游客，有效带动住宿、交通、景区等旅游消费。

3. 营销学范围

会展营销，亦称会展推广，是一种战略性的市场推广方法，通过组织和参与各种展览、博览会、会议和活动，以促进产品、服务或品牌的宣传与销售。它不仅包括展示公司产品和服务的机会，还提供了与客户、合作伙伴和潜在客户互动的平台。会展营销旨在建立品牌认知，建立客户关系，推动销售增长和市场份额扩大，是现代企业的重要营销手段。

会展营销是会展业与营销业在市场需求推动下进行优势互补、协同共进的创新型实践，是会展业吸引参展商与观众、提升会展品牌知名度与影响力、提升会展经济效益和社会效益的核心手段与策略保障，对会展业的生存、发展和繁荣起着至关重要的推动作用。

4. 物流学范畴

会展物流的诞生，是现代会展业与物流业发展到特定阶段的必然产物，会展物流是两个行业深度融合的创新性成果。对物流行业而言，会展物流作为细分领域中高端物流形式的代表，为行业的发展开辟了全新的业务增长路径。会展物流的核心任务在于，将展品等特殊物品安全、及时且精准地从参展商所在地运输至展览目的地，并在展会圆满结束后，妥善安排展品等特殊物品返回。

会展物流的业务范围极为广泛，涵盖了展会前后各个环节的工作，包括仓储管理、专业包装、国内运输调配、进出口报关手续办理、国际运输协调、展览现场的装卸作业，以及与之紧密相关的办理流程和信息流程的高效运作。每一个环节都紧密相连，共同构成了会展物流的完整体系。

会展物流产业链结构图如图2-1所示。

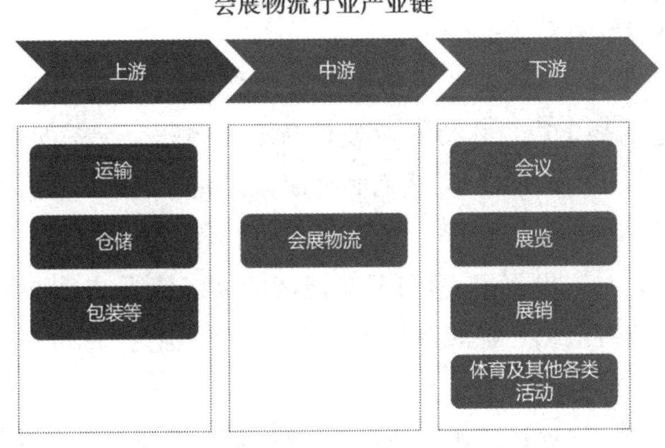

图2-1　会展物流产业链结构图

（来源：智研瞻产业研究院）

5. 可持续发展理念下的发展

在当今全球倡导可持续发展的大背景下，部分学者敏锐地将“绿色设计”理念引入会展领域。这一理念着重强调，会展活动在举办过程中，应尽可能地减少物质资源与能源的消

耗,应严格控制有害物质的排放,同时应高度重视展台及零部件的回收再利用工作。通过这些具体举措,切实推动会展业朝着绿色、可持续的方向稳健发展。这一理念的引入为会展业的未来发展提供了全新的思考方向与实践路径,其具有极其重要的现实意义和深远的战略价值。

6. 传播学范畴

会展传播的研究始于20世纪90年代,对于会展传播的定义虽多,但大致可以整理为三大类。第一类研究认为,会展是一种传播的手段,通过会展传播可以将会展的影响力发散出去,形成一种强影响力,这类界定强调了会展的作用和功能。第二类研究认为,会展传播就是将会展信息传递出去或者是将会展信息系统地运行起来。第三类研究认为,会展传播就是将会展看作一种传播媒介,通过会展这种媒介能够进行信息交流和互动,会展传播的过程体现出一种高参与度、高卷入度以及沉浸式体验的特点,是集人际交流、文字传播、多媒体展示、实物展示以及虚拟现实于一体的传播方式,这种传播方式十分独特,非一般的媒介能够代替,这类定义被认为是会展传播最全面、最具体、意义最深刻的定义。会展既然被认为是一种传播媒介,那么传播过程中必不可少的就是传播要素。传播要素主要划分为四种,即参展商、展品、参展地点和观众。会展传播具有推销展品、沟通行业信息、丰富社会生活、促进经济发展等四大功能。除此之外,会展传播也存在三大特性。一是高技术性,随着科技的进步,会展不再是单纯的商品展示,而更多地融入了科技的使用和科技的展示,如今的会展传播更多的是利用声光电进行;二是系统性,从展会前期、中期到后期,从招商招展到参展,以及会展的宣传等方面都具有一定的条理性和系统性,是一项系统性的工程;三是高卷入度,它既是一种参与度很高的传播活动,也是一种互动性很强的体验式传播活动,其中还包含了人际传播、组织传播以及大众传播。

深入剖析会展的外延,为后续深入探究会展业及其产业链的内在关系奠定了坚实的基础。目前,会展概念的界定在学术界和行业内尚未达成完全统一的标准,各方观点百花齐放,要想精准地把握会展的本质内涵,我们必须深入研究会展的属性和特点。

通过前期的学习我们可以发现,会展活动具有明显的集体性,通常在特定的时间和空间范围内举行,围绕特定的主题展开,并且具备高度的组织特征。会展的举办主体丰富多样,无论是政府机构、非政府组织、国际组织,还是各类社团、协会,甚至个人,这些主体都有机会成为会展活动的组织者。

而会展活动的范畴,则远远超越了活动本身的范畴,涵盖了为确保活动顺利举办所进行的组织策划、物资筹备、现场执行、运营管理、宣传推广、服务保障等一系列工作。这一系列工作充分展现了会展业鲜明的服务业属性,以及作为边缘产业,会展业与其他产业相互关联、相互促进,进而使得会展业能够发挥出强大乘数效应的本质特征。笔者相信,通过这样全面而深入的理解,我们能够更为透彻地把握会展的概念和本质,为进一步探索会展业的发展规律提供有力的支撑。

（三）提炼会展的基本定义与关键要素

当我们对会展的内涵与外延有了清晰认知后，便可以进一步梳理会展的基本定义与要素。基于“MICE”理念，会展可以这样定义：在特定的时间和空间范围内，由多个人聚集在一起，围绕确定的主题，并通过制度化的组织形式，为实现预设目标而开展的集体性活动。这一定义包含六个关键要素，即特定时间、特定地点、特定人群、特定主题、特定目标、特定形式，统称会展的“六要素”。

1. 特定时间

特定时间是指会展从规划、筹备到实际举行的具体时段。特定时间起着关键作用，只有明确了它，所有参与会展的人员才能在同一时间齐聚一堂，共同投入会展活动之中。以第七届中国国际进口博览会为例，它于2024年11月5日至10日举办，有着清晰的时间安排，为参与的各方人员提供了明确的行动依据。

2. 特定地点

特定地点是指会展活动具体的举办位置或者场地。特定地点是会展顺利开展必不可少的物质基础，它为会展期间人们的交流沟通、成果展示以及相互协作创造了条件。比如国家会展中心（上海）就是中国国际进口博览会长期固定的举办场馆。

3. 特定人群

特定人群是指会展活动专门面向并希望吸引过来的参与者。这些人往往有着相似的兴趣爱好、实际需求或者目标追求，他们都期待借助参加会展达成自己特定的价值诉求或目标愿景。在会展场景里，这些特定人群有着不同的身份称呼，包括参展商、专业观众以及相关专业人士等。

4. 特定主题

特定主题凝练了活动的核心内容与目标。它如指南针，引领会展各环节围绕核心有序开展。主题策划至关重要，是展厅布展的关键，是会展的核心与目标。确定主题后，可据此延伸会展脉络，指导分区设计。

5. 特定目标

特定目标是组织者期望通过活动达成的具体可衡量成果，涵盖展示产品、推广品牌、市场调研、建立商业联系及促进销售等。其确定需综合考虑会展性质、规模、预期参与者及行业背景等因素，是会展策划与实施的重要依据。

6. 特定形式

特定形式是指活动的组织与外在表现方式，常见的形式如会议、展览会。考虑到会展类型、目的、规模及参与者需求差异，组织者常常融合多种形式，如“会＋展”“活动＋展销会”等，丰富内容、提升效果，满足多元需求，推动会展多元化发展。

在实际的会展策划与执行过程中，对这"六要素"的精准把握和灵活运用是成功举办一场会展活动的关键。会展组织者需要依据不同的市场需求、行业特点以及自身的资源优势，精心设计和调整各个要素，使其相互配合、协同作用。

二、洞察中国国际进口博览会的使命价值

基于对会展定义与要素的认知，本节以当前极具影响力的中国国际进口博览会为例，具体介绍会展举办的特定目标、价值与意义。在全球化浪潮持续奔涌的时代背景下，中国国际进口博览会（简称进博会）在推动全球经济发展与合作进程中切实发挥着不可忽视的重要作用。其愿景与目标蕴含着对全球经济格局的重大意义，值得深入探究、仔细研读，从而让学生全面且深入地理解这一盛会在会展领域乃至全球经济范畴内的关键价值与地位。

（一）展望进博会的伟大愿景

习近平总书记指出："中国扩大高水平开放的决心不会变，同世界分享发展机遇的决心不会变，推动经济全球化朝着更加开放、包容、普惠、平衡、共赢方向发展的决心不会变。"真正的多边主义应坚守开放包容、合作共享的发展理念，捍卫以联合国为核心的国际体系，维护以世贸组织为基石的多边贸易体制。进博会正是中国坚定捍卫全球化进程、践行多边主义的有力彰显。

1. 着眼人类共同福祉

进博会始终秉持人类命运共同体理念，彰显中国愿与世界共襄发展盛举的担当与决心。借由进博会这一平台，中国积极推进贸易投资、数字经济、绿色低碳、卫生健康等领域的议题研讨，促使关键抗疫物资及医疗方案的贸易畅通无阻，推动创新举措落地生根。同时，中国积极投身应对气候变化、维护全球粮食与能源安全等行动，在南南合作框架下，持续为其他发展中国家提供更多援助。

2. 坚决维护多边秩序

进博会毫不动摇地秉持共商共建共享的全球治理理念，全力维护以联合国为核心的国际体系，以及以世贸组织为基石的多边贸易体制，奋力推动全球经济治理体系革新。进博会与世界贸易组织、二十国集团、亚太经合组织、上海合作组织等各多边国际组织保持着良好合作；联合国工业发展组织、联合国全球契约组织、国际贸易中心、世界知识产权组织等国际组织的负责人踊跃参与进博会。进博会还注重助力发展中国家，尤其是最不发达国家融入多边贸易体制，通过推动发展中国家参与国际经贸活动，为其发展贡献力量。

3. 坚定推动高水平开放

进博会作为中国推进高水平开放的重要窗口，以开放包容的姿态拥抱世界，全方位、多层次地推动中国与全球经济的深度融合。以进博会为契机，中国加强与各国在自由贸易区、跨境经济合作区等方面的合作，打造更多开放新高地；深化与共建"一带一路"国家的经贸往

来，推动基础设施互联互通，促进贸易投资自由化便利化，推动形成陆海内外联动、东西双向互济的开放格局。中国积极参与国际经贸规则的制定和完善，在进博会这一平台上分享中国的开放经验和发展理念，为全球经济治理贡献中国智慧和中国方案，以实际行动推动高水平开放向纵深发展，与世界共享中国发展机遇。

（二）剖析进博会的共同目标

1. 进博会以推动全球贸易平衡发展为己任，积极为各国优质产品与服务进入中国市场开辟通道

随着进博会持续举办，大量国外高品质服务涌入中国，有力地激发了我国消费升级的活力。当下，我国消费市场展现出多元化、个性化、优质化的鲜明特征。新型消费迅猛发展，绿色、低碳、可持续消费等各类消费新业态、新模式不断涌现，我国服务消费品质持续提升。参展商对市场动态极为敏感，如今他们不再局限于将海外产品引入中国，而是主动深入剖析中国消费者更深层次、更精细的消费需求，以此探寻中国消费市场的前沿走向。越来越多的企业意识到，中国消费者的消费习惯需求日益多元化，这背后蕴藏着巨大的市场潜力，预示着极为广阔的市场前景。

2. 进博会广纳全球先进技术与产品，紧扣科技创新这一时代脉搏，推动其成为经济发展的核心驱动力

进博会的展品范围涉及高端制造业、人工智能、生物医药、绿色能源等诸多前沿领域，被吸引前来参展的企业不断面向新质生产力开展产品研发与展示，参与进博会已成为其展示产品、促进科技创新，以及交易和交流的平台。正如联合国贸易和发展会议经济学家尼古拉斯·梅斯特雷谈及第七届中国国际进口博览会时所说："进博会实实在在地推动了发展中国家实现出口增长和产业多元化，增强了南南贸易的活力，这是非常令人鼓舞的。贸发会议非常高兴地看到，中国在促进全球贸易增长中作出的巨大贡献，并通过相关举措持续支持其他发展中国家。"对发展中国家而言，进博会无疑是学习先进技术的珍贵平台。借助这一平台，发展中国家得以汲取前沿科技力量，缩小与发达国家在科技和产业发展方面的差距，进而实现跨越式发展。

3. 进博会以"各美其美，美美与共"为指引，搭建起一座促进多元文化深度交流的稳固桥梁

第七届进博会特别设置了虹桥国际城市会客厅展示区，与中华老字号、非物质文化遗产、国家级步行街、中国旅游等展示专区相互映衬，全方位展现我国各地人文经贸特色、城市风貌和风土人情。第七届进博会的人文交流活动展示面积超3.2万平方米，为历届之最。此外，来自克罗地亚、朝鲜、乌兹别克斯坦等7个国家，以及中国港澳地区和9个省（区、市）的表演团体，在中央广场人文舞台带来200余场汇聚中外特色的精彩文艺表演，集中展示中国和世界各地的人文艺术风采。一个个特色鲜明的展台、一场场别出心裁的特色活动，有力推动

了中外人文交流与文化交融。

4. 进博会作为一个具有深远影响力的国际平台，为各国提供了平等对话与协商的空间，有力地推动了全球经济治理进程

各国政府、国际组织及企业代表纷纷汇聚进博会，共同直面全球经济发展中的各类问题与挑战，积极探寻解决方案。在进博会举办的相关论坛和研讨会上，围绕贸易规则制定、全球产业链重构等核心议题，各国代表踊跃发言，贡献诸多建设性意见。例如，在贸易便利化的讨论环节，各国达成广泛共识，为多边贸易体制的改革与完善筑牢根基。进博会的交流合作促使多边贸易体制不断适应全球经济发展的新形势。它倡导各国携手制定公平、合理且透明的国际经济规则，切实提升了全球经济治理的效率与公正性，为全球经济稳定和可持续发展提供保障。

进博会凭借其宏伟愿景与清晰目标，在全球经济舞台上占据着无可替代的关键地位，一方面切实为中国经济发展与改革开放注入了强劲动力，成为推动中国经济持续前行、不断深化改革的重要引擎。另一方面，它秉持开放包容的理念，毫无保留地为世界各国创造了极为丰富的发展契机，在商品贸易、技术交流、资本流动、人员往来等诸多方面，全方位提升了全球经济合作的深度与广度。

案例思考
进博会：让世界共享中国开放机遇与红利

从进博会这一我国具有代表性的大型国际性展会可以看出，我国国际性展会正持续发挥引领作用，通过创新突破，推动构建更加公平、合理、繁荣的世界经济新秩序，成为全球经济发展进程中不可或缺的重要推动力量。

第二节　会展的类型

在会展内涵的学习中，我们已经提到，会展被视作会议活动与展览活动的统称。在如今这个信息飞速传播、交流日益频繁的时代，会展活动早已深度融入我们的生活，从关乎国家发展的国际峰会，到影响企业走向的行业论坛，以及引领时尚潮流的新品发布会，无一不是会展活动的生动体现。但你是否真正了解这些频繁出现在视野中的会议和展览呢？

会议与展览不仅是信息交互的载体，更是推动全球经贸合作、科技创新与文化融合的重要平台。理解两者的本质，是掌握会展行业脉络的关键。

那么，会议和展览分别是什么？它涵盖哪些分类？又有哪些国际性组织呢？接下来，就让我们一同揭开它们的神秘的面纱。

一、会议

（一）会议的定义

关于“会议”，相对比较权威的定义来自我国于2014年发布的《会议分类和术语》(GB/T

30520—2014)，即会议是在特定的时间和空间，通过发言、讨论、演示、商议、表决等多种形式，达到议事协调、交流信息、传播知识、推介联络等目的的一定人数的群体活动。该定义既体现了会展的要素，又突出了会议这一活动形式的特点。会议需确定特定主题、确定特定时间和空间、需要进行目的地组织与管理、有一定规模的人群聚集、流动和消费，是会展业的重要组成部分。

（二）会议的分类

《会议分类和术语》指出，会议存在于政治、经济、文化、体育、教育、宗教、军事等各个行业，可从不同角度、采用不同标准划分为不同的类型。不同划分依据下的会议分类见表2-3。

表2-3　会议分类表

分类依据	会议类型	指标要求
按主办单位划分	企业会议	由企业主办，以行政、管理、技术、营销等为主要内容，以促进企业的发展为主要目的
	社团会议	由协会、公会、妇联、学联、学会、商会、基金会、研究团体等各种社会团体主办
	政府会议	由政府机构主办
	事业单位会议	由学校、医院、科研机构、文艺团体等事业单位主办，以文化、教育、卫生、体育、科学技术为主要内容
按规模划分	小型会议	参会代表人数少于199人
	中型会议	参会代表人数在200—799人之间
	大型会议	参会代表人数在800—1999人之间
	特大型会议	参会代表人数在2000人以上
按举办周期划分	定期会议	按照固定的时间间隔召开
	不定期会议	召开时间间隔不固定，或因突发性事件而临时召开

（来源：《会议分类和术语》）

（三）会议的特点

在珠海国际会展中心二期举办的2023珠港澳MICE新势力共创大会上，中国会议酒店联盟常务副会长、中国会展业专家委员会委员武少源总结分享了2023年我国会议市场的10大特点，为洞察我国当前会议产业的整体特征提供了参考。

1. 迅速发展

中国会议产业在过去几年中发展迅速，已成为国民经济的新增长点。大量的会议活动举办，带动了场地租赁、设备供应、餐饮住宿、交通出行等多个行业的协同发展。当前中国会

议活动市场总量惊人，约7100亿元人民币，其中机票占26%，场地及住宿占20%，餐饮占15%，会议服务占32%。

2. 专业化与创新

会议组织者正走向专业化，会议策划与组织的效果越来越好。从会议主题的定位，到会议议程的设计，再到活动流程的把控，都展现出较高的专业水准。同时，会议中心与会议酒店的硬件设施快速改善，服务水平也进一步提高。

3. 政府与市场共同推动

政府通过出台相关政策措施支持会议产业的发展。2020年，长沙县为加快建设国际高端会议承办地，打造会议产业新高地，助力区域经济高质量发展，发布了《长沙县人民政府办公室关于促进会议产业发展的扶持意见》。同时，市场需求的增长也推动了会议产业的发展，企业为了推广产品、交流经验、洽谈合作，会定期举办或参加各类商务会议。学术机构为了分享研究成果、探讨前沿问题，也会组织学术会议，从而推动会议产业不断向前发展。

4. 数字化转型

随着5G、AI、大数据等技术的成熟和应用，线上会议、虚拟会议和混合会议等新型会议形式越来越受欢迎，提高了会议的效率和参与度，并降低了成本。5G技术与大数据的深度融合也为智能会议室的设计与应用开辟了新纪元。依托5G的高速传输能力，智能会议室实现了高清视频的无缝交流与远程互动的即时响应，极大提升了会议效率与互动性。

5. 绿色会议理念推广

环保意识的提高和政府的环保政策推动了绿色会议理念的普及和实践，采用环保材料、节能设备和电子资料等方式减少碳排放和资源消耗日趋流行。例如，绿色办会是近年来博鳌亚洲论坛年会的坚持。博鳌亚洲论坛2025年年会采取绿色电力、绿色搭建、绿色交通、绿色会务、绿色住宿等碳减排措施，同时，在会场设置“零碳之光”互动体验场景和“绿动创趣坊”低碳角，打造了一场低碳高效、科技赋能的国际盛会。

6. 个性化与定制化服务增长

消费者需求的多样化和个性化促使会议行业提供更加个性化和定制化的服务，以满足客户的特定需求。企业举办年会时，就会根据自身企业文化与员工喜好，定制独特的会议方案。从会议主题、场地布置到节目安排，都力求展现企业特色。

7. 国际化趋势加强

随着全球化进程的加速，国际商务合作和学术交流活动更加频繁，为会议行业带来更多的发展机遇。例如，2024世界人工智能大会以3天展期和超5.2万平方米的展览面积，吸引了500余家海内外企业、1300余位全球领军者参加，展品数量超1500项，预计推动总投资额超400亿元，彰显了我国会议行业在国际化进程中不断实现新突破。

8. 市场规模持续增长

中国会议行业市场规模在全球范围内持续扩大，特别是线上会议和混合会议模式的广泛应用进一步推动了市场规模的扩大。2010年以来，我国连续成为亚洲举办国际会议最多的国家，全球排名不断攀升，2019年我国在全球排名第七，会展业基础雄厚，优势明显，潜力巨大。

9. 线上会议市场快速增长

受数字化转型影响，线上会议市场增长迅速，成为行业增长的主要动力。艾媒咨询数据显示，2021年中国视频会议市场规模达148.2亿元，同比增长18.3%，预计2025年视频会议市场规模达304.1亿元。

10. 细分市场崛起

教育、医疗、企业培训等细分市场逐渐崛起，成为会议行业新的增长点。教育领域内，各类教育研讨会、学术论坛用以探讨教育改革、教学方法等问题。医疗行业中，医学学术会议与专题研讨会促进了医疗技术的交流、融合与创新发展。企业培训针对不同岗位与技能需求，举办各类培训会议，提升了员工素质。这些细分市场的会议活动专业性强，需求旺盛，为会议行业发展开辟了新的方向。

（四）会议的国际性组织

在梳理会议业发展脉络的过程中，笔者观察到，伴随会议业的持续发展，在各类会议举办时，不同类型会议逐渐显露出一个共同属性——国际性。

而在定义和推动会议国际性发展的进程中，国际大会及会议协会（ICCA）无疑占据举足轻重的地位。ICCA明确规定，国际会议需同时满足三大关键标准：其一，参会人数至少要达到50人；其二，会议必须定期组织举办，将一次性会议排除在外；其三，会议举办地点必须涵盖至少三个国家。这一严格且精准的标准，为全球国际会议的界定提供了权威的参照体系，有力地规范和引导着会议行业的国际化发展方向。

ICCA创立于1963年，总部坐落于荷兰阿姆斯特丹。作为全球国际会议领域首屈一指的重要机构组织，它凭借卓越的影响力和极高的知名度，成为全球会议行业的引领者。每年，ICCA都会在世界各地举办年会，吸引着来自全球会议行业的目光。其成员构成极为广泛，汇聚了会议行业的供应商、买家、专业会议组织者、会议旅游局、目的地管理公司，以及众多与会议、旅游密切相关的企业和政府机构等。

截至2019年12月，ICCA的成员数量已突破1100家，广泛分布于全球近100个国家和地区，构建起一个庞大且极具影响力的国际协会组织网络，在全球会议行业的舞台上发挥着无可替代的关键作用。

在我国，众多企业和机构积极加入ICCA，成为其重要成员。它标志着中国会议旅游业界拥有了专业的组织和团队，能够借助ICCA的平台，与国际组织展开更为紧密、深入的交流与合作。这不仅将大幅提升中国会议旅游业的国际竞争力，更为中国会议旅游市场的繁荣发展注入了强大动力，而这一切，都离不开ICCA在全球会议行业的引领与推动。

从举办国际会议的数量来看，依据ICCA在2023年5月发布的排名报告，2023年中国共举办了170场符合ICCA标准的国际会议，位列全球第18名，较2022年上升8名。从城市来看，全球城市排名前20位中未见中国城市的身影，仅在第33的位置看到中国香港，具体如表2-4、表2-5所示。

表2-4　2023年实体会议次数排名全球前20的国家或地区

排名	国家/地区	数量
1	美国	690
2	意大利	553
3	西班牙	505
4	法国	472
5	德国	463
6	英国	425
7	日本	363
8	荷兰	304
9	葡萄牙	303
10	加拿大	259
11	韩国	252
12	瑞典	227
13	澳大利亚	219
14	奥地利	203
15	比利时	202
16	希腊	190
17	波兰	179
18	中国	170
19	捷克	157
20	巴西	156

表2-5　2023年实体会议次数排名全球前20的城市

排名	城市	数量
1	巴黎	156
2	新加坡	152
3	里斯本	151

续表

排名	城市	数量
4	维也纳	141
5	巴塞罗那	139
6	布拉格	134
7	罗马	119
8	马德里	109
9	都柏林	104
10	首尔	103
11	伦敦	99
12	柏林	97
13	东京	91
14	布宜诺斯艾利斯	90
15	雅典	88
16	曼谷	88
17	哥本哈根	87
18	阿姆斯特丹	84
19	布鲁塞尔	76
20	斯德哥尔摩	74

（来源：中国会议微信公众号）

在这一数据背后，呈现出两个值得关注的重要趋势。

一方面，从2023年与2022年的排名数据来看，中国国际会议的数量保持着稳步上升的良好态势。这充分彰显了中国在国际会议领域不断增强的吸引力和竞争力，而这一发展成果与ICCA所倡导的国际化标准和发展理念紧密相关。

另一方面，尽管中国国际会议数量排名有所上升，但在全球排名前20的城市中却不见中国城市的身影，这说明中国大部分城市在国际会议举办的综合实力上，与国际一流城市相比仍存在一定差距。这为中国城市指明了未来的发展方向。在ICCA的专业指导和全球影响力下，应加大各城市在会议市场的投入，提升软硬件实力，为更多中国城市获得国际协会的认可提供有力支持。

总体而言，中国在国际会议领域既有进步的趋势，也面临着挑战。而ICCA作为具有广泛影响力的国际组织，凭借其先进理念，在推动全球会议产业发展、助力各国城市提升国际会议影响力方面发挥着关键作用。

（五）中国峰会

1. 峰会的概念

1953年，在建议西方国家领导人同苏联举行首脑会晤的时候，丘吉尔第一次使用了“峰会”这个词。由此开始，“峰会”一词先是由西方新闻媒体广泛使用，从而在国际关系领域占有了一席之地，进而成为人们习以为常的对正式首脑会晤的称呼。

在当代国际关系中，涉及多国或多边国际性问题的、由各国最高领导人参加的、预计会达成某些共识或某些共同纲领性文件的国际会议被称为峰会。

2. 中国峰会发展的背景与状态

在经济全球化深入推进、国际合作需求激增的大背景下，各国间的联系愈发紧密，全球性问题层出不穷，需要各国携手应对。中国作为世界第二大经济体，在国际舞台上的影响力与日俱增，举办峰会成为中国参与全球治理、推动国际合作的重要途径。众多峰会聚焦经济发展、环境保护、科技创新等多元领域，旨在汇聚各方智慧，为解决全球性挑战探寻方案。

我国在国际峰会举办领域成绩斐然，是备受青睐的目的地与积极活跃的主办国。当前，中国峰会呈现多元化、专业化、国际化特征。以具有代表性的博鳌亚洲论坛、世界互联网大会·乌镇峰会和亚洲文明对话大会为例，从经济指标的显著增长、前沿科技成果的大量展示，到文化交流活动的层出不穷，都充分彰显出中国在经济建设、科技创新以及文化发展等方面取得的突出成就。

3. 中国峰会举办的价值及意义

在全球化深度交融、信息传播瞬息万变的当下，峰会作为国际交流与合作的高级形态，其重要性不言而喻。众多权威研究资料表明，峰会所搭建的多边交流平台，有力地促进了各国资源的优化配置与前沿技术的交流互鉴，为全球经济发展、科技创新以及国际合作注入了强劲动力。

进一步来看，这些峰会不仅是展示成就的窗口，更是中国深度参与全球治理的重要途径。通过在国际组织中发挥关键作用，积极倡导并参与多边合作倡议，中国与世界各国依托国际会议平台，实现了更为紧密且富有成效的交流合作。在全球治理体系的完善与发展进程中，双方秉持相互尊重、平等互利的原则，携手应对全球性挑战，共同推动国际规则的制定，淋漓尽致地展现出中国智慧与大国担当。

4. 中国峰会的类型

中国主要峰会充分发挥和彰显中国在国际交流合作中的角色与贡献。

（1）经济合作类峰会：聚焦于全球经济发展、贸易合作、投资促进等关键议题，为各国搭建起沟通协作的桥梁，推动世界经济的繁荣与稳定。

案例介绍

博鳌亚洲论坛

(2) 科技创新类峰会：紧跟时代步伐，围绕前沿科技发展趋势、创新应用、科技合作等展开交流，助力各国在科技领域实现突破与共享。

案例介绍

乌镇世界互联网大会

(3) 文化交流类峰会：围绕文化传承、文化创新、文化产业等多元文化议题展开，促进不同国家、地区或民族之间的文化交流合作，推动全球文化的多元共生与共同发展。

案例介绍

亚洲文明对话大会

二、展览

(一) 展览的定义

除会议之外，会展的另一基本类型是展览。从中文释义来说，“展”与“览”即陈列展示(物品)，以供人察看/观看。这一含义突出了展览的基本功能、形式与目的，也体现了会展的要素和属性。

“展示”(display)一词来源于中古英语“displaien”，其本意为“展开”，后逐渐引申为“展示给人看”。“展”，就是陈列、展示；“览”就是参观、观看；“会”就是为了实现某种目的集中到一起进行交流。

国际上，国际展览业领域最具权威的组织UFI对展览的定义如下：展览是在特定时间内，众多厂商聚集于特定场地陈列产品，从而推销其最新产品或服务的一种市场活动。这一定义更加明确了展览的功能与目标等属性。

(二) 展览的类型

明确了展览的定义后，我们进一步来深入了解展览丰富多样的类型。展览的类型划分维度众多，下面将从多个方面进行详细阐述。

相较于会议，展览的类型更为丰富多样，可从内容、性质、功能等多个维度进行划分。笔者依据这些维度对展览类型进行了归纳，如表2-6所示。

表2-6　展览分类表

分类依据	类别	特点	典型案例	案例概述
按展出商品的内容和范围	综合性展览（横向展览）	展览内容涉及全行业或数个行业的展品	中国国际工业博览会	1999年创办，涵盖多个工业领域，展示传统与新兴工业成果，设不同专业展区，促进跨行业交流合作，让观众全面了解工业发展
	专业性展览（纵向展览）	展览内容限制在某一行业，甚至某一种产品上	上海国际汽车工业展览会	全球A级车展，聚焦汽车行业，展示最新车型、概念车及技术，吸引车企及专业人士，也对公众开放，推动行业交流与商业合作
按展览目的与性质	营利性-贸易展（B2B形式）	目标观众为专业买家，不向公众开放，专业性强，注重对接洽谈和批量交易	香港贸发局香港玩具展	全球较大的玩具及婴儿用品贸易展之一，只对专业买家开放，参展商来自世界各地，是企业间商贸洽谈的平台
	营利性-消费展（B2C形式）	服务于个体消费者，以商品交易为核心，注重与终端消费者的互动交流	中国国际进口博览会消费品展区	展示各国特色消费品，面向公众开放，通过展示、体验、促销等活动，直接向消费者宣传销售，注重互动体验
	非营利性展览	以宣传、教育、交流为目的，提升公众认知、教育和审美水平	上海博物馆青铜器展览	通过展示馆藏青铜器，传播中国古代青铜文化，借助文物展示、介绍及讲解普及知识
按主办与支持的政府或机构级别	国家级展会	由国家政府主办，规格高，影响力大	中国国际进口博览会	由中华人民共和国商务部和上海市人民政府主办，吸引众多国家和地区企业参展，促进国际经贸交流与合作，推动全球贸易发展
	地方级展会	由地方各级政府主办或指导，侧重地方区域发展	上海国际珠宝首饰展览会	由上海相关机构主办，聚焦珠宝首饰行业，为地方及周边珠宝企业提供平台，促进区域内行业交流合作

续表

分类依据	类别	特点	典型案例	案例概述
按展览时间	定期展览	按照固定时间间隔举办	中国进出口商品交易会	1957年创办,每年分春秋两季在广州举办,汇聚各类进出口商品,是重要的综合性国际贸易盛会
	不定期展览	根据需要和条件举办,时间可长可短	注册类世博会	展期5个月,围绕特定主题展示各国在多方面成果,对举办城市条件要求高,非定期举办
按展览场地	室内展览	在室内场馆举办,适合展示常规展品	中国国际纺织面料及辅料(秋冬)博览会	在室内展示各类纺织面料、辅料产品,提供稳定展示条件,便于展示产品细节,方便专业观众洽谈
	室外展览	在室外场地举办,适合展示超大超重展品	中国国际航空航天博览会(珠海航展)	在室外展示各类飞行器,满足飞行器展示及飞行表演空间需求,便于大型设备运输安装
按展示空间	传统实体展览会	在现实固定场所举办,由参展商搭建展台吸引观众	科隆国际家具展览会	在现实展览馆举办,参展商搭建展台展示家具产品与理念,汇聚行业人士,促进商贸合作与设计交流
	现代数字会展	以数字技术为基础,构建数字信息集成化展示空间	阿里巴巴云展会	整合各方资源,参展商线上展示产品,观众可随时随地参观,打破时空限制

1. 按展出商品的内容和范围划分

按展出商品的内容和范围,展览可以划分为综合性展览和专业性展览。综合性展览又称横向展览,展览内容涉及全行业或数个行业的展品,如工业展、农业展等;专业性展览又称纵向展览,展览内容限制在某一行业,甚至某一种产品上,如汽车展、钟表展、宠物展、游戏展等。

2. 按展览目的与性质划分

按展览目的与性质,展览可以划分为营利性展览和非营利性展览。

(1) 营利性展览。

营利性展览包括两大类,即以商品批发交易为目的的贸易展和以直接零售商品为目的的消费展。以营利性为目的的展览又分为贸易展和消费展两大类。

贸易展(Trade Exhibition),通常指展销会或商品交易会,又称B2B(Business to Business)形式的展览,目标观众为专业买家,不向公众开放。贸易展通常具有明确的主题和行业针对性,主要服务于企业级参展商和企业级专业观众,以促进双方之间的商贸对接洽谈,以及商业交流与合作。这类贸易展的特点集中体现为专业性强、对接洽谈和批量交易。

消费展(Public Exhibition),主要指消费品展或博览会,又称为B2C(Business to Consumer)类展览,通常也有明确主体与行业针对性,主要服务于个体消费者,目的是展出消费品,直接向终端消费者宣传与销售,参观者多为普通公众。这类贸易展的特点是现场以商品交易为核心,同时也接受批量订单。服务对象面向广泛的观众人群,注重与终端消费者的互动和交流。通过现场销售、产品演示、促销活动等方式,直接促进产品的推广和销售。

(2) 非营利性展览。

非营利性展览通常指政府、非营利组织或机构通过展示和传播特定的主题或内容,不以营利为目的,而以宣传、教育、交流为目的,旨在提升公众的认知、教育和审美水平,为社会及其发展服务而主办的各类公益性、教育性和传播性展览。比如世博会、各类博物馆展览、艺术展览、科普展览、公益展览等。

3. 按主办与支持的政府或机构级别划分

目前我国最高级别的展会通常被称为国家级展会,除了国家级展会,我国各级政府主办和指导的展会,均称为地方级展会。

4. 按展览时间划分

按展览时间,展览可分为定期展览和不定期展览。定期展指按照固定时间间隔举办的展览,如一年一次、两年一次、一年两次等,如中国进出口商品交易会一年分春秋两季举办。不定期展览是指根据需要和条件举办的展览,可以是长期的(如五个月、半年等)或短期的(一般不超过一个月)。例如,注册类世博会是目前国际上举办时间最长的博览会,展期为5个月。

5. 按展览场地划分

按展览场地,展览可分为室内展览和室外展览。室内展览指在室内场馆举办的展览。多用于展示常规展品,如纺织展、电子展等。室外展览指在室外场地举办的展览。多用于展示超大超重展品,如航空展、矿山设备展等。这也是展览场馆在规划与建设时要考虑室内面积与室外面积的原因与依据。

6. 按展示空间划分

按展示空间,展览可以分为传统实体展览会和现代数字会展。传统实体展览会指各类在现实固定场所(如展览馆、会议中心等)举办的,由参展商搭建展台,展示其产品或服务,吸引观众(包括潜在客户、合作伙伴、媒体等)前来参观、交流和洽谈的展览形式,是由传统集市演变而来的具有悠久历史的商贸集聚活动,至今仍然是全球商贸交流和推广的重要平台。

现代数字会展指以数字技术为基础，将云计算、大数据、移动互联网、社交媒体、会展产业链等多种实体资源整合在一起，构建了一个数字信息集成化的展示空间。这是一种利用互联网技术和数字化思维打造的新型会展形态，它是对传统实体会展的数字化升级和创新。这种会展形式为参展商和观众提供了全方位、立体化的展览和服务体验。

伴随数字经济的发展，传统实体会展与现代数字会展的联系越来越紧密，打破地域、时间、空间、距离和成本的限制，实现线上线下融合模式发展，将资源流、信息流和资金流通过互联网充分交织，提高了信息化转化对接与交易效率。

(三) 展览的特点

中国贸促会在第二十届中国会展经济国际合作论坛(CEFCO)上发布了《中国展览经济发展报告2024》。报告显示，2024年，我国共举办经贸类展会3844场，展览总面积1.55亿平方米，数量与上一年报告基本持平。“韧性”“新质生产力”“市场化”“国际化”是2024年中国展览业发展的关键词。

1. 韧性

2024年，中国展览业在复杂多变的全球环境中展现出了强大的韧性与活力，每一场场均展览面积由2023年的3.59万平方米增至4.03万平方米，增幅达到了12.3%。

2. 新质生产力

2024年，中国的展览业紧紧抓住国家提倡发展新质生产力的重要机遇。一方面，新质生产力赋能展览业高质量发展，展览业积极探索应用人工智能、大数据、元宇宙等新技术，推动展览新场景、新模式、新业态加快发展。另一方面，展览业也成为展示中国新质生产力发展成就的一个重要的平台，战略性新兴产业、未来产业等成为中国展览业的热点展示内容。2024年，中国举办的工业和科技类题材展会数量达到1064场，数量在各类题材展会数量中占到了首位，同比增长63.4%。

3. 市场化

2024年，中国多地地方政府都强调压减财政支出、一般性支出，进一步转变职能，让市场主体更多地在展览业中凸显。在2024年中国办展面积前100位的展会项目中，政府主办或主导的展会项目数量占比由2023年的33%下降到25%，这一趋势在2025年还会进一步延续。

4. 国际化

2024年，中国展会项目和主展单位进一步对接国际标准，国际影响力进一步提升。2024年底，中国有265个展会项目通过了UFI的认证，同比增长超过20%，UFI会员单位253家，同比增长10%。重点展会吸引境外参展商比重增长显著，中国主导的几个国家大展，境外参展商比重年年都有较大规模的增长，显示出境外参展商对中国市场、对中国机遇的看重。国际化的另一个表现是出国展览呈现出快速发展的强劲势头。2024年，经中国贸促会审批通过并实际执行的出国展项目数量达到1166项，其中出国参展1067项，出国办展99项，涉及国内68家单位和60个国家或地区，参展企业数量超过5万家，展览面积达到70.37万平方米，出国展项目数量、参展企业数量和展出面积同比增幅均超过20%，2025年还会有进一步的增长。

（四）展览的国际性组织

国际展览会联盟（UFI）于1925年在意大利米兰成立，总部位于法国巴黎。2003年10月20日，在开罗第70届会员大会上，组织更名为国际展览业协会（The Global Association of the Exhibition Industry），简称依旧是UFI。

UFI在全球展览业中的作用十分关键。它制定了行业标准，规范展会规模、质量、服务及国际化程度，经UFI认证的展会堪称高品质与国际化标杆。UFI搭建交流平台，世界各地展览企业、展馆运营方、行业协会等借此分享经验、交流信息、探讨行业趋势，推动全球展览业协同发展。UFI还通过参与国际展览活动，与其他国际组织合作，提升展览业在国际贸易、经济合作与文化交流领域的影响力。另外，UFI为会员提供专业培训、咨询、研究及市场调研、行业分析等服务，助力会员提升业务与管理水平，了解全球展览市场动态。

UFI会员广泛，有贸易展览会主办方、展馆运营方、重要的全国性和国际性展览协会，以及展览业服务供应商等。德国汉诺威展览公司、法兰克福展览公司、励展博览集团等国际知名企业，以及我国的中国对外贸易中心集团有限公司、上海新国际博览中心有限公司等，都是UFI会员。

入会流程上，申请机构或展会主办者需尽早向UFI提出申请并备案。若申请纳入当年工作日程，理论上最迟需要在前一年年底向UFI秘书处提交所有正式申请文件。申请受理后，UFI指导委员会委派代表实地考察，核查材料并出具审核报告，费用由申请人承担。审核报告先由指导委员会审核，通过后向UFI大会提交认可提议。UFI每年举办全体会员大会审核该提议，2/3多数票支持，便授予UFI展会认证资格证书。

中国在UFI中的参与度较高，截至2025年1月，263家中国（含港澳台地区）会展企业或相关机构成为UFI会员，中国是UFI会员数量最多的国家。中国国际进口博览局、中国进出口商品交易会（广交会）、深圳国际商会等众多机构是UFI会员。近年来，越来越多的中国展会和会展企业获UFI认证，如大连国际工业博览会、深圳国际金融博览会、中国景德镇国际陶瓷博览会等，彰显中国展览业的国际影响力持续提升。

（五）中国国家级展会

从主办与支持的政府或机构级别来看，国家级展会是指由国家政府部门（在我国指中华人民共和国商务部）主办或给予支持的大型展览活动。这类展会通常具有广泛的国际影响力，旨在促进国内外在经济、贸易、文化、科技等领域的交流与合作，是连接中国与世界在经济贸易及其他领域的重要纽带。

目前,我国具有代表性的三大国家级展会分别为中国国际进口博览会(简称“进博会”)、中国进出口商品交易会(简称“广交会”)以及中国(北京)国际服务贸易交易会(简称“服贸会”),如表2-7所示。

表2-7 三大国家级展会比较表

比较项目	中国国际进口博览会(进博会)	中国进出口商品交易会(广交会)	中国(北京)国际服务贸易交易会(服贸会)
举办时间	每年11月	春季:4—5月 秋季:10—11月	每年9月
举办地点	上海	广州	北京
展会定位	世界上首个以进口为主题的国家级展会,旨在坚定支持贸易自由化和经济全球化、主动向世界开放市场	集展览、洽谈、交易于一体的综合性国际贸易盛会,促进进出口贸易平衡发展	全球唯一一个国家级、国际性、综合型的服务贸易平台,聚焦服务贸易领域
主要展品及服务	各类优质商品,包括高端装备、智能及高端家电、汽车、食品及农产品、医疗器械及医药保健、消费电子及家电等,也涉及部分服务展示	涵盖各种进出口商品,如电子电器、五金工具、机械设备、家居用品、纺织服装、玩具礼品等众多品类	重点展示各类服务,如信息技术服务、金融服务、文化创意服务、教育服务、体育服务、旅游服务等
展会目标	推动全球优质产品和服务进入中国市场,满足国内消费升级需求,促进国内国际双循环;搭建开放合作平台,推动多边贸易发展	助力中国企业开拓国际市场,扩大出口,同时也帮助国外企业进入中国市场,促进中外贸易交流与合作	推动服务贸易创新发展,提升中国服务贸易的国际竞争力,促进全球服务贸易自由化和便利化
参展主体	境外企业为主,也有部分国内企业参与采购等活动	国内外各类进出口企业、贸易公司、生产厂家等	国内外服务贸易企业、机构、专业人士等
对经济影响	带动进口增长,丰富国内市场供给;促进产业升级,推动相关产业技术创新和发展;加强国际经贸合作,提升中国在全球贸易中的影响力	长期以来是中国对外贸易的重要窗口和平台,对稳定中国出口、促进贸易平衡发挥关键作用;带动相关产业链发展,创造就业机会	推动服务业开放合作,促进服务贸易规模扩大和结构优化;培育新兴服务贸易业态,推动服务业转型升级

1. 中国国际进口博览会(进博会)

进博会是世界上第一个以进口为主题的国家级展会。它为世界各国展示国家形象、开展国际贸易搭建了开放型合作平台。众多国外企业借助进博会展示前沿技术、高端装备、优质产品等，同时也促进了国内企业与国外企业的交流合作，有助于国内企业引进先进技术和管理经验，推动中国消费市场升级，满足人民对美好生活的向往。

2. 中国进出口商品交易会(广交会)

广交会创办于1957年，历史悠久。它是中国目前历史最长、规模最大、商品种类最全、到会采购商最多且分布国别地区最广的综合性国际贸易盛会，涵盖了各类商品的展示与交易，包括但不限于电子产品、纺织品、家居用品等，在促进中国对外贸易发展、加强中外经贸合作方面发挥着不可替代的作用。

3. 中国(北京)国际服务贸易交易会(服贸会)

服贸会是全球唯一一个国家级、国际性、综合型的服务贸易平台。聚焦服务贸易，展示全球服务贸易领域的新技术、新服务、新业态、新模式等。涉及领域广泛，如金融、文化、旅游、教育等服务领域，为全球服务贸易的发展提供交流合作的机会，推动中国服务业的国际化发展进程。

案例思考　中国会展：向"新"求变，向"绿"转型

2024年我国共举办经贸类展会3844项，工业与科技类展会数量居各类展会首位。第二十届中国会展经济国际合作论坛在天津举办，会上发布的《中国展览经济发展报告2024》(以下简称《报告》)反映了中国会展行业转型升级、质效提升的新图景。与会专家认为，我国会展行业正以创新驱动为引领、以绿色低碳为导向，为中国经济高质量发展持续注入活力。

推进国际化，主动拓展"朋友圈"

随着我国展会项目和组展单位进一步对接国际标准、国际影响力持续提升，2024年，不少参展商来到中国寻求商机，国内企业也主动"走出去"拓展市场。

中国贸促会展览管理部部长郐胜荣介绍，我国举办的重点展会国际化程度不断提升，境外参展商比例增长明显。截至2024年底，我国(境内)已有265个展会项目通过国际展览业协会(UFI)认证，同比增长超过20%；UFI会员单位253家，同比增长约10%。

与此同时，出国展览的国内企业数量也有所增长。《报告》显示，2024年，中国贸促会审批通过并实际执行出国展览项目1166项，参展企业5.01万家。

"通过与中国代理商的合作，2024年大约有1000家中国参展商参加我们的展览，展示了多样化且充满活力的产品。我们期待着今年能够接待2000家甚至更多的中国参展商。"华沙PTAK国际展览中心管理委员会主席、波兰中小企业联合会管理委员会主席托马什·希普瓦说。

迈向数字化,"智慧"成为关键词

第二十届中国会展经济国际合作论坛以"聚新质生产力 谋可持续未来"为主题,而在2024年,"智能化""数字化""新质生产力"等也成为不少展会的关键词。

一方面,随着新质生产力的不断发展,会展业迎来了更为广阔的发展空间。"以人工智能为代表的新一代信息技术正在重塑会展设施、管理、服务等各个环节,推动会展业从传统生产性服务业向现代化服务业转变。"中国国际贸易促进委员会会长任鸿斌说。

另一方面,2024年的不少展会也展示了我国新质生产力发展的最新成就。报告显示,2024年工业与科技类展会数量仍居各类展会首位,共1064项,同比增长63.4%。

2024年,致力于人工智能驱动药物早期发现全流程的科创型企业——天津贝芸科技有限公司参加了世界智能产业博览会、中国国际服务贸易交易会等多场展会,研发产品与业务范围不断拓展,驶上了发展"快车道"。

天津贝芸科技有限公司CEO周晓菲说,对于初创型企业而言,"被看见"十分关键。"目前,企业在与相关部门积极沟通、继续报名参加各类展会,计划在展会上发布新品、加强合作。"展望新的一年,周晓菲信心满满。

加速绿色化,充分发挥"乘数效应"

作为此次论坛的载体,国家会展中心(天津)本身就是一座绿色智慧建筑,应用了光伏发电、地源热泵系统、装配式建筑等80多项绿色环保技术。

近年来,我国高度重视会展业的绿色低碳发展,出台了一系列政策文件和行业标准。越来越多重点展会积极倡导践行绿色办展理念,为中国乃至全球会展业绿色发展提供了重要示范。

多位与会专家认为,会展行业具有典型的"一业带百业"特性,广泛辐射工业、旅游业、服务业等领域,其在可持续发展方面的"乘数效应"不可小视。

国际展览业协会首席执行官柯世祺说,目前全球会展业正致力于通过成立可持续发展工作组、设立可持续奖项、设立全球会展标准等具体手段,力图实现"零碳排放"。

"绿色低碳的叙事方式,被越来越多国家的工商界接纳肯定。"中国国际展览中心集团有限公司董事长林舜杰说。

(来源:新华网)

思考:

1.UFI认证对中国会展行业有何意义?

2.结合案例材料,挑选一个具体的展会,详细阐述该展会是如何在实践中体现国际化、数字化以及绿色化的发展趋势的。

三、节事活动

（一）节事的定义

1. 节事的学术定义

“节事”一词起源于西方，最早的定义可追溯到西方学者 Ritchie（1984）对旅游业目的地营销的影响研究当中。他认为标志性节事（Hallmark Events）具备一定的持续时间，通常是一次性或重复性的，其主要发展目标是从短期或长期出发以提升旅游目的地的吸引力与盈利能力。它成功的关键在于依托独特性、地位、时效性等属性，创造参与兴趣并提升参与者注意力。在西方语境下，节事研究主要从“标志性节事”“重大节事”“旅游节事”等概念展开，以呈现节事的复杂类型、规模与领域特征。

国内学者对节事的广泛研究始于20世纪90年代。参照国际上“节事”的定义，学者们指出“节事”是“节日和特殊事件”的简称，经英文“Festival and Special Event”（FSE）翻译得来，中文译名为“节日和特殊事件”，简称“节事”（或“节庆赛事”）。其中，节日泛指经过长期生活实践而形成的、具备文化传统根基的周期性社会活动，多应用于纪念、庆祝、祭祀，主要包含传统节日与现代创新的节日。特殊事件则具有两方面含义，一方面，对主办方和赞助机构而言，特殊事件是指其正常项目或活动之外的一次性或非经常性的事件。另一方面，对顾客或观众而言，特殊事件是超出其正常选择范围或在其日常体验之外的事件。在中文语境下，节事研究多以“节事活动”展开分析与阐述，以把握节事的丰富内涵。吴必虎（2005）将节事定义为“在城市中举办的一系列活动或事件统称为节事，包括但不限于节日、庆典、地方特色产品展览会、交易会、博览会、会议，以及各种文化、体育等具有特色的活动或非日常发生的特殊事件”。

2. 重大节事

“重大节事”一词最初由英文“Mage-event”直接翻译而来，在现代汉语中重大节事在一定程度上已经拥有了大事件、重大事件的含义。

“重大事件”一词的首次使用可以追溯到1987年在卡尔加里举行的国际旅游科学专家协会（AIEST）第37届大会，会议期间，学者们对事件与重大节事的定义划分进行了讨论，但并没有达成普遍共识。目前，在国内外学术界中，重大事件一直被视为一个特殊的研究领域，学者们一直围绕具体的重大事件展开分析（见表2-8）。综合定义的共性将重大节事定义为规模巨大、意义重大，需要大量资金投入，能够带来大规模的人员流动、高强度的全球媒体关注，且对举办城市、地区或国家的经济、形象等方面具有深远影响，举办后会留下设施场馆等作为事件遗产的特殊事件，包括重大政治经济活动、体育赛事以及节庆会展等类型。

表 2-8 国外学者对重大事件(Mega-event)的定义

学者	对重大事件的定义
Ritchie and Yangzhou (1987)	持续时间短、一次性或重复性的、可以在举办周期内促进举办城市旅游产业发展的事件
Jago and Shaw (1998)	具有一定规模、地位和国际声誉,举办支出高昂,能够刺激相关服务产业发展并遗留部分事件遗产的特殊大型事件
Roche(2000)	具有戏剧性、大众吸引力和国际意义的大型文化、商业和体育活动
Hiller(2000b)	举办时间短、备受媒体关注且具有重大或永久影响的一次性事件
Martin Müller(2015)	是在固定时间举办的活动,具备以下特征:吸引大量游客;具有较大的传播范围;成本高昂;对建筑、环境和人口产生重大影响

(来源:张静《基于媒体舆情分析的中国国际进口博览会影响研究》)

(二)节事活动的分类

目前,学术界尚未对节事分类形成统一的标准。国外学者 Donald Getz(2004)依据节事的目标与环境将节事分成七大类,包含文化庆典、商业和贸易活动、体育节事、教育与科学节事、娱乐节事、政治节事与个人节事。国内学者赵睿(2001)依据节事主题将节事分为五大类别,如表 2-9 所示。

表 2-9 依据主题的节事分类的表现形式

类别	范围	范例
商业类	交易会、商贸展览会、博览会	中国进出口商品交易会、中国国际旅游交易会
文化类	传统民俗活动、艺术活动、宗教活动	南汇桃花节、上海电视节
体育类	大型赛事	上海国际马拉松赛、世界杯
政治类	政治性节目、政治庆典	庆祝中国共产党成立100周年大会
科教类	名校周年庆	复旦大学117周年校庆

(来源:赵睿《节庆旅游:开拓新视野——以上海为例》)

1. 文化庆典类节事的分类

依据 Getz(2004)对节事的分类,其中文化庆典类节事因“文化”与“庆典”本身的多重性质、多元寓意而具备多种表现形式,具体如表 2-10 所示。

表 2-10 文化庆典的表现形式

表现形式	含义	范例
纪念日 (Commemorations)	以纪念重大历史事件为主题的节日	诺曼底登陆纪念日

续表

表现形式	含义	范例
狂欢节与嘉年华(Carnival and Mardi Gras)	为表达某种欢乐而开展的庆典活动	巴西狂欢节、意大利威尼斯狂欢节
节日(Festival)	公开的主题庆祝活动,包含具备社会功能的节日、具有象征意义的节日等	春节、复活节
宗教活动(Religious Events)	融入宗教象征、精神标志的世俗事件	麦加朝圣、祭孔大典
游行(Parades and Processions)	在观众面前经过、具有娱乐性或象征性或宗教性的活动	梅西感恩节大游行
艺术与娱乐活动(Art and Entertainment Events)	覆盖视觉、表演、参与等艺术表现形态,通常具有大量媒体观众的活动	奥斯卡颁奖典礼、上海国际艺术节
艺术展览(Art Exhibits)	在美术馆、博物馆、画廊陈列的日常展览或巡回展览	上海博物馆“古埃及之巅”文物特展

(来源:Getz D《Event management and event tourism》)

2. 艺术节事的内涵与类别

艺术节事主要由艺术类节日及特殊事件组成,与传统的艺术节、艺术活动相比,具有丰富的表现形态。它不局限于文化演出、节日庆典,还涵盖展览、赛事、个人节事等组织形式。英国艺术节协会提出,艺术节事包含电影、戏剧、文学、音乐、舞蹈、节日开幕式、家庭和儿童活动、古典音乐、社区和街头艺术等主题类型。它涵盖传统艺术节的内容特征,具备视觉、表演、参与等艺术表现形态。

作为文化节事的分支,艺术节事不仅具备节事在独特性、地位、时效性上的属性,还拥有识别人类社会生活方式、组织社会形式、形成独特风尚的文化特质。随着双休日的施行、法定假期的增多,现代人拥有更多可支配的空闲时间,对于休闲空间产生了更多的诉求。得益于没有重复、没有代表性的艺术活动特质,艺术节事以多种元素的跨界组合为公众打造一个休闲与生活的边界状态,以边缘性冲破了生活主流与主体的限制,让艺术节事本身变得更加随意、更具包容性。

对于艺术节事,可有以下展开:第一,艺术节事由具备艺术形态的多种表现形式构成,是在一定时间内进行的周期性社会活动;第二,艺术节事具备文化特质,涉及主办方与公众的多重关系。

依据主题与规模,可将艺术节事分为以下三类:综合型艺术节事、专题型艺术节事、边缘型艺术节事。艺术节事的类别及其特征如表2-11所示。

表 2-11　艺术节事的类别及其特征

类别	特征	范例
综合型艺术节事	规模较大、举办时间较长，涉及领域较广	爱丁堡国际艺术节、中国上海国际艺术节
专题型艺术节事	专注于单一艺术门类，专业性较强	贝多芬音乐节、布拉格之春国际音乐节
边缘型艺术节事	主题定位独特，与主流艺术有一定距离	巴斯多元艺术节

（来源：徐颖《艺术节事的影响研究》）

例如，目前国际上以电影表演艺术为主题的著名节事通常指的是欧洲三大国际电影节，即戛纳国际电影节、威尼斯国际电影节、柏林国际电影节，此外，还有美国奥斯卡金像奖；以时装艺术为主题的著名时装周是指纽约时装周、伦敦时装周、米兰时装周、巴黎时装周、上海时装周、东京时装周、柏林时装周等（见表 2-12、表 2-13）。

表 2-12　国际知名电影节概况

名称	时间	地点	宗旨及简介	最高奖项
戛纳国际电影节	每年5月中旬	法国戛纳	创办于1946年，旨在推动电影节发展，振兴世界电影行业，为电影人提供国际舞台	金棕榈奖
威尼斯国际电影节	每年8月末至9月初	意大利威尼斯丽都岛	创办于1932年，是世界上第一个国际电影节，主要目的在于提高电影艺术水平	金狮奖
柏林国际电影节	每年2月中旬	德国柏林	创办于1951年，长期以关注政治和社会现实闻名，旨在加强世界各国电影工作者的交流，促进电影艺术水平的提高	金熊奖
奥斯卡金像奖	每年2月底至3月初	美国洛杉矶好莱坞	创办于1929年，是美国电影艺术与科学学院颁发的电影奖项，旨在表彰美国电影工业的杰出成就，也具有广泛的国际影响力	奥斯卡小金人

表 2-13　国际知名时装周一览

名称	纽约时装周	伦敦时装周	米兰时装周	巴黎时装周	上海时装周	东京时装周	柏林时装周
创办时间	1943年	1984年	1958年	1910年	2003年	2005年	2007年
举办地点	纽约林肯中心等	萨默塞特府等	米兰时尚中心等	巴黎卢浮宫卡鲁索等	上海新天地等	东京涩谷 Hikarie 等	柏林

（来源：根据资料自制）

3. 重大赛事的内涵及类别

所谓重大赛事,包含大型体育赛事、文化赛事、电子科学竞赛等,作为重大节事的重要内容,一般重大赛事由政府主办或支持,对目的地城市的政治、经济、文化、体育等方面具有重要意义和广泛影响力。

从类型上来讲,目前国内主要赛事呈现内涵丰富,形式多样的特点,主要可以分为联赛类赛事、综合赛事、单项赛事和电竞赛事等(见表2-14)。如中国足球协会超级联赛,中国男子篮球职业联赛等都是备受欢迎的体育赛事;又如英雄联盟职业联赛近年来成为我国热门的电竞类赛事。

表2-14 国内重大赛事简介

国内重大赛事类别	赛事名称	国内重大赛事简介
联赛赛事	中国足球协会超级联赛	中超联赛始于2004年,海外转播平台15—20家,主要覆盖亚洲、欧洲部分地区
电竞赛事	英雄联盟职业联赛	中国最高级别的英雄联盟职业比赛
单项赛事	世界一级方程式锦标赛中国大奖赛	由国际汽车联合会在上海国际赛道举办的一级方程式比赛,自2004年开始每年一届(2020—2022年因疫情停办,2023年起恢复)
综合赛事	2022年北京冬奥会	第24届冬季奥林匹克运动会,简称2022年北京冬季奥运会。因同时举办2008年夏季奥运会和2022年冬季奥运会,北京被称为“双奥之城”

自2008年北京奥运会成功举办之后,我国的重大赛事发展迅速,在举办数量上稳步增长,在规模上也在不断拓展,国内范围的赛事活跃,国际赛事影响力也不断提高(见表2-15)。

表2-15 2008年以来我国典型重大节事举办情况

重大赛事名称	时间	地点	规模
第29届夏季奥林匹克运动会	2008	北京	参赛国家/地区共204个; 参赛运动员共11438名
第24届世界大学生冬季运动会	2009	哈尔滨	参赛国家/地区共44个; 参赛运动员共2366名
第16届亚洲夏季运动会	2010	广州	参赛国家/地区共4个; 参赛运动员共9704名
第2届亚洲青年运动会	2013	南京	参赛国家/地区共45个 参赛运动员共2600余名
第17届厦门国际马拉松赛	2020	厦门	参赛国家/地区共41个; 参赛运动员共35071名

续表

重大赛事名称	时间	地点	规模
第14届全国运动会	2021	陕西	参赛运动员12000余名； 代表团官员6000余名；
第24届冬季奥林匹克运动会	2022	北京	参赛国家/地区共91个； 参赛运动员共2892名
第19届亚洲运动会	2023	杭州	参赛国家和地区45个； 参赛运动员共12527名

（来源：根据各重大节事官网资料整合）

从赛事受众群体和影响力的视角来看，国内重大赛事热度和影响力居高不下，公众对体育赛事都有着极高的热情，赛事转播收视率和现场观赛就座率都普遍较高，主要十大热门体育赛事如表2-16所示。

表2-16　中国十大热门体育赛事排行榜

排名	赛事名称	热度	商业价值	影响力
1	中国足球超级联赛	8	9	10
2	中国职业篮球联赛	9	9	9
3	英雄联盟职业联赛	10	6	6
4	中国足球协会杯	6	7	8
5	中国网球公开赛	6	8	7
6	NBA中国赛	6	7	7
7	北京马拉松	7	6	6
8	世界一级方程式锦标赛中国大奖赛	7	5	4
9	王者荣耀职业联赛	7	5	4
10	中国排球超级联赛	6	5	5

（来源：CCTV5官网）

4. 中国传统文化节事

传统文化节事活动是指以弘扬我国优秀传统文化为目的的节事活动。传统文化节事活动品牌是指组织者向目标受众展示的名词、符号、设计等，用来识别某一项传统文化节事活动产品。

中国的传统文化节事活动作为文化产品涵盖了全国的大多数地区，几乎每个省市县城

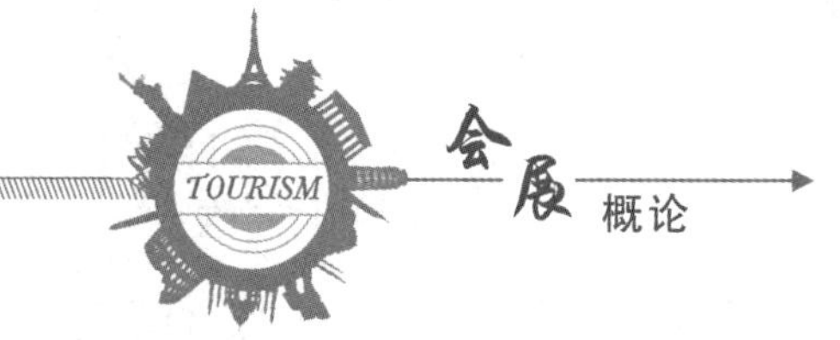

甚至乡村都会举办文化节事活动。以传统文化为主题的节事活动多以中华传统文化和历史为依托,举办地大多集中在国内的各个历史文化名城,山西、河南、北京等都曾为不同时期的都城,凭借这一历史文化资源,这些城市举办了大量的传承民族优秀传统文化的节事活动。

传统宗教文化节事活动主要集中分布于我国宗教文化深厚的部分地区。

传统民族文化节事活动具有明显的民族文化特性。与当地民族流传下来的传统生活方式、民族风情和民族文化息息相关,此类活动主要集中分布于历史文化悠久的地区以及少数民族聚居的地区,比如以云南省、贵州省为代表的西南地区作为我国少数民族的主要聚居地,举办的民族文化节事活动数量较多且种类丰富,如傣族泼水节、彝族火把节等。

因此,从规模和知名度来看,中国文化节事活动的地域分布具有明显的点状分布与集中分布相结合的特点。每个区域都有代表当地文化节事活动的代表品牌,而节事活动举办数量较为集中的三个区域分别是长三角地区、以重庆、贵州等为代表的西部地区,以及环渤海地区。这与举办地的历史文化基础、自然景观资源、经济发展水平和人口消费观念紧密联系。

目前,我国具有代表性的传统文化类节事品牌主要有中国曲阜国际孔子文化节、中国洛阳牡丹文化节等,对其进行分析,可归纳以下特点。

(1) 发展历史悠久。

大多数涉及传统文化的节事活动都是由当地流传至今的某种活动沿袭而来成为正式的节事活动,如表2-17所示。虽然正式作为节事活动存在时间并不长,但是其品牌发展都已经历经了岁月的磨砺。例如中国洛阳牡丹文化节,该节事活动第一次正式在1983年举办,但其前身洛阳牡丹花会是历史沿袭下来的活动,其发展时间需要历史考证,由此可见其发展时间之长。

表2-17　具有代表性的中国传统文化节事活动一览

节事品牌	首届举办日期	主办方	类型	规模	影响力
中国曲阜国际孔子文化节	1984年	山东省人民政府、文化和旅游部、中国联合国教科文组织全国委员会	纪念著名历史人物	国际性	2011年被评为“中国最具国际影响力的节庆活动”
中国洛阳牡丹文化节	1983年	河南省人民政府主办	风景景观文化	国家级	前身为洛阳牡丹花会,已入选国家非物质文化遗产名录,2019年接待游客2971万余人次

续表

节事品牌	首届举办日期	主办方	类型	规模	影响力
自贡国际恐龙灯会	1987年	四川省文化和旅游厅、自贡市人民政府	传统艺术文化与民族文化	国际性	自贡地区的年节灯会有着悠久的历史和鲜明的特色。这里自唐以降便有新年燃灯的习俗，延至清代即有“狮灯场市”“灯竿节”；到20世纪初，又渐形成节日的提灯会，逐渐发展为集地区民风民俗之大成的会节声闻海内。
潍坊国际风筝会	1984年	国家体育总局、国际风筝联合会、潍坊市人民政府	传统艺术文化	国际性	第42届潍坊国际风筝会吸引了来自全球51个国家和地区的代表队参赛，潍坊市风筝企业、风筝艺人、风筝爱好者等积极参与风筝会特色风筝的创作
郑州国际少林武术节	1991年	河南省人民政府	传统艺术文化	国际性	郑州国际少林武术节是一项集武术、旅游、文化交流于一体的大型综合性节会，在世界范围内产生了深远的影响，成为连接五大洲武术爱好者的重要纽带
中国呼和浩特昭君文化节	1999年	中共呼和浩特市委员会、呼和浩特市人民政府	纪念著名历史人物	国际性	截至2024年8月，文化节已举办二十四届，获“中国十大节庆”“最具民族特色节庆”等荣誉，日均游客量超千人次，成为北疆文化传播的重要载体
中国吴桥国际杂技艺术节	1987年	文化和旅游部、河北省人民政府	传统艺术文化	国家级、国际性	中国吴桥国际杂技艺术节是中国杂技艺术领域举办历史最长、规模最大、影响最广的国家级艺术赛事和文化节庆活动

(2) 以政府主导的地方性节事活动为主。

以传统文化为主题的节事活动以政府主导的地方性节事活动为主,而由政府主导的活动无法完全满足节事活动的市场化的发展要求。

作为一个有着悠久历史和浓厚文化底蕴的国家,中国的传统文化节事活动是中国漫长的历史发展过程中积累与沉淀下来的,是兼容并蓄的中国民风民俗与源远流长的历史文化结出的节事果实。依据这类节事活动的主题内容,我国传统文化节事活动大致可以分成以下几类。

(1) 民族文化类。

民族文化类又称民族风俗类,是我国作为多民族且疆域辽阔的国家的传统文化节事活动的主要内容。民族风俗类的文化节事活动主要向民众展示当地的特色民俗风情,它们大多以当地沿袭已久的独特民俗文化为主题。比如广西桂林的歌婆节、我国西南部的客家水龙节和非常有名的云南傣族泼水节,都已是当地人流传历史颇久的民俗文化。

(2) 风景景观文化类。

这类文化节事活动依托当地的历史文化资源或者地域自然资源、特色景观等,为传播当地悠久的历史文化和城市形象而举办,比如安阳殷商文化旅游节、云南山茶花文化节、中国洛阳牡丹文化节等。

(3) 纪念著名历史人物类。

顾名思义,这类文化节事活动就是为了纪念历史上某位重要人物。比如中国曲阜国际孔子文化节。

(4) 特色传统美食文化类。

这类文化节事活动是以地方特色饮食文化为基础,例如内黄红枣文化节,中国豆腐文化节。

(5) 传统艺术文化类。

近年来,我国不少精妙绝伦、传承至今的手工艺都面临即将失传的境遇,多种手工艺都成功申请或者试图申请非物质文化遗产,以期找到下一代传承者。为宣传推广当地传统手工艺术的文化节事活动也是传统文化节事的一种,例如自贡国际恐龙灯会、瓷上丝路·国际青年陶瓷文化艺术节等。

(三) 节事活动品牌传播

1. 品牌传播与5W理论

品牌传播是指品牌方在市场上通过不同的渠道,对信息实施控制和综合利用,并与其目标受众不断进行交流和沟通,从而有效塑造其品牌形象,以及促进品牌资产的增加。常见的有人际传播、广告、媒体资源和公关等传播手段。在传播过程中,如何利用好这些有效的传播渠道和资源,对传播方式进行整合,不断扩展其目标受众范围,并与之互动,是品牌能够脱颖而出、成功传播的重要因素。1948年,美国的政治学家拉斯韦尔在其学术研究论文《传播在社会中的结构与功能》中首次明确提出了5W理论，该理论将构成传播活动的五个基本要素按一定顺序排列，形成了完整的理论框架。这5个“W”是英语中疑问代词的首字母，即传播主体（Who），传播内容（Says What），传播渠道（In Which Channel），传播对象（To Whom），传播效果（With What Effect）。

2. 中国电影节事品牌现状

伴随人们对精神文化的需求的不断提高，电影也逐步成为日常生活中不可或缺的一部分，电影市场的不断发展也促进了国内电影节品牌数量的增加和类型的丰富。

目前，我国（包括港澳台地区在内）有将近20个电影节/展，数量稳居亚洲地区第一名。例如，中国金鸡百花电影节成立于1992年，是我国著名的电影节品牌，也是较权威、较专业的电影节品牌之一；创办于1993年的上海国际电影节是我国唯一的国际A类电影节。此外，影响力比较大的中国长春电影节、北京国际电影节等也都有各自的品牌风格。香港国际电影节、澳门国际电影节和台北电影节也是港澳台地区突出的电影节品牌。新兴崛起的电影节展有FIRST青年电影展、丝绸之路国际电影节、海南岛国际电影节等。由表2-18可以看出，国内电影节种类也较多，有国际电影节、本土区域电影节、大学生电影节以及青年电影展。

表2-18　国内电影节品牌一览

电影节类别	电影节名称	创办年份
国际电影节	北京国际电影节	2011
	上海国际电影节	1993
	丝绸之路国际电影节	2014
	海南岛国际电影节	2018
	平遥国际电影展	2017
	香港国际电影节	1977
	澳门国际电影节	2009
	中国国际儿童电影节	1989
本土区域电影节	中国长春电影节	1992
	台北电影节	1998
	中国金鸡百花电影节	1992
	中国珠海电影节	1994
大学生电影节	北京大学生电影节	1993
	广州大学生电影节	2002

续表

电影节类别	电影节名称	创办年份
青年电影展	FIRST青年电影展	2006
	重庆青年电影展	2014
	浙江国际青年电影周	2013

3. 国内电影节品牌传播要素

(1) 国内电影节的品牌传播主体要素。

传播主体要素作为5W理论中的第一个分析要素，是整个传播过程的源头。国内电影节的传播主体有电影节主办方、参与者、媒体、观影者以及社会大众等。传播活动中的传播内容以及传播渠道也是由传播者来决定和选择的。

(2) 国内电影节品牌的传播内容要素。

国内电影节品牌的传播内容可分为活动传播和信息传播。每个电影节都有自己的活动单元板块，如竞赛单元、展映单元、各种活动以及奖项等，这些都是电影节品牌所要传递给受众的信息内容。部分国内电影节品牌主体单元罗列如表2-19所示。

表2-19　部分国内电影节品牌主体单元罗列

上海国际电影节	金爵奖、亚洲新人奖、电影展映、电影市场、电影项目创投、金爵电影论坛、“一带一路”电影周等
北京国际电影节	电影展映、主题论坛、北京市场、“电影+”(戏曲电影展映活动、AniOne动画短片单元)等
中国长春电影节	金鹿奖、影片展映、金鹿计划、电影论坛等
海南岛国际电影节	金椰奖、国际影展、H！Future新人荣誉、H！Action创投会、H！Market市场、主题活动(大师班、论坛)等
FIRST青年电影展	竞赛、展映、超短片、训练营、电影市场等
平遥国际电影展	官方单元(卧虎、藏龙、首映等)、延展单元(平遥一角、发展中电影计划)、荣誉设置等

随着信息技术的发展，传播主体会通过网络途径实现信息传播，如电影节门户网站、微博、微信平台等将信息以文字、图片、视频等各种方式将电影节的信息传递给受众。

(3) 国内电影节的品牌传播渠道要素。

国内电影节的品牌传播渠道分为传统媒介渠道和网络媒介渠道，主要的传统媒介有电视、报刊、杂志和广播等，借助传统媒介进行传播时，媒介的运营方是处在发布信息的地位，而信息的接收者都相对被动。表2-20罗列出了部分国内电影节品牌网络传播渠道。

随着互联网信息技术的不断发展进步，网络成为国内电影节品牌传播过程中的重要渠道，常用的网络渠道有门户网站、官方微博、微信、媒体网络报道和搜索引擎等。表2-20是部分国内电影节品牌网络渠道的传播情况。

表 2-20　部分国内电影节品牌网络传播的传播情况

电影节名称	门户网站	官方微博	微信公众号
上海国际电影节	http://www.siff.com/	上海国际电影节 上海国际电影节官方微博 粉丝：43万	上海国际电影节 上海国际电影节官方微信。
北京国际电影节	http://www.bjiff.com/	北京国际电影节 北京国际电影节官方微博 粉丝：75万	北京国际电影节 北京国际电影节组委会办公室 ›
First青年电影展	https://www.firstfilm.org.cn/	FIRST青年电影展 FIRST青年电影展官方微博 粉丝：252万	FIRST青年电影展
中国长春电影节	https://www.chinaccff.com/	中国长春电影节 中国长春电影节官方微博 粉丝：3万	中国长春电影节 中国长春电影节官方公众平台 ›
中国金鸡百花电影节	https://www.cgrhfff.com/	金鸡百花电影节 中国金鸡百花电影节官方微博 粉丝：250万	中国金鸡百花电影节 中国电影家协会 北京 发布中国金鸡百花电影节官方权威信息 ›
海南岛国际电影节	https://www.hiiff.net/	海南岛国际电影节 海南岛国际电影节官方微博 粉丝：190万	海南岛国际电影节 海南岛国际电影节 海南岛国际电影节有限责任公司

（来源：根据各节事官方网站及公众号平台）

(4) 国内电影节品牌传播受众要素。

国内电影节的品牌传播的受众有电影节的现实参与者以及未参与电影节的社会公众。电影节的现实参与者，即每一个被吸引而来参与电影节各个环节的人们，都是电影节品牌的传播对象，例如电影工作者和观影者等。电影节品牌传播的受众不局限于电影节各单元的现场，未参与电影节的社会公众也是潜在的受众，电影节前期的宣传以及后期的总结物料等都会以各种各样的形式传播给社会公众。

(5) 国内电影节品牌传播效果要素。

传播效果通常从宏观与微观两个层面进行分析。前者指的是传播活动对他人及社会产生的一切影响和后果的集合；后者则指传播活动导致的信息接收者在心理、态度和行为等方面的变化。本教材从宏观角度，即从价值影响角度，对国内电影节品牌传播效果进行分析，影响力和价值是鉴定电影节品牌传播效果的重要表现形式。当信息接收者对信息有所认同或表示接受时，那么便代表传播有了影响力。

电影节品牌传播的影响力分为以下四类。

第一，文化影响力。“电影节，这个仪式化的文化传播平台，凭借广泛的参与性、交流性既加深了受众对自身电影文化的印象,又传播了自己民族和国家的文化”。电影节是传播文化的重要容器,国内电影节品牌的文化影响力从电影文化和国家/民族文化中得以表现。例如,丝绸之路国际电影节在传播丝绸之路电影文化的同时,也促进了丝绸之路沿线国家之间的艺术交流与文化合作。

第二,市场影响力。电影节作为文化产业的重要组成部分,是一项文化性的会展活动,它的发展也遵循商业和艺术二者并进的模式。其中,艺术对电影文化发挥作用,商业模式则对电影节的市场影响力发挥作用。国内大部分电影节品牌如北京国际电影节、上海国际电影节、丝绸之路国际电影节、FIRST青年电影展等都会通过设立电影市场来吸引投资方、电影制作方、专业电影人等参与合作交流,从而形成国内电影节品牌的市场影响力。此外,国内电影节品牌的市场影响力还体现在对举办城市的文旅产业的影响上,例如,2020年FIRST青年电影展联动了167家西宁本地商户,实现旅游经济效益2.6亿元。

第三,社会影响力。国内电影节品牌有着社会责任感,十分注重社会公众的需求。越来越多的电影节的部分展映影片免费向公众展映。如第23届上海国际电影节秉持公益性和惠民精神,以免费预约的形式实行露天放映;第十届北京国际电影节的“科技单元”的34部精彩影片也面向观众以云上的方式免费展映。另外,第二届海南岛国际电影节与社会公益有着密切的关联,并且加入了电影频道“脱贫攻坚战——星光行动”的公益活动之中,邀请了许多电影艺术家来到海南的贫困地区,这些艺术家以自身的热情与社会吸引力带给贫困者以希望。第三届海南岛国际电影节邀请演员作为公益大使,推动社会公众了解和关注当地产业。一系列公益行为,体现了国内电影节品牌的人文关怀,与此同时,也为电影节品牌收获了深远和广泛的社会影响力。

第四,国际影响力。国内有许多电影节品牌都与国际接轨,拓展其平台上的优势,不断提升国际影响力。不同国家或地区报名影片的数量可以从侧面反映国内电影节品牌的国际影响力。例如,第七届丝绸之路国际电影节面向全球征集的3500部影片中,国际影片占90%。

(四)节事活动目的地影响

1. 旅游节事

旅游节事指以某地区特色旅游资源为依托,将当地历史文化、风俗人情、地理风光、风景名胜等相融合,通过设计宣传、营销管理等手段吸引游客,拉动当地旅游业的发展而举办的周期性的大型庆典活动。节事旅游首先由Ritchie(1984)提出,他认为节事活动的举办是一种持续时间短且具有重复性或是一次性的、可以提高城市收益、拉动城市经济、可以增强城市知名度以及外界对于城市的认知的一种庆典活动。余青等(2005)认为节事旅游也是根据地区自身的文化及自身特有的要素来举办的,并且伴随一系列的相关活动与庆典,包括了节庆、展会、赛事等。邵云(2020)认为,节事旅游作为一种途径,可以集中展示城市形象、多层次传播城市信息,能在短时间内提升大型节事举办地的口碑。节事旅游对目的地城市具有一定的影响。

2. 城市形象

刘易斯·芒福德(2005)认为城市形象是给人留下的第一印象,通过人的综合"感受"而获得的,它通过大众传媒、个人经历、人际传播、记忆以及环境等因素的共同作用而形成。不同学科体系,对城市形象划分的维度和层次不同。Ashworth和Voogd(1988)将其划分为城市营销形象、城市居住形象与城市旅游形象。刘颖(2017)在冬奥视角下将城市形象分为旅游形象、文化形象与环境形象。邵祎(2020)将城市形象分为物质形象与精神形象,其中物质形象分为城市建设、视觉形象、环境形象;精神形象分为经济形象、文化形象与理念形象。

对城市形象的概念进行归纳和整理后,可得出:城市形象是指城市内部居民及外地城市居民对于这座城市的整体印象,是人们对城市发展的主观反应,是各种要素作用于社会公众使其形成对某城市认知的印象总和。在城市形象识别上,有研究将企业形象识别系统CIS(Corporate Identity System),即理念识别(Mind Identity,MI)、行为识别(Behavior Identity,BI)和视觉识别(Visual Identity,VI)用于城市形象识别系统构建,也分为三个方面,即城市视觉形象、城市行为形象与城市理念形象。

(1) 城市视觉形象。

人们来到一座城市可以看到一座城市的自然风光与风景名胜,是城市静态的一种符号,是城市最直观的一面。然后我们会看到城市的环境、城市的各项基础设施与标志性建筑物,这是我们进入城市后能直接通过肉眼看见的景象。城市视觉形象简单来说就是一座城市为我们呈现出的一种外在的直观形象,它也是城市精神文化风气的具体体现。城市视觉形象的组成包括城市的标志性建筑物、城市自然人文风光、城市的基础设施、城市环境、城市标语等。

(2) 城市行为形象。

城市行为形象的主体行为包括三种:政府行为、企业行为与个人行为(居民行为)。第二种分类方法是将城市行为形象分为经济行为、社会行为与文化行为,这是根据城市领域来划分的。根据主体行为划分,城市行为形象的组成包括政府管理能力、政府执行决策能力、市民的消费方式、城市的交通情况、市民素质等。

(3) 城市理念形象。

城市理念是一座城市的灵魂,它是一个十分抽象的概念,但是它可以通过城市居民来传达,可以通过城市视觉来塑造,打造出属于城市的独特的城市名片,这是城市文化和城市精神的集中体现。城市理念形象的组成包括城市精神、城市文化、社会风气、城市定位等。

3. 国内主要旅游节事

随着经济的不断增长与国家发展,国内旅游节的举办变得越来越多,近年来文化旅游节、森林旅游节不断兴起,乡村旅游节也在快速发展,大大小小的旅游节事如雨后春笋般不断涌现。除了上海旅游节等为人所熟知的大型旅游节事,其他地区也举办了许多旅游节事。

旅游节大多数由当地人民政府主办，历时长短不等，活动丰富多样。我国部分旅游节一览如表2-21所示。

表2-21　我国部分旅游节一览

名称	地点	主办单位	持续时间	届数
三亚国际花卉旅游节	三亚	三亚市人民政府	72天	1届
中国(宿迁)白酒之都文化旅游节	宿迁	宿迁市人民政府	约30天	6届
南京老山国际文化旅游节	南京	南京市人民政府	约9个月	4届
四川省(秋季)乡村文化旅游节	自贡	四川省各市级人民政府	约9天	14届
江南文化艺术·国际旅游节	苏州	江苏省文化和旅游厅、苏州市人民政府	约30天	7届
菏泽国际牡丹文化旅游节	菏泽	菏泽市人民政府	约40天	34届
大蜀道国际文化旅游节	昭化	广元市人民政府	3天	10届
中国西藏雅砻文化旅游节	山南	山南市人民政府与其他省人民政府	约7天	约20届
九寨沟国际冰瀑旅游节	九寨沟风景名胜区	阿坝州人民政府	约4个半月	20届
天府古镇旅游节	成都	成都市人民政府	约2个月	约3届
中国秦岭生态文化旅游节	商洛	商洛市人民政府	8—9个月	约16届
宁波文化旅游节	宁波	浙江省文化广电和旅游厅、宁波市人民政府	约2个月	约17届

4. 旅游节事对城市形象的影响

(1) 旅游节事对城市理念形象的影响。

由于本身特殊的地域属性，旅游节事会将当地文化与精神融入节事的策划中，游客及居民在参加旅游节时，在吃喝住行的体验上能深刻感受到城市的文化与当地特色，感受当地城市的风俗习惯。例如，在天府古镇旅游节上，游客们可以参加洛带古镇客家婚嫁民俗体验活动；在中国秦岭生态文化旅游节中，可以观赏传统民俗表演，了解与感受城市的文化与地域特色。因此，旅游节事的举办能塑造与传播城市理念形象，很好地展示城市形象。

(2) 旅游节事对城市视觉形象的影响。

在旅游节事中，主办方往往会将城市的标志性建筑物或者具有城市特色的风景名胜融入旅游节事。城市的视觉形象是人们最直观的感知要素，也是大脑的第一反应，因此更容易被记住。而具有地方特色的城市标志物(如地标建筑、文化符号等)能进一步加深游客和居民的印象。此外，通过节事活动的媒体报道与推广，城市的视觉形象可以传播得更广，从而提升城市知名度和整体形象。例如，2020年的九寨沟国际冰瀑旅游节由线下改为了线上举办，大部分游客虽然不能实地参加旅游节，但可以通过全球景观直播与抖音九寨Vlog感受九寨沟的美。

在旅游节期间，游客也会感受到城市环境、城市基础设施等方面的变化，这些城市软实力也会给游客留下深刻的印象。

(3) 旅游节事对城市行为形象的影响。

在游客及居民参加旅游节时，会为城市带来巨大的人流，所以人与人之间的接触与交流也会增加。游客及居民会在接触的过程中感受到城市居民的习惯、待人处事的方法与居民素质等，个体居民的素质也会影响到游客及居民对于城市形象的整体评价，因此城市居民在城市行为形象中是十分重要的。例如，在四川省(秋季)乡村文化旅游节上，游客可以体验“老街派对”文创非遗集市，与城市居民进行交流、买卖、聊天，也可以看到政府对活动的整体把控。

游客及居民在参加旅游节的过程中会观察到企业赞助或参与节事，能感受到政府为了节事的顺利举办做出的一系列支持行为，对于企业行为形象与政府行为形象也会有一个整体的感知评价。

5. 旅游节事对城市形象的影响因素设计

根据大型节事及旅游节的特点以及对城市形象的影响，可基于城市CIS理论对旅游节事对城市形象影响的维度与因素进行构建，如表2-22所示。

表2-22　旅游节事对城市形象影响维度及因素——基于城市CIS理论

维度	具体因素	影响
城市理念形象	特色旅游产品、文创市集等	城市文化形象
	旅游节参加感受到的社会风气	社会风气形象
	旅游节精神、旅游节吉祥物	城市精神形象
城市视觉形象	酒店民宿、地铁建设、旅游节活动举办地的建设等	城市基础设施形象
	旅游线路包含的城市自然及人文风光	城市标志物形象
	旅游节举办期间所能看到的城市绿化等	城市环境形象
城市行为形象	旅游节活动的整体把控	政府行为形象
	旅游节活动赞助与合作等	企业行为形象
	旅游节中体现出的居民素质、行为习惯等	居民行为形象

第三节　数字会展

近年来,大数据、云计算、人工智能、区块链等技术加速创新,日益融入经济社会发展各领域全过程。在信息技术迅猛发展的影响下,会展行业正经历着一场意义深远的数字化变革。新业态是基于不同产业间的组合、企业内部价值链与外部产业链环节的分化融合、行业跨界整合,以及嫁接信息和互联网技术所形成的新型企业、商业乃至产业的组织形态。在数字经济、绿色经济蓬勃发展,产业不断迭代,我国全面推进中国式现代化建设的时代背景下,以"新质生产力"为核心动力而快速兴起的会展新业态,对传统会展业而言,既是挑战也是机遇。这对于打造会展发展新引擎、挖掘新增长点、构筑新优势,具有至关重要的意义。

数字会展作为一种创新模式,正逐步重塑传统会展的格局。那么,数字会展究竟是什么?它又涵盖哪些具体形式呢?本节将从多个维度深入剖析数字会展,以及与之相关的线上会展、双线会展模式。

一、数字会展的发展背景

数字会展的兴起,与"互联网+"理念的提出和发展息息相关。国内"互联网+"理念首次于2012年11月由易观国际集团创始人于扬在易观第五届移动互联网博览会上提出。2015年,在第十二届全国人大三次会议上,李克强总理在政府工作报告中首次提出"互联网+"行动计划。同年10月,中共十八届五中全会提出拓展发展新空间,构建以沿海沿江沿线经济带为主的纵向横向经济轴带,培育壮大若干重点经济区,实施网络强国战略、"互联网+"行动计划,发展分享经济,实施国家大数据战略。一般而言,"互联网+"即"互联网+各个传统行业",但并非简单相加,而是利用信息通信技术和互联网平台,促使互联网与各传统行业深度融合,创造全新的发展生态。

在会展行业,数字化转型同样受到政策的大力推动。2015年3月,国务院发布《国务院关于进一步促进展览业改革发展的若干意见》,提出加快展览业转型升级,努力推动我国从展览业大国向展览业强国发展,更好地服务于国民经济和社会发展全局;强调推动创新发展,加快信息化进程,引导企业运用现代信息技术开展服务创新、管理创新、市场创新和商业模式创新,发展新兴展览业态;举办网络虚拟展览会,形成线上线下有机融合的新模式;推动云计算、大数据、物联网、移动互联网等在展览业的应用。

在"十四五"规划中,明确指出"加快数字化发展建设数字中国"为新时代的发展方向;2021年全国两会上,"数字化"与"数字经济"再次成为热词,数字化转型"众盼所归"。2020年党中央、国务院、商务部和各级地方政府也纷纷出台相关政策鼓励会展行业利用新技术推进服务创新、管理创新、业态模式创新,加快培育行业发展新动能;发挥会展业在扩大对外开放、增加社会就业、拉动消费增长、促进双循环格局等方面的重要作用。政府主导的会展品牌“广交会”“服贸会”率先分别实现纯线上和线上线下融合模式。近年来，以数字技术为依托的线上会展、云会展、双线融合会展从技术理念到实践应用都快速发展。在这样的背景下，数字会展科技将承担新的使命，会展业将加速线上线下融合发展趋势。

从市场数据来看，会展行业的数字化转型也取得了显著成效。英国著名会展咨询公司AMR的执行主席Rankine先生指出，会展行业80%的利润来源于场地销售，该领域在未来几年的年增长率在2%左右，他还认为会展行业数字化方面收入的年增长率将达到12%。

2023年全球展览业晴雨表显示，全球展览运营水平持续提高。在会展数字化进程中，相对领先的是英国、德国、中国、美国，在受访会展企业中，有66%增加了数字化展览服务。近年来，我国学者对数字会展的研究也很多，根据行业相关信息的分析，提出“在数字化方面，中国的会展企业已进入了快车道”。目前，关于数字会展、智慧会展方面的论文层出不穷。中国会展经济研究会常务副会长储祥银表示，会展的数字化技术在会展业的应用已经开始，特殊时期加快了会展数字化创新进程。在会展数字化方面，中国不比国外落后，有一些领域走在了全球前列。线上与线下的实体展会相结合，能够增加主办方的服务手段，提高展会服务价值，为实体经济赋能。

二、数字会展的内涵与特征

（一）数字经济

数字经济是以数据资源为核心、信息网络为载体、数字化转型为驱动的新经济形态，具有数据生产要素、互联网和信息技术基础支撑及创新驱动等特征。

会展业作为第三产业，与社会经济的发展息息相关。数字会展的出现离不开社会经济的发展，更是数字经济的必然产物。“十四五”规划中的第五篇《加快数字化发展，建设数字中国》中提及，迎接数字时代，激活数据要素潜能，推进网络强国建设，加快建设数字经济、数字社会、数字政府，以数字化转型整体驱动生产方式、生活方式和治理方式变革。通过加强关键数字技术创新应用、加快推动数字产业化、推进产业数字化转型，来打造数字经济新优势，充分发挥海量数据和丰富应用场景优势，促进数字技术与实体经济深度融合，赋能传统产业转型升级，催生新产业新业态新模式，壮大经济发展新引擎。同时，应坚持放管并重，促进发展与规范管理相统一，构建数字规则体系，营造开放、健康、安全的数字生态。加强网络安全保护、推动构建网络空间命运共同体。

（二）数字技术

1. 互联网技术

互联网技术的快速发展为数字会展提供了强大的基础设施支持。高速的网络传输、大数据分析、云计算等技术为数字会展的顺利进行提供了保障。

2. 虚拟现实与增强现实技术

虚拟现实和增强现实技术的发展，使数字会展能够为参与者提供更加沉浸式的体验。

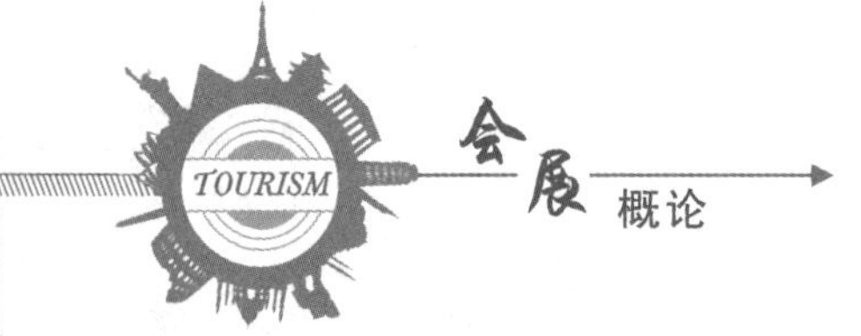

通过虚拟现实和增强现实技术，参与者可以在虚拟环境中参观展览、参加会议，提高会展的互动性和趣味性。

3. 人工智能技术

人工智能技术在数字会展中的应用，可以提高会展的智能化水平。如通过人工智能技术实现展会的智能推荐、智能导览、智能客服等功能，提升参与者的体验。

4. 区块链技术

区块链技术在数字会展中的应用，可以提高会展数据的可信度和安全性。通过区块链技术，可以实现会展数据的去中心化存储和传输，确保数据的安全和可靠。

5. 5G 技术

5G技术的商用，为数字会展提供了更快的网络速度和更低的延迟。这将有助于提升数字会展的实时性和互动性，为参与者带来更好的体验。

（三）数字会展的定义与特征

1. 数字会展的定义

有研究指出，数字会展是主要使用数字技术提升会展服务模式的一种渠道(蒋晓阳等，2020)。数字会展是利用数字技术和互联网平台，通过网络和虚拟环境呈现的一种展览活动形式(徐德洪，2023)。会展服务产业数字化的核心是充分运用现代信息技术手段，通过和场馆的融合、主场搭建的融合及组展商的融合等方式，赋能和重塑传统会展服务全链条，从而实现产业链再造和价值链提升的过程(孟凡新，2021)。这些观点表明数字会展有广义和狭义之分。

广义的数字会展是指会展产业链上下游的企业使用数字化的软硬件技术重塑组织结构、工作方式、业务流程；面向会展市场和会展参与群体提供数字化的产品和服务，创建数字化的连接，创造个性化的服务体验，获得数字化的收入，从而促进企业数字化转型的系列经营、运营和管理行为的集合。因此，数字会展不仅是新工具、新技术、新理念的应用，也是一种新业态、新模式和管理创新。狭义的数字会展是从会展主办方一站式全流程办好会展项目的数字化，即利用数字技术和数字化的系统或平台办好线上和线下的会展项目，对内提升管理效率，对外提升服务体验，利用数据获得洞察和决策依据，并赋能营销和客户体验。

从宏观视角审视行业变革，数字会展是借助数字技术，对传统会展从策划筹备、组织实施，到运营管理以及成果评估的全流程进行深度革新。在当今技术飞速发展的浪潮中，大数据、人工智能、虚拟现实、增强现实和物联网等前沿技术，成为推动会展行业从传统模式向数字化模式全面转型的关键力量。

从技术应用的微观层面具体分析，在展会策划阶段，大数据分析能够精准定位展会主题，明确目标受众，为展会内容策划提供有力支撑。在组织过程中，物联网技术可实现展品运输的实时监控和场馆设施的智能管理，极大提升运营效率。展示环节运用虚拟现实、增强现实技术，能打造沉浸式观展体验，显著增强展品吸引力。在交流交易环节，人工智能驱动的智能客服能快速响应并解决参展商与观众的疑问，大幅提升沟通效率。

随着移动互联网技术的发展，会展业已成为展览文化与互联网技术的融合体。未来，会展业将以互联网及终端技术为基础，连通所有展示功能，促使展览展示方式发生颠覆性转变，网络虚拟展示技术将逐渐取代传统的实体展示，成为主流。

2. 数字会展的特征

具体来说，相对于传统实体会展而言，数字会展更具有丰富性、互动性、灵活性与效益性等特点。

(1) 丰富性。

丰富性是指参会者可以通过数字平台浏览和搜索各种信息，包括研究报告、市场数据、技术资料等。与传统会展相比，数字会展不受空间限制，可以容纳更多的参展商和展品。这为参会者提供了更多的参考和选择，有助于他们获得更全面的行业洞察和产品信息。

(2) 互动性。

互动性是指通过在线交流、视频会议、社交媒体等各种交互方式，参会者之间进行实时的沟通和交流。他们可以与参展商、专家和其他参会者分享经验、观点和问题，从而促进合作和共享。这种高度的互动性不仅增强了参会者之间的信息交流，还为他们提供了更多的学习和合作机会。

(3) 灵活性。

灵活性是指与传统的会展需要固定时间和地点不同，参会者可以根据自己的时间和地点选择参与和访问数字会展。他们可以在任何时候、任何地点通过互联网访问数字平台，随时查看展示的信息和资源。这种时间灵活性使参会者可以更好地安排自己的工作和学习日程，提高了参与会展的便利性和效率。

(4) 效益性。

与传统的会展相比，数字会展不需要支付大量的场地租赁、交通和住宿等额外费用，参会者只需通过互联网访问会展平台，就可获得丰富的信息和资源。这降低了参与会展的门槛，使更多的人能够获得商业机会和服务，同时也降低了会展的成本，提高了会展的经济效益。

三、数字会展的多元发展路径

(一) 线上会展发展模式与功能

1. 线上会展

线上会展，在早期通常被称为网上会展、虚拟会展等，顾名思义就是指借助互联网技术在网上虚拟空间开展的展览、会议等。在当前数字会展的大框架下，从行业发展趋势来看，线上会展是依托互联网平台构建的全新会展形态。它将传统展会的核心功能,如展示、交流、洽谈等迁移至线上,打破了地域、时间和场地的限制,开创了会展行业发展的新模式。

2. 线上会展的发展

线上会展的发展是我国国家政策的指引以及会展业做出的必然选择,线上会展的举办成为线下会展的重要补充。

2020年,会展业相关部门出台了有关线上展会的指导性文件,进博会、服贸会、广交会等国家级大型展会也采用线上线下融合的形式办展。如表2-23所示,UFI发布数据称,全球半数以上的受访者都表示在会展中添加了线上数字服务。我国在2021年也有许多线上线下融合展,吸引了上万家参展商参展和上百万采购商观展。米奥兰特数字展会线上供采平台、浙江国贸云商数字化展厅等线上会展新案例也充分展示了会展企业以线上展会补充与替代线下展览的积极探索。

表2-23　2021年国家级展会线上线下融合办展数据

展会名称	线上平台访问量	线下参展企业数量	线上参展企业数量
第四届进博会	5800万次	2900家	同步线上参展
2021年服贸会	—	2400家	4961家
第130届广交会	3273万次	7795	2.6万家

第130届广交会采用线上线下融合的方式举办,参展商的参展与观众的观展可以自由选择线下或者线上的形式,广交会依托腾讯云的技术支持,搭建了与线下展示同步的线上展厅,并提升了线上商务洽谈的体验;在线下展示部分也结合VR、AR等新技术提升展示效果,共计有60万人次进馆线下参展,广交会的线上平台也有超过3000万次的访问量。刘雅祺(2020)根据展会所依托的互联网技术类型,对目前国内线上会展进行了分类,其一是直播购物型线上展会,会展主办方与云服务企业合作搭建具有商务洽谈功能的展会直播平台,参展商在平台上自主设置直播间,观众在展会直播平台上可以选择直播间进入观看。其二是B2B电商型展会,由会展主办方自主搭建线上展会平台,以B2B模式举办线上会展。主办方将会展举办的各环节借助第三方技术平台进行串联,积极探索线上展会的新形式。表2-24为2021年国内线上会展典型案例。

表2-24　2021年国内线上会展典型案例

直播购物型	B2B电商型
广交会(2020年起)	进博会
中国沈阳国际机器人大会(2020年起)	米奥兰特数字展会线上供采平台
中韩贸易投资博览会	博华“家具在线”B2B平台

(来源:中国贸促会《中国展览经济发展报告2021》)

2020年,《商务部办公厅关于创新展会服务模式 培育展览业发展新动能有关工作的通知》发布，明确提出要加快推进展览业转型升级和创新发展，并号召各会展企业积极打造线上展会新平台，促进线上线下融合办展，培育线上展会龙头企业和品牌展会。同年，《国务院办公厅关于推进对外贸易创新发展的实施意见》发布，提出要创新服务模式，推进贸易促进平台建设。表2-25为2020年我国部分线上会展利好政策。

表2-25　2020年我国部分线上会展利好政策

时间	政策名	影响
2020年10月	《国务院办公厅关于推进对外贸易创新发展的实施意见》	为线上展会搭建供采平台指明方向
2020年4月	《商务部办公厅关于创新展会服务模式培育展览业发展新动能有关工作的通知》	促进会展行业线上创新发展

3. 线上会展的主要业务与功能

在政府利好政策推动、技术不断成熟的背景下，会展主营企业线上会展业务的开展类型和功能趋于多样，提升了服务质量。

(1) 虚拟展厅。

利用3D建模等技术，参展商能够打造个性化的虚拟展厅，通过上传产品图片、视频、文档等资料，全方位展示产品信息。相较于传统的展位搭建，虚拟展厅不仅成本更低、搭建周期更短，而且能够随时更新展示内容，灵活适应市场变化。观众通过电脑或移动设备，能够便捷地进入虚拟展厅，仿佛置身于真实展会现场，自由穿梭于各个展位之间，自主选择参观内容，极大提升参观的灵活性与自主性。

(2) 在线直播。

在线直播为参展商提供了实时展示产品与服务的平台。通过专业主播的讲解与演示，能够更直观地呈现产品特点与优势，同时通过实时与观众互动，解答观众疑问，有效促进销售转化。观众能够实时观看直播，与参展商直接互动，及时获取产品信息，提出问题并得到解答，增强参与感与购买意愿。

(3) 互动交流。

线上会展平台还配备了多种互动工具，如在线聊天、论坛、视频会议等，为参展商与观众之间的沟通交流提供便利。参展商能够及时了解观众需求，拓展客户资源；观众则可以与不同参展商交流，获取更多产品信息，还能与其他观众分享观展心得，拓展人脉。

(4) 数据分析。

线上会展平台能够自动收集和记录大量数据，包括观众行为、参展商展示等方面的数据。通过深入分析这些数据，主办方可以全面了解展会效果，为后续展会的策划与改进提供数据依据。参展商依据数据分析结果，能够清晰了解自身展示效果以及观众反馈，从而优化参展策略，提高参展效益。

以2023年为例，全球主要会展企业的线上会展类型及主要措施如表2-26所示。

表2-26　全球主要会展企业的线上会展类型及主要措施

会展企业	线上会展类型	具体措施
英富曼集团	在线预约与供采商贸互动、在线平台、虚拟产品演示	JewelleryNet是专为珠宝和宝石业内专业人士而设的线上商贸平台，为珠宝行业提供线上展示和交流的机会，加强行业内的联系和合作
励展博览集团	线上展览、直播会议、在线洽谈、商务配对	在中国上海国际电子生产设备暨微电子工业展官网中，提供商务配对和智慧会刊等，使用户能够精确捕获商机
柯莱睿会展集团	虚拟峰会、数字产品和服务市场、线上贸易展	HydroVision International作为全球最大的水电展，通过线上平台为全球电力及能源供应商、专业人士等提供行业数据、新产品发布、贸易交流的机会，促进各国企业深入开拓国际市场
法国高美艾博展览集团	数字展厅、AI智能配对、线上商务洽谈	SIAL西雅展推出线上展厅，支持多语言界面和实时翻译功能，通过结合AI驱动的采购匹配系统，为参展商提供有效对接
中国对外贸易中心	线上展会、跨境电商对接	广交会官方网站采用网上展示、供采对接等多种模式，为全球贸易注入新动能
慕尼黑国际博览集团	直播展会、线上产品展示、在线会议	慕尼黑国际烘焙技术博览会线上展会通过两场数字化活动，让全球其他行业在线相聚，展会期间进行了多场线上问答和实时交流，为全球烘焙市场设定了方向
法兰克福展览有限公司	VR/AR虚拟展览、线上产品展示	在德国法兰克福展台设计中广泛应用AR、VR技术，互动触摸屏技术集成数据收集功能，观众可以查看展品细节，与参展商互动，打造沉浸式线上展览体验
德国汉诺威展览公司	混合展会、数字孪生技术、线上论坛、VR演示	汉诺威工业博览会的线上版本提供虚拟展示平台，是全球最大工业技术线上展会

（二）双线会展的融合与演进

从行业发展的宏观趋势来看，双线会展是将传统线下会展与线上会展有机融合的创新模式。它整合了两者的优势，旨在为参展商和观众提供更加丰富、多元的参展体验，推动会展行业迈向更高层次的发展阶段。

传统会展行业经营模式多以线下展示为主，互联网和信息技术的发展为会展业带来新机遇，"双线会展"经营模式的应用为会展业注入新的活力。我国展览业正在实现媒体、展览和广告等行业的跨界融合，将线下大型活动及场景"再造"，并在互联网上举办、展示和宣传，把传统的"展览"和"会议"两个行业进行平台化融合，在互联网上培育打造出全新的数字展会产业经济形态。

双线会展充分融合了传统线下会展与线上会展的特点，为会展业带来了前所未有的发展机遇，下面我们就来详细探讨双线会展的优势所在。

1. 线下优势的保留

对参展商而言，线下会展提供了面对面交流的宝贵机会，参展商可以直接展示实物产品，让客户亲身感受产品质量与特性。通过现场演示与讲解，能够更有效地传递产品价值，建立信任关系，促进业务合作。

对观众而言，观众在现场能够直观感受展品实物效果，进行现场体验，与参展商深入交流，获取更真实、全面的产品信息。

2. 线上优势的拓展

对参展商而言，线上会展的便捷性与广泛性，使参展商能够突破地域限制，触达更多潜在客户。线上平台的数字化功能，如虚拟展厅、在线直播等，为参展商提供更广阔的宣传推广渠道，有助于扩大品牌影响力。

对观众而言，无法亲临现场的观众可以通过线上平台参与展会，随时随地浏览展品信息、观看直播、与参展商交流，打破时间与空间的障碍。

3. 线上线下的协同效应

对参展商而言，可以通过线上平台提前宣传线下展会的亮点与活动，吸引更多观众到现场参观。线下展会的举办又能为线上平台积累人气，通过线上线下的联动，有效促进产品销售与品牌推广。

对观众而言，可以根据自身需求与时间安排，灵活选择线上或线下的方式参与展会。例如，先在线上了解展会信息，筛选出感兴趣的参展商，再到线下进行深入洽谈；或者线下参观后，通过线上平台继续与参展商保持联系，获取后续产品信息。

双线会展模式顺应了数字化时代的发展潮流，通过线上线下的深度融合，实现了资源的优化配置与效益的最大化，是未来会展行业发展的重要方向。它不仅为会展行业带来新的发展机遇，也为参展商和观众创造了更为优质的参展体验。智慧会展与数字会展已成为新时代会展业发展的新趋势。

（三）会展全流程数字化

1. 会展流程数字化的定义

会展流程数字化是利用现代信息技术，如互联网、移动应用、大数据、云计算等，对会展活动的各个环节进行电子化和网络化改造的过程。它涵盖了从展前的信息发布、宣传推广、在线报名注册、参展商和观众管理，到展中的现场管理、互动交流、虚拟展览，再到展后的数据分析和反馈等全过程。数字化手段的应用，不仅提高了会展项目的效率和效果，降低了成本，还增强了参展商和观众的互动体验，提升了会展活动的吸引力和影响力。同时，通过对各类数据的采集和分析，为会展项目的改进和优化提供了有力支持，推动了会展行业的创新和发展。会展项目流程数字化是未来会展业发展的重要趋势，将引领会展行业进入一个全新的发展阶段。

2. 展前数字化业务

（1）信息发布与邀约。

在数字化和平台化的背景下，会展组织者可以建立专门的在线平台，集中发布展会的所有相关信息，如展会主题、时间、地点、参展商名单、活动日程等。利用这些平台，组织者可以通过电子邮件、短信等方式，高效、广泛地邀请目标观众和参展商。这种方式不仅提高了信息传递的效率和准确性，还降低了成本，同时也方便了参展商和观众的参与。

（2）宣传与营销。

数字化营销工具，如社交媒体、网络广告、搜索引擎优化（SEO）等，为会展的宣传和推广提供了新的途径。这些工具可以根据用户的行为和喜好，进行精准定位和个性化推荐，从而提高营销效果。同时，借助数据分析，会展组织者可以更好地了解市场趋势和观众需求，制定更为有利于参展商的营销策略。

（3）参展商客户管理。

利用客户关系管理（CRM）系统，会展组织者可以集中管理所有参展商的信息，包括参展商的报名信息、支付信息、展位分配信息等。这些系统具有自动化和智能化的特点，可以大大提高管理效率和客户满意度。例如，通过CRM系统，参展商可以轻松完成报名和支付流程，同时，组织者也可以实时查看参展商的报名情况，及时进行展位分配。

（4）观众客户管理。

利用CRM系统，也可对观众信息进行管理，包括观众的注册、门票购买、活动预约等。这种方式有助于为观众提供更加个性化和便捷的服务，提升观众的参展体验（见图2-2）。

（5）场馆搭建与管理。

首先，通过VR、AR技术，实现展馆的虚拟搭建和预览，以及现场的数字化管理。其次，搭建智能场馆综合管理平台，将场馆中的硬件设施，包括显示屏、灯具、场馆温控采集全部纳入该管理平台，对场馆内的硬件设施进行全程化动态监控，并在该平台中开发完善且覆盖场馆方方面面的电子巡更系统，覆盖馆内安保人员巡更路线，找寻安保死角，进行科学化管理；再次，引入Wi-Fi定位技术、蓝牙定位技术、UWB超宽带定位技术，针对每位进入会展场馆且连入展馆无线网络的观众进行室内精准定位，为观众提供便捷化、针对性、精细化的服务；最后，为真正实现会展业转型升级，应积极引进全息成像技术，要求馆内人员事先对产品进行拍摄与三维立体建模，结合柜体、分光镜、射灯等物理设备，将展品以三维影像的形式呈现在观众面前，为观众营造一种虚实交互、动静结合的绝佳展览效果，更好地突出会展业在数字经济领域中的发展成就。这些方式不仅提高了展馆搭建的效率，还能提供更加丰富的互动参展体验。

(6) 服务供应商(综合后勤保障)管理。

通过在线平台,会展组织者可以对服务供应商进行管理,包括供应商的筛选、合同管理、服务评价等。这种方式实现了服务供应商管理的透明化和高效化。例如,组织者可以通过平台,实时查看供应商的服务进度和评价,确保服务的质量。

(7) 展品物流管理。

利用物联网(IoT)技术,对展品物流进行实时监控和管理,确保展品的安全和准时到达。通过多种方式方法不断提升云计算技术、大数据技术、数字化技术在物流企业中的应用程度,能够帮助物流企业大幅度提升运转效率。除此之外,把5G技术科学合理地运用在物流企业中,符合企业跨区域、跨平台的特点,能够为会展物流企业创造出更多的经济价值。在会展物流信息平台中进一步运用信息技术,能够在较大程度上有效提升信息的传播速度,构建更加高效的信息传递模式。除此之外,合理地利用信息数据的共享性,能够把仓储时间和库存时间变得更加精准,从而有效节约会展物流企业的保管费用,极大地降低其生产成本。5G技术、互联网技术、云计算技术、自动化技术等先进的技术能够帮助会展物流企业在激烈的市场竞争中占有一席之地。这种方式具有实时性和可视化的特点,提高了物流管理的效率。

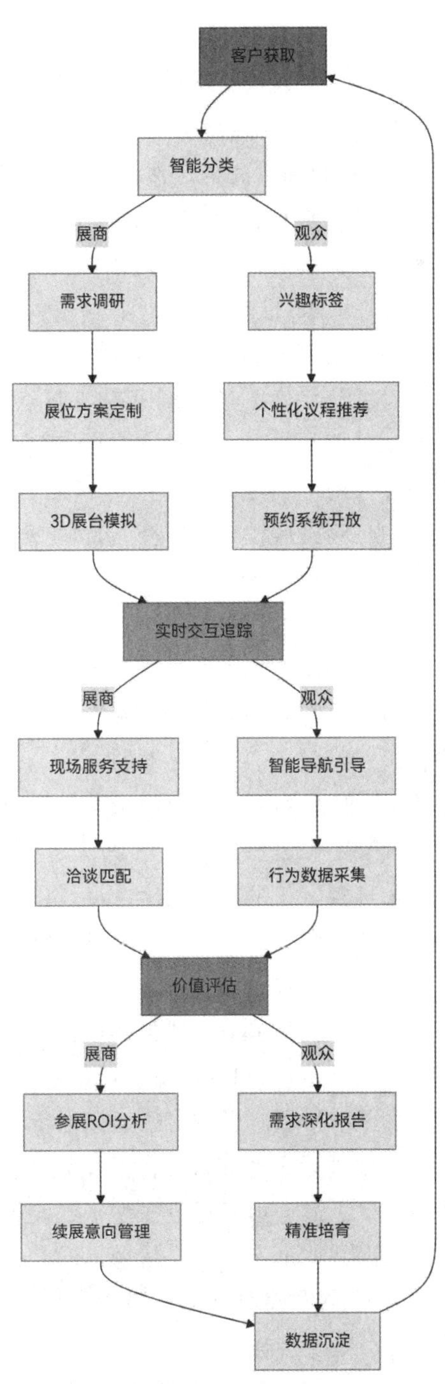

图2-2 参展商/观众客户管理流程图

3. 展中数字化业务

(1) 展览展示。

展览展示可以通过数字化技术实现虚拟现实(VR)技术,为观众提供在线参观展览的体验。观众可以通过电脑或移动设备参观展览,感受真实的展览场景。数字化技术可以提供更丰富的展览内容,包括高清图片、视频介绍、互动展示等,为观众提供更多的参观方式和体验。通过数字化展示,观众可以随时随地参观展览,打破了时间和空间的限制,提高了展览的触达率和传播效果。

(2) 商贸B2B对接。

展会可以通过数字化平台提供在线商贸B2B对接服务。参展商可以在平台上展示产品和服务,与潜在买家建立联系并洽谈合作。商贸B2B对接数字化可以提供更快速、高效的商务洽谈环境,加快商务合作的进程,降低交易成本,促进商贸合作的深入发展。通过数字化平台,商贸B2B对接可以突破地理限制,吸引更多国内外潜在买家参与,扩大商务合作的范围和机会。数字化平台还可以提供数据分析和智能推荐等功能,帮助参展商和买家更好地了解市场需求,推动商务合作。

(3) 注册及接待。

通过数字化平台,观众可以在展会官网或相关应用上进行在线注册,填写个人信息并选择参观日期和时间。注册完成后,观众将获得电子门票,可以在展会现场通过扫码或验证身份信息入场,从而减少现场排队等待的时间,改善观众的参观体验。展会可以提供在线导览服务,观众可以通过数字化平台浏览展会的展品、展位信息和参观路线。观众可以提前了解展品的介绍和位置,规划自己的参观路线,避免在找寻感兴趣的展品上浪费时间。数字化导览服务还可以提供实时的展会信息更新,包括活动安排、讲座时间和地点等,方便观众随时了解最新的展会动态。通过数字化平台提供的注册及接待服务,观众可以享受更便捷的观展体验。他们可以提前规划展会行程,预先了解展会信息,减少等待时间。数字化注册及接待还可以降低人力资源的投入,提升展会的整体运作效率。同时,观众的满意度也会提高,为展会的口碑和品牌形象带来正面影响。

(4) 展中媒体传播。

通过数字化平台,展会可以提供在线媒体传播服务,包括展会新闻、宣传视频等,吸引更多媒体关注和报道。展会可以通过官方网站、社交媒体等渠道发布展会新闻和活动信息,吸引媒体的关注和报道。同时,展会也可以制作宣传视频,通过在线平台发布和传播,提高展会的曝光度和吸引力。展中媒体传播数字化可以提高展会的曝光度和影响力。通过数字化平台,展会的新闻和宣传信息可以迅速传达给更多的媒体和受众,扩大了展会的知名度和参展商的品牌形象。媒体可以通过数字化平台获取展会的新闻稿、活动信息和参展商的介绍,更方便地进行报道和宣传。展中媒体传播数字化还可以实时更新展会动态,与观众和媒体保持互动。展会可以通过在线平台发布展会的最新动态、活动安排和讲座信息,观众和媒体可以随时获取最新的展会信息。同时,观众和媒体也可以通过数字化平台与展会进行互动,提出问题、提供意见和分享展会体验,增加展会的参与度和传播效果。

(5) 配套活动。

通过数字化平台,展会可以提供在线配套活动,包括线上论坛、交流会议、主题演讲等,吸引更多观众和行业专家参与。配套活动数字化可以提供更灵活的参与方式,观众可以通过网络参与,节省时间和费用。同时,展会可以提供在线互动环节,增加观众和专家的参与度。配套活动数字化可以扩大活动的覆盖范围,吸引更多国内外嘉宾参与,提高活动的影响力和专业性。

(6) 其他。

数字化与平台化的业务还包括展会数据分析与管理、在线展商服务、在线支付等方面的应用。展会可以通过数字化技术收集和分析参展商和观众的数据，提供更精准的展会服务和运营管理。同时，数字化平台可以提供在线支付服务，方便参展商和观众进行交易和消费。

4. 展后数字化业务

(1) 媒体传播。

利用数字化平台，可以将展会的信息传播给更广泛的受众。通过展会的官方网站、社交媒体、行业媒体等渠道，发布展会的照片、视频和参展商的宣传资料，提高展会的知名度和曝光率。数字化媒体传播具有实时性、互动性和多样性等特点，可以实现更加精准的目标受众定位和个性化传播。

(2) 客户管理。

通过数字化平台，可以实现对参展商和观众的精准管理和服务。可以利用展会的官方网站或移动应用程序，提供在线报名、预约、导航等功能，提升参展商和观众的参会体验。同时，通过数字化平台收集参展商和观众的信息，建立完善的客户数据库，为后续的跟进和营销提供支持。数字化客户管理具有方便快捷、数据化分析和个性化服务等特点，能够提升客户满意度和提升合作效果。

(3) 商品采购平台。

为了方便展会参展商和观众进行商务交流和商品采购，可以建立数字化的商品采购平台。该平台可以提供参展商展示产品和服务的功能，观众可以通过平台进行在线咨询、报价和下单。数字化商品采购平台的特点是可以实现展会之外的长期合作，扩大参展商的市场影响力，提高观众的采购效率。

(4) 其他。

除了媒体传播、客户管理和商品采购平台，数字化与平台化还可以应用于其他方面。例如，利用数字化平台进行展会数据分析和报告生成，帮助展会组织者更好地了解展会的效果和参与者的需求；利用数字化平台进行在线会议和研讨会，扩大展会的影响力和交流范围；利用数字化平台进行在线展览和虚拟展览，提供全年无休的展览体验等。

案例思考　全球数字会展创新中心：助力探索数字会展新范式

数字贸易的浪潮正席卷全球，而杭州作为“数字经济第一城”，再次站在了时代的前沿。第三届全球数字贸易博览会在杭州成功开幕，这场汇聚了全球数字贸易新标准、新生态、新技术、新产品、新趋势的国际性展会，不仅展示了杭州在数字经济领域的卓越成就，也为全球会展业的发展提供了新的视角和动力。

在为期5天的数贸会中，2024年9月26日下午举办的全球数字会展创新大会尤为引人注目。中国贸促会原副会长、国际展览局原中国首席代表王锦珍，国际展览业协会名誉主席、全国会展业标准化技术委员会主任陈先进，以及东浩兰生会展集团、首都会展集团、深圳招华国际会展等国内会展领军企业的掌舵人等出席。

会上，杭州市会展集团携手国际展览与项目协会(IAEE)、展览业研究中心(CEIR)以及法国智奥会展集团、德国斯图加特展览公司等国际会展巨头，以及浙江大学、浙大城市学院等在杭高校，共同成立全球数字会展创新中心，这标志着杭州在推动数字会展理论研究、实践创新和高端人才培养方面迈出了坚实的一步。

此外，杭州市会展集团通过成功签约法国智奥集团和德国斯图加特展览公司，助力杭州在全球范围内争夺数字会展领域的领先地位，并以此为契机，利用数字会展的力量进一步推动数字经济的发展。

借助多个维度的创新与实践，发展数字时代的会展经济

杭州市会展集团董事长兼总经理李健表示，成立全球数字会展创新中心的初衷，在于推动数字会展的理论研究、实践创新及高端人才培养。他强调，会展业要因时而进，就必须在多个维度上进行突破，而数字会展正是这一突破的关键所在。

“数字会展突破了时间和空间的限制，它将信息、资金、物流全部融合在一起，与传统会展有着本质的区别。”浙江大学管理学院教授刘渊说。

作为浙江省政府数字化转型专家委员会委员，刘渊是推动浙江成为数字经济先行省的重要智库成员。在他看来，“数字＋会展”绝不是“1＋1＞2”，数字会展是对传统会展的颠覆，是一种“质变”。

在杭州，数字经济的蓬勃发展已成为推动城市经济增长的重要引擎。2023年，杭州数字经济核心产业增加值达到5675亿元，同比增长8.5%，占地区生产总值的28.3%。数字会展作为数字经济的重要组成部分，不仅促进了行业的交流与合作，还通过大数据、云计算、物联网、区块链、人工智能、5G通信等数字技术的有机结合，实现了资源的快速优化配置与再生。

在第三届数贸会的筹备过程中，杭州市会展集团充分运用了数字化手段，提升了展会的运营效率和服务质量。他们上线了“数贸在线”平台，为客商、媒体、观众等提供了便捷的注册和参会体验。同时，他们还推出了“一屏通览”、数字打卡、数贸公开课以及商机配对等特色亮点，为参展商和观众带来了更加丰富和便捷的数字化体验。

此外，杭州市会展集团还依托数字化平台实现了展商服务、搭建展馆(含布展、撤展、仓储等)、展具租赁、讲解服务等一体化管理。这种数实融合的创新模式，不仅提高了服务的效率和质量，还降低了运营成本，为会展业的可持续发展提供了有力支持。

“按照‘一体运营、数实融合’这一全新的运营体系，让数贸会真正实现‘国家级、国际化、数贸味’这一办会目标。”数字和实体两维度融合创新，理论结合实际持续迭代,形成了"理论创新—实践验证—再创新"的良性循环,也论证了数实融合在发展数字经济中的可行性和有效性。

依托"全市会展产业发展平台"定位,助力打造全球数字会展中心城市

全球数字会展中心,何以落地杭州?一方面,杭州有发展会展产业的基础。早在1929年,杭州就开时代先河举办了首届杭州西湖国际博览会,至2024年已举办26届。从G20杭州峰会,到杭州亚运会和亚残运会,再到全球数字贸易博览会和"良渚论坛",杭州一次又一次向世界敞开怀抱。

另一方面,作为全球数字化发展较好的城市之一,杭州有着澎湃的"数字动力"和创新动力,杭州会展业传承了这座城市的数字基因,数字应用的场景广泛多样。可以说,杭州成为全球数字会展中心城市指日可待。

2024年是市委、市政府加快杭州打造国际"赛""会"之城的关键之年,杭州动作频频。其中,杭州市会展集团于2024年3月28日重新挂牌成立就是一大标志性举措。

"基于'全市会展产业发展平台'这一定位,我们依托市商旅集团文、商、旅、会、体产业资源优势,发展好产业会展、城市会展和综合配套服务及场馆运营等主责主业,发展数字会展也是我们的重要使命。"李健说,"数贸会的举办一定程度上推动了整个会展业在数字时代的发展。"

把握运营全球数字贸易博览会的机遇,杭州市会展集团与国际TOP20的会展主办方加强合作,对比杭州产业图谱,围绕五大产业生态圈、未来产业集群和战略性新兴产业集群,引入或培育一批国际知名品牌展会项目,推动杭州重点产业链接全球。

除创办全球数字会展创新中心外,还打造数贸通、外事通等数字会展产品,集聚产业、贸易、消费服务一体化发展。

在努力打造"国内一流、国际知名"的新型会展集团过程中,杭州市会展集团始终眼光向外,不仅到北上广深与进博会、广交会、服贸会等重磅展会对标,还成功与英富曼集团、励展博览集团、柯莱睿会展集团等全球会展巨头,以及中国国际展览中心集团公司等40家国内头部机构合作,拓展30多个国家的150多个海外专业展会项目。

国际展览与项目协会(IAEE)原主席玛莎·弗拉纳甘表示,数字会展的崛起使得跨国交流与合作更加便捷。我们正见证一个前所未有的会展新时代,它将通过技术的力量,改变整个行业的运作方式。

(来源:杭州日报)

思考:

1.全球数字会展创新中心的成立对杭州乃至中国会展业有何意义?

2.杭州市会展集团在数字会展方面的创新实践有哪些?

第四节 绿色会展

一、绿色会展发展背景

（一）国家有关“生态文明”建设顶层战略的设计与指引

自党的十八大以来，在习近平新时代中国特色社会主义思想指引下，中国坚持绿水青山就是金山银山的理念，坚定不移走生态优先、绿色发展之路，促进经济社会发展全面绿色转型。党的十八大报告中首次单篇论述“生态文明”，提出“推进绿色发展、循环发展、低碳发展”的要求，并将生态文明建设纳入中国特色社会主义事业“五位一体”总体布局，标志着绿色发展理念开始成为国家发展的核心理念之一。

2015年10月，党的十八届五中全会明确提出了创新、协调、绿色、开放、共享的新发展理念，将绿色发展作为关系中国发展全局的重要理念之一；党的十九大报告将“坚持人与自然和谐共生”纳入新时代坚持和发展中国特色社会主义的基本方略，把“美丽中国”纳入社会主义现代化强国目标。党的二十大报告进一步强调，要站在人与自然和谐共生的高度谋划发展，推动经济社会发展绿色化、低碳化是实现高质量发展的关键环节。

（二）“双碳”目标“1+N”政策的提出与推进

2020年9月，习近平总书记在第七十五届联合国大会上宣布：中国二氧化碳排放力争于2030年前达到峰值，努力争取2060年前实现碳中和。这一郑重承诺标志着中国“双碳”目标的正式确立，明确了我国应对气候变化和实现绿色低碳发展的具体时间表和路线图。2020年12月召开的中央经济工作会议将“做好碳达峰、碳中和工作”列为2021年的重点任务之一，强调要加快调整优化产业结构、能源结构，推动煤炭消费尽早达峰，大力发展新能源。2021年3月15日，习近平总书记主持召开中央财经委员会第九次会议，把“碳达峰、碳中和”纳入生态文明建设整体布局，再次强调要坚定不移贯彻新发展理念，坚定不移走生态优先、绿色低碳的高质量发展道路。随后，我国陆续出台了一系列配套政策和行动方案，如2021年，《中共中央 国务院关于完整准确全面贯彻新发展理念做好碳达峰碳中和工作的意见》和《国务院关于印发2030年前碳达峰行动方案的通知》发布，构建了“双碳”目标“1＋N”推进政策体系，为实现“双碳”目标提供了全面系统的政策指导和保障。

此后，国家各部门与行业指导单位积极响应“双碳”目标，提出了一系列推进举措。2021年11月，国务院国资委印发《关于推进中央企业高质量发展做好碳达峰碳中和工作的指导意见》，明确央企要建立绿色低碳循环产业体系，推动战略性新兴产业融合化、集群化、生态化发展，强化绿色低碳技术科技攻关和创新应用等。2022年6月，生态环境部等七部委联合发布《减污降碳协同增效实施方案》，对推动减污降碳协同增效进行系统谋划，明确目标任务和实施机制。2022年6月，科技部等九部门联合印发《科技支撑碳达峰碳中和实施方案（2022—2030年）》，统筹提出支撑2030年前实现碳达峰目标的科技创新行动和保障举措，并为2060年前实现碳中和目标做好技术研发储备。2023年4月，国家标准化管理委员会、国家发展改革委等11部门印发《碳达峰碳中和标准体系建设指南》，提出到2025年，制修订不少于1000项国家标准和行业标准（包括外文版本）等目标。2024年7月，《国家发展改革委 市场监管总局 生态环境部关于进一步强化碳达峰碳中和标准计量体系建设行动方案（2024—2025年）的通知》发布，提出2024年发布70项碳核算、碳足迹、碳减排、能效能耗、碳捕集利用与封存等国家标准，基本实现重点行业企业碳排放核算标准全覆盖。2025年，面向企业、项目、产品的三位一体碳排放核算和评价标准体系基本形成，重点行业和产品能耗能效技术指标基本达到国际先进水平，建设100家企业和园区碳排放管理标准化试点。同时明确了16项重点任务，包括加快企业碳排放核算标准研制、加强产品碳足迹碳标识标准建设等8项"双碳"标准重点任务，以及加强碳计量基础能力建设等8项"双碳"计量重点任务。2024年5月，国务院印发《2024—2025年节能降碳行动方案》，推动建立能耗双控向碳排放双控全面转型新机制，加快构建碳排放总量和强度双控制度体系。2024年8月，国务院办公厅印发《加快构建碳排放双控制度体系工作方案》，提出推动将碳排放指标纳入规划，建立地方碳排放目标评价考核制度，并加强与全国碳排放权交易市场的工作协同，构建系统完备的碳排放双控制度体系，为实现"双碳"目标提供有力保障。

2024年7月，《中共中央 国务院关于加快经济社会发展全面绿色转型的意见》又进一步提出，要坚持以习近平新时代中国特色社会主义思想为指导，全面贯彻习近平经济思想、习近平生态文明思想，坚定不移走生态优先、节约集约、绿色低碳高质量发展道路。

可见，坚持绿色生态发展是我国各行业的重要战略选择与发展目标。在国家顶层战略设计下，我国政府对于会展业的绿色发展相继出台了一系列相关政策。2015年，《国务院关于进一步促进展览业改革发展的若干意见》印发，明确提出倡导低碳、环保、绿色理念，培育壮大市场主体，加快展览业转型升级，努力推动我国从展览业大国向展览业强国发展。2021年2月，《国务院关于加快建立健全绿色低碳循环发展经济体系的指导意见》发布，明确提出要推进会展业绿色发展，指导制定行业相关绿色标准，推动办展设施循环使用，为会展业向绿色低碳循环方向发展提供了政策指引。2025年，政府工作报告首次将"培育绿色贸易、数字贸易"作为新增长点，强调支持有条件的地方发展新型离岸贸易，这为绿色会展的发展提供了宏观政策导向和战略机遇，推动会展业在绿色转型中实现创新发展。

（三）循环经济的提出及产业应对

循环经济以"减量化（Reduce）、再利用（Reuse）、资源化（Recycle）"，即3R原则为核心，旨在改变传统的线性经济模式（资源—产品—废弃物），构建一种资源循环利用的闭环经济系统（资源—产品—再生资源）。减量化原则要求厂商在生产、流通和消费等过程中减少资源的使用量和废弃物的产生量。再利用原则侧重于延长产品和材料的使用周期，结合维修、

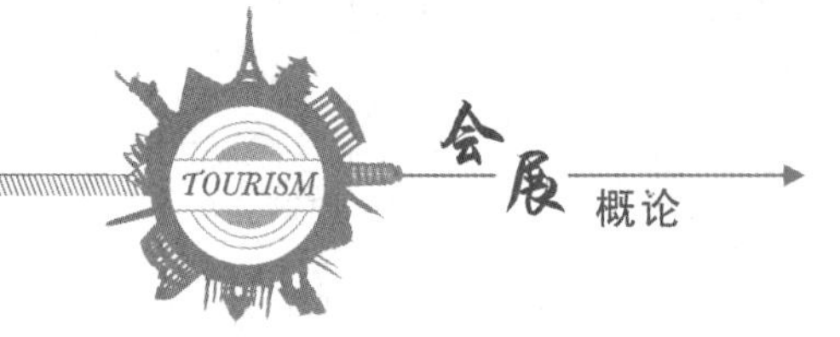

翻新等方式使其多次发挥作用。资源化原则强调将废弃物转化为可再次利用的资源,并重新投入生产。循环经济理念从源头上注重资源节约,强调资源的高效利用,重视末端废弃物的妥善处理与资源再生,与可持续发展目标高度契合。

会展业曾经被认为是"无烟产业",但在实际办展过程中,特装展台的装修污染、展后展具展板等废弃垃圾污染也较为严重。随着人类对环境保护的关注,以及可持续发展观念的形成,我国举办的2008年北京奥运会、2010年上海世博会以及2022年北京冬奥会等大型活动,均采用了绿色会展的理念,为我国会展业的绿色发展起到了引领及示范作用,会展业的绿色发展普遍受到重视和积极实践。

二、绿色会展的概念

(一)国内外有关绿色会展的研究

相较于国内学者,国外学者对绿色会展的关注和研究较早。总体而言,研究领域主要涉及绿色会展的界定、特征、功能和标准化管理等方面。

马志新(2014)认为,绿色会展是以循环经济为基础,涉及会展活动的全方面,是有利于资源节约、环境保护的一项系统性工程。蔡萌等(2015)基于国外绿色会展概念的五个维度,提出绿色会展是一种以可持续发展理念为核心,统筹社会、经济和环境三大维度的会展模式,旨在满足会展活动各利益相关方的需求。绿色会展是以低碳理念贯穿会展全产业链的发展模式,在实现经济效益最大化的同时,促进产业协同发展,最终达成社会、经济和环境效益的统一。

学者们对绿色会展的功能关注更早,认为绿色会展能够产生客观的经济价值与环境效应。如Collins等(2007)对大型体育赛事的经济和环境影响进行了分析,旨在探寻经济和环境影响之间的平衡,认为开展绿色活动有利于减少对环境的不良影响,有利于实现可持续发展。Pasanen等(2009)分析了芬兰地区的部分节日及地方活动,认为绿色会展活动对该地区产生了积极的社会文化和经济影响,并分析了绿色会展活动的评价问题,指出环境影响评价数据的有限性。Hall(2012)强调了大型会展活动中可持续发展的重要性,认为可持续发展应该是重要的政策问题,应注重与可持续发展相关的行业标准。苏娟娟(2018)认为绿色会展的发展能够帮助城市构建"绿色城市"。徐娜(2020)分析了绿色会展存在的问题,提出绿色会展能够提高项目的资源利用率和会展竞争力,宣传绿色理念、倡导绿色消费有助于推进第三产业的绿色发展,树立良好的城市形象。

现有研究表明,绿色会展的开展与实现需要多方利益相关者的协同合作。Laing和Frost(2010)探讨了绿色会展活动发展过程中面临的关键问题与挑战,特别强调了当地社区、游客、赞助商、场馆和政府机构等利益相关者的重要性,指出与利益相关者建立合作是实现绿色会展成功的关键因素之一。Izzo等(2012)通过分析三个意大利文化节的利益相关者网络结构,凸显了"协调者"在管理绿色会展利益相关者关系中的关键作用,证明其能有效提升网络结构的运行效率。

在绿色会展评估与标准化建设方面，Fairley等(2011)运用三重底线法评估了大型会展活动的经济、社会及环境影响，提出通过政策和管理措施平衡利益相关者需求、减少负面影响的可持续发展路径。Andersson和Lundberg(2013)开发了一套基于经济、社会、文化和环境四维度的可持续性度量模型，为会展活动环境影响评估提供了方法论支持。国内学者何军(2011)通过国际比较研究，指出我国应建立绿色会展设计的标准管理体系；孙根紧等(2021)构建了包含三个层次28项指标的绿色会展评价体系，提炼出展会活动管理、绿色场馆运营等五个核心维度。赵敏等(2019)揭示了我国会展业标准化建设滞后的问题并提出了改进建议；刘海莹(2021)强调标准化管理对会展业国际化发展的重要性；张凡(2023)则从企业实践角度，指出主办方应加强绿色展台搭建等标准化管理措施的建设。

(二) 绿色会展的界定

绿色会展相关概念的界定，尚未形成统一标准。

国外学者的定义主要从五个视角进行诠释，即绿色会展应体现多重效应、可持续发展能力、不同利益群体、关联、组织链，详见表2-27。

表2-27　国外对绿色会展定义视角

视角	学者	概念界定
多重效应	Collins等(2007)	绿色会展应该从会展活动所产生的环境、经济及社会效益的多重角度进行定义
可持续发展能力	Belz(2012)	对于绿色会展的理解应将可持续发展能力考虑在内，并注重三项基本原则
不同利益群体	Getz(2002)	绿色会展的定义应该从会展活动的不同利益相关者出发，使其中核心利益群体的整体价值最大化
关联	Grönroos(1990)	绿色会展的发展是对会展活动本身及其利益相关者之间的关联进行维护及加强的方式
组织链	Mules(2004)	对会展管理的独特方面进行分析，利用案例，说明会展活动管理是如何随着时间的推移而在整个绿色会展组织链中起作用

国内学者对绿色会展的定义也多注重环保理念，通过减少资源消耗、降低环境污染，实现可持续发展的目标。

绿色会展作为一种响应可持续发展理念的会展活动模式，旨在通过整合环保、节能、减排等要素，推动会展业与生态环境的和谐共存。它不仅关注会展本身的经济效益，更强调在会展活动策划、组织、执行的每一个环节中，积极采取措施减少对自然资源的依赖和对环境的破坏，进而实现资源和能源的最大化节约。坚持发展绿色会展有利于国内会展行业绿色低碳、可持续发展，给行业经济发展带来新动力和机遇。

三、我国会展业的绿色化发展实践

会展业是我国第三产业的重要组成部分，是加快国家经济转型发展的重要载体，是促进各行业间交流合作、产品与技术展示、商贸洽谈的桥梁，更是落实国家各项发展战略的重要平台。会展业的绿色化发展是指以“可持续发展”为目标，注重环境保护，促进会展业实现低碳、节约、环保、安全、高效、和谐的发展模式。目前，我国会展业的绿色化发展具体体现在以下几个方面。

（一）会展绿色化

会展绿色化是指在遵循经济理论的基础上，综合考虑会展活动所涉及的各方面，把会展活动的资源节约化与环境友好化作为一项系统工程，做到合理开发利用各种资源并保护环境，通过可再生资源的有效利用，减少废弃物的排放，并加强循环利用，从而实现会展与环境的和谐发展。

（二）绿色展览运营

2023年3月17日，国家标准《绿色展览运营指南》(GB/T 42496—2023)发布。该标准适用于展览的绿色运营，为展览相关方(包括但不限于主(承)办单位、参展商、展览场馆运营方、展览服务商等)提供展览全过程不同阶段的绿色运营指引措施，涵盖展览筹备、设计搭建、展览活动、撤展等各环节的基本原则、总体流程及时限、场地及环境、组织者和参展商的绿色运营等内容。

（三）绿色展台搭建

绿色展台搭建是会展行业践行的一种新型展台搭建方式，主要遵循的是以低碳环保、循环经济理念发展绿色会展的原则。2014年，商务部办公厅发布《广交会绿色发展计划》，指出争取在2016年第120届广交会全面实现绿色布展、撤展。《广交会绿色展位奖评办法》中明确了绿色展位评定的标准。《广交会绿色特装展位标准》(2014)规定，绿色特装展位应符合特装简约化、构件标准化、环保化发展趋势。设计理念上体现减量化、再使用和再循环原则；结构上体现模块化、构件化；材料上体现再生、可循环利用；展示效果上体现企业理念，展示企业和产品形象。《环保展台设计制作指南》(SB/T 11231—2021)明确了环保展台设计制作的基本原则，即简约化、模块化、低碳化、安全化；在设计方面对结构、选材、安装及搭建等方面进行了明确的要求。

目前，国内绿色展台搭建主要遵守国外会展业“6R”原则。2018年，首届中国国际进口博览会发布了《绿色中国国际进口博览会标准》及《“四叶草杯”中国国际进口博览会绿色展台评奖办法》，其中规定绿色展台应遵循“6R”原则，并明确奖评办法，引领特装展台绿色标准化潮流的发展，为我国其他展会推行绿色展台搭建标准化建设提供了示范。

绿色展台搭建“6R”原则包括：Respect(尊重原则)，即尊重自然的理念和思维的方式。

在展览工作中尽可能地减少对环境产生负面的影响，包括对场地和人的影响，减少对资源和能源的过度使用；Renew（使用可再生材料和新材料），即在展览施工中尽可能多地使用可再生性材料，鼓励对新材料、新产品和新技术的使用；Reuse and Recycle（可再利用和可循环利用的材料），即施工应尽量多地使用"可再利用和可循环利用的材料"；Reduce（减少废弃物和污染物），即减少展台施工对环境的负面影响，包括减少使用对人的健康有害的物质，使用无害、节能材料，减少污染和废弃物；Remember（加强记忆和教育），即加强对可持续发展理念的宣传，在展览工作中，对参与展览会的单位或个人采用教育方式贯彻可持续发展理念和环保意识。

第五节　会展的属性特征与功能

在全球化与信息化深度交融的当今时代，会展业已成为推动经济增长、促进文化交流的关键力量。对会展行业的从业者、相关专业的学生，以及期望借助会展平台拓展业务的企业与个人而言，透彻理解会展的属性特征与功能作用都具有重要意义。这不仅能够帮助我们更好地把握会展业的发展脉络，还能为实际工作与决策提供坚实的理论依据。接下来，我们将抽丝剥茧，深入剖析会展的属性与特征，以及会展在不同层面所发挥的关键作用。

一、会展的属性

回顾现代会展的发展进程，结合当下会展业的实际状况，会展具备以下四大核心属性。

（一）产业属性

从产业的视角来看，会展具有清晰的产业属性。会展活动本质上是一种服务性活动，会展产业属于第三产业，主要承担着为其他产业和社会各界提供服务的重要职责。在我国，会展业与旅游业、房地产业一起，并称为三大新经济产业，已成为新的经济增长点和第三产业的重要组成部分。会展业不仅自身市场巨大，而且对当地服务、旅游、餐饮、通信、住宿、广告、交通等产业的发展有非常强的关联带动作用。国际上展览业的产业带动系数大约为1:9，即举办会展本身所产生的利润如果为100万元，那么带动相关产业所产生的利润可达900万元。

会展业并非孤立存在，而是与众多产业紧密相连，形成了一个庞大而复杂的产业生态系统。它不仅能够创造会务费、场租费、搭建费、广告费、门票等直接收入，还能像强力引擎一样，带动城市的餐饮宾馆、建筑业、邮电通信、交通运输、零售、广告、物流、装潢设计等行业蓬勃发展，进一步辐射到会计、法律等社会中介领域，以及保险、旅游、金融、市政建设、环保等产业。这种强大的带动效应能够有效加速商品流通，促进资源优化配置，推动技术创新与进步，改善城市的整体发展环境。

举办会展活动需要对场馆及相关硬件设施进行大规模投资建设，投入大量的人力、物力。这不仅能够带动建筑物料及劳动力市场的需求，创造大量的就业机会，还能通过投资乘数效应，有力推动整个经济体系的有效需求扩张，实现国民收入的显著增长。

（二）产品属性

从产品的角度剖析，会展具有鲜明的产品属性。会展作为产品和服务的有机集合体，在自身产业结构、产业链以及市场运作规律的共同作用下，具备突出的商业属性。

这种商业属性能够产生强大的经济集聚效应，不仅能为会展活动的组织者和参与者带来直接的经济收益，还能对周边产业产生显著的拉动作用。

会展活动，尤其是大型国际会展，能够像巨大的磁石一样，汇聚各国、各地区的客商，为会展举办地搭建起对外经济贸易交流与合作的广阔平台，有效降低贸易成本。

贸易性展览通常采用规模经营策略，在相对集中的场所将特定行业的众多企业聚集起来，展示和展销各类产品。这不仅方便当地和外地的采购商在展览会上对所需产品进行全面的比较和选择，避免了为寻找优质供货对象而四处奔波的麻烦，同时也使参展的供货商能够迅速接触到大量潜在客户。

根据英联邦展览业联合会的调查数据，展览会是优于专业杂志、直接邮寄、推销员推销、公关、报纸、电视、会议等手段的最有效的营销中介体。通过一般渠道找到一个客户，平均成本需要219英镑，而通过展览会，平均成本仅为35英镑。各类展览，如交易会、洽谈会、展览会等，往往能够促成大量合同和合作意向的达成。

以第136届广交会为例，其出口意向成交额高达249.5亿美元，较上届有所增长。广交会创办68年来，累计出口成交约1.5万亿美元，与229个国家和地区建立了贸易关系，对我国对外贸易的发展起到了举足轻重的推动作用。

随着会展的产品属性不断增强，会展逐渐走上了品牌化的道路。会展品牌是指会展项目或会展活动具有固定的名称、标志，在会展产业中具有一定的知名度、代表性和影响力，能够引领会展产业发展方向，促进会展产业链发展。

品牌通过对商标进行注册、专利申请、版权申请，为产品提供法律保护；品牌可以为顾客提供口碑，建立顾客在选择商品过程的凭证；独特的品牌还可以收获独特的受众，帮助打开市场，传播价值观。

会展的品牌化建设，不仅提升了会展行业的整体竞争力，还促进了会展资源的优化配置，有力地推动了会展行业实现高质量发展，使其在全球经济格局中占据更为重要的地位。

（三）社会属性

从社会层面来看，会展具有显著的社会属性。会展是在政府支持与指导下的大型集聚性社会活动，在组织和管理过程中会对社会产生广泛而深远的影响。

面对大型突发性事件，政府指导下的风险预警系统能够为会展活动提供切实有效的解决方案，确保活动的顺利进行和参与者的安全。会展活动涉及众多行业，能够为会展举办地创造大量的就业机会。

例如，一年两届的广交会直接拉动全职或兼职就业人数为10.92万人，间接拉动全职或兼职就业人数为194.16万人，直接和间接带动的就业人数合计205.08万人。

当会展形成一定的产业规模后，不仅能提供大量的短期就业岗位，还能创造长期稳定的就业机会。国际展览业协会首席执行官柯世祺表示，全球会展业每年可提供340万个就业岗位，覆盖工业、旅游业、服务业等多个领域。

此外，不同类型的会展活动具有独特的社会价值。举办公益性会展活动，有助于推动地方精神文明建设；举办政治宣传类会展，有利于政令畅通；举办司法展览，能营造良好的社会治安秩序；举办文体类会展，能丰富人们的业余文化生活；举办科教类会展，能提升全民素质。这些具有正向外部效应的会展活动，极大地丰富了人民群众的物质文化生活，显著提升了生活质量。

（四）文化属性

从文化视角探究，会展具有深刻的文化属性。作为文化传播的重要载体，会展本质上是对特定领域文化进行系统策划、立体呈现与深度对话的过程。会展文化不仅体现了会展活动的文化背景与基因，也反映了会展工作者的精神风貌与专业气质。

回顾历史，许多划时代的发明创造，如电话、留声机、电视机等，都是首先在展览会上进行展示和推广的。参展商通过参加展会，能够向国内外客户推出新的产品系列，推广品牌形象。通过与国内外买家直接接触，参展商能够迅速、全面地了解市场情况，尤其是本行业的最新潮流趋势、产品发展方向和客户需求偏好，从而更精准、高效地推销产品。

参观者通过参与展览会，能够深入了解供货商、产品、新技术以及市场等信息。在展览会期间，配套举办的各种主题报告会、研讨会、技术交流活动、产品介绍会和新闻发布会等，能够为参展商和观众提供大量的新技术、新观念、新意识和新行情等信息。

会展促进了不同地域文化的碰撞与融合。国际大型会展，如世界博览会，汇聚了来自全球各个国家和地区的文化元素，各国展馆各具特色，将本土文化中的建筑风格、传统工艺、民俗风情等毫无保留地展示出来。在这个过程中，不同文化相互交流、相互借鉴，催生出新的文化创意和理念。

会展文化还具有强大的传播力，借助互联网、社交媒体等现代传播手段，会展所承载的文化信息能够迅速扩散到全球各个角落，让更多人有机会接触和了解不同文化，从而推动文化的全球化传播与共享。

二、会展的特征

在了解会展的属性之后，我们进一步探究会展的特征。现代会展活动在长期的发展过程中，逐渐形成了相对稳定的市场规律，其独特的产业特征主要体现在以下两个层面。

（一）三大鲜明特征

1. 概念化运作

概念化运作是指会展活动的策划与实施高度依赖对概念的精心打造和运用。具体到每一项会展活动，尤其是重大会展节事，通常会通过"主题、标志、LOGO、吉祥物、相关事物、日期、地点"等要素构建独特形象。

这一过程本质上是对品牌进行全方位设计与定义，品牌概念化运作是实现品牌立本的重要前提。会展品牌往往承载着一个城市的文化内涵，是城市文化品牌的重要标志或代表。会展活动通过巧妙运用文字、语言、声像等要素进行综合概括，在人们心中留下深刻印象。

例如，某国际科技会展以"创新驱动未来"为主题，通过富有科技感的标志、充满创意的LOGO和可爱的吉祥物，以及精心挑选的举办日期和地点，向全球展示了其聚焦科技创新的独特形象。

2. 品牌立本

品牌立本意味着会展活动以品牌建设为核心，凭借良好信誉在市场竞争中取得优势。会展的品牌立本主要是会展活动主办方的工作，其影响体现在三个方面。

以展览会为例，对主办方来说，成功实现品牌立本能够提升产品价值，在同类品牌中获得市场竞争优势；对参展商而言，品牌立本有助于他们在众多同类品牌中进行识别和选择，获得更高的参展价值；对观众来说，品牌立本能帮助他们在众多会展品牌中做出明智选择，获得更优质的参展体验。

会展品牌的建立并非一蹴而就，需要经历长期的品牌培育、系统的品牌塑造等一系列品牌建设过程。这一过程需要主办方通过科学的前期规划、高效的后期运营与管理，以及持续的改革创新，在市场竞争中不断拓展品牌范围、扩大品牌规模，引入创新思维，满足市场需求，逐步获得并提升品牌忠诚度，实现会展品牌的可持续发展。

3. 公共性和市场化的两重属性并存

会展活动具有公共性和市场化并存的特点。公共性体现在会展活动的举办并非单纯以营利为目的，而是更注重社会公共利益。例如，各类成果展和社会公益活动等，通过会展平台向社会公众展示成果、传递公益理念，推动社会发展与进步。市场化则表现为会展活动主要通过市场化运作手段，以获取利润为主要目标。例如，各类贸易展和交易会等，通过吸引企业参展、客商采购，实现商业价值的创造。

即使是以市场化为导向的会展活动，也往往会兼顾公共性，在追求经济效益的同时，注重对社会公共利益的贡献。比如，某贸易展在促进商业交易的同时，也会设置公益展示区，宣传环保理念。因此，公共性和市场化是并存的。

然而，随着行业竞争加剧、展览专业服务需求提高以及会展品牌化发展，一些展会在市场化与公共性的平衡中逐渐显现出分离趋势。一方面，主办方为了追求更高的市场回报，将精力更多集中在开发各类商业活动上，导致公共部分被缩减。另一方面，由于政府和社会组织的资源有限，他们会更倾向于将有限的资源用于扶持面向大众的公共服务平台，这使得一些原本兼顾双重属性的展会开始转向单纯的市场化运作，只在个别地方保留一些公共元素。

（二）其他特征

1. 集中性

会展活动的突出特点之一是人流、物流和信息流的高度集中。会展主办者通过精心组织，将各地的各界精英汇聚一堂举办会议；邀请众多参展商将大量展品集中展示在精心设计的展厅内，并吸引大量观众前来参观。会展活动的参与者能够在短时间内实现高效的信息交流和产品交换。

以香港为例，2024年香港两个大型会展专用场地（香港会议展览中心和亚洲国际博览馆）举办了350场会展活动，参与人次达到917万。根据香港旅游发展局的统计，2024年访港过夜会展旅客人数约为142万，人均消费约7800元。

世界博览会更是集中性的典型代表，1889年巴黎博览会的与会总人数达3200万；1970年大阪世界博览会的入场总人数达6400万；1992年西班牙塞维利亚世界博览会展出176天，吸引了来自五大洲108个国家的约4200万人次；2000年德国汉诺威举办的世界博览会在153天中总共接待了1800万人次；2010年上海世博会的接待人数超过了7000万。

会展活动将大量人员、产品、技术和信息在特定时间和空间内集中起来，这种生产要素的高度集中能够显著提高资源利用效率，产生成本节约、收入增加或效用提升等聚集经济效应。

第七届进博会吸引了近3500家企业参展，跨国企业带来的新产品、新技术、新服务首发首展达到450项，意向成交金额达到800.1亿美元。

如果没有展览会，一个客商可能需要花费大量时间进行实地考察才能获取所需信息，一个参展商也可能需要投入更多时间和资金才能接触到潜在客户。会展的集中性为其开放性奠定了基础。

2. 开放性

会展的开放性首先体现在展者与览者之间的双向互动交流上。与传统媒介单向传播信息的模式不同，在会展活动中，参展商与观众之间、参展商与参展商之间、观众与观众之间都能进行多向信息交流与互动。特别是现代展览，非常注重观众的直接参与，通过设置操作、演示、咨询、座谈、讨论、交流以及娱乐、购物、旅游等活动，让观众能够深度参与会展活动。

随着全球各国政府和企业对会展活动的重视程度不断提高，越来越多的企业积极参与世界各地的会展活动，通过会展平台进行产品营销、拓展市场、寻求发展机会，这使得会展的开放性呈现出国际化特征。

在政策层面，会展的开放性更是与国家发展战略紧密相连。以中国国际进口博览会为例，它由中华人民共和国商务部和上海市人民政府主办，是世界上第一个以进口为主题的大型国家级展会，是中国支持贸易自由化和经济全球化、主动向世界开放市场的重大举措。在举办过程中，政府出台了包括税收优惠等一系列政策，吸引了全球众多企业踊跃参展。不同国家和地区的参展商带来了各自领域的前沿产品、创新技术和先进理念，为全球企业搭建了一个共享中国发展机遇、实现互利共赢的国际平台。

3. 文化性与艺术性

会展在组织和举办过程中，充分体现了其文化属性。谁懂得会展文化，谁能把会展文化的理念很好地体现出来，谁就能胜出。以中国—东盟博览会为例，中国和东盟国家在展会举办期间除了谈生意，还会聊文化、讲情怀。随着中国—东盟合作走向深入，包括文化交流在内的人文交流合作正成为中国—东盟关系的新支柱，展现出广阔的发展前景。

同时，会展也是具有艺术审美价值的活动。会展主办者和参展商通常会综合运用声、光、色、形以及文字、图像等艺术手段，精心打造会展场馆、展品展示和环境氛围，使其达到极佳的展示效果。艺术门类中的美术、音乐、电影等行业也会经常运用会展展示其艺术成就，如美术展、文艺晚会、电影周、影视节等。

4. 亲历性与体验性

德国工程师奥斯卡·冯·米勒提出，科技展览的展品设计应尽量简化，以方便观众操作，同时在展品制作的同时，还需要考虑到坚固耐用。

随着市场竞争日益激烈，全球大大小小的会展数不胜数，会展参与者已不仅仅满足于走马观花地观看，更关注的是会展活动能否带给他们不同于以往的亲身体验。会展几乎云集行业产业链中的所有物品，将各个分散的产品集结在一起，一次性给消费者提供完整的消费价值，消费者可以看、可以摸、可以用，为消费者创造一次愉悦的、积极参与的体验活动，正是会展的魅力所在。

因此，亲历性与体验性成为会展的重要特征。现代展览注重观众的直接参与，通过设置各种互动活动，让观众能够亲身参与操作、演示、咨询、讨论、交流以及娱乐、购物旅游等活动，获得独特的亲历体验。

与此同时，数字媒体技术的发展极大地提升了参展者的体验感和参与度。数字媒体技术可以创造出丰富多样的互动展示方式，如触摸屏、虚拟现实、增强现实等。通过这些技术，参展者可以直接与展品进行互动，更加深入地了解展品。这种互动展示不仅提升了展览的吸引力和趣味性，还使得参展者对展品产生更加深刻的印象，从而有效加深了参展者与企业之间的互动和交流。

5. 综合性与融合性

会展具有极强的综合性。一方面，会展活动的内容广泛，涵盖了国民经济的各个产业，包括第一、第二、第三产业，以及非产业的行政、社会团体等。另一方面，会展活动的方式也具有综合性，在现代会展中，展中有会、会中有展的现象很常见，形成了会议、展览、经贸、观光、休闲、娱乐和节庆表演等多种活动相互融合、相辅相成的活动模式。

会展业的各个组成部分相互渗透、相互促进。例如,奖励旅游的选址和策划越来越多地与当地的大型展览、会议、研讨会等结合,既节约了成本,又提高了效益。

又如,2025年上海旅游产业博览会通过资源聚合和生态孵化,成功搭建起"旅游+百业"的产业链平台。展会以4大集群展、浦东浦西4大展览馆、6000余家参展商的规模,在5天的展期内迎来了148个国家和地区的45万名观众,展会所带来的文旅商体展联动效应约在10亿元以上。4大集群展包括HOTELEX上海国际酒店及餐饮业博览会、上海旅游产业博览会主题馆、上海国际游艇展暨生活方式上海秀,以及上海国际酒店及商业空间、办公及公共空间博览会,充分展现了会展活动的综合性和融合性,为参展商和观众提供了前所未有的交流与合作机遇。

6. 创新性

创新是引领发展的第一动力。在快速发展的时代,创新性是会展持续发展的关键。只有不断地与时俱进、开拓创新,才能始终保持会展的生命力与吸引力,在激烈的竞争中脱颖而出。

当前,会展的创新性主要体现在主题创新和技术创新两方面,主题上紧跟时代潮流,关注社会热点和行业趋势,从而吸引更多参与者。技术上不断创新展示形式和内容,利用人工智能、虚拟现实、增强现实等技术创造沉浸式、智能化的参展体验,提升会展的吸引力和影响力。

会展品牌化建设是我国会展业创新发展的重要成果,以进博会、服贸会、广交会、高交会等为代表的品牌展会,成为汇聚国际高端要素、服务对外交往、促进新质生产力发展的重要平台。

"会展+"模式在我国的积极探索同样展现了当下会展业的创新特质,它代表一种新的社会形态,充分发挥会展对各行各业资源的集聚作用和对各行各业转型升级的促进作用,将会展的创新成果深度融合于经济、社会各领域之中,提升各行各业的创新力和生产力。

三、会展的作用

(一)会展对企业的作用

在市场经济的广阔天地中,企业宛如逐浪前行的航船,不懈探寻发展机遇与突破路径。而会展活动,恰似一座为企业精心搭建的多功能桥梁,在企业成长与壮大的征程中,发挥着多维度的关键效能。

1. 高效宣传产品

在竞争激烈的市场环境中,新产品急需一个"强力扩音器"来进行宣传。会展便是这样一个高曝光的展示舞台,凭借其在行业内的广泛号召力与市场上的强大影响力,助力企业高

效宣传产品，精心雕琢品牌形象。尤其是对于刚叩开市场大门的新产品，会展的宣传效能堪称事半功倍。以国际消费电子展(CES)为例，每年展会期间，全球各大科技企业纷纷携最新研发成果亮相，从革新性的智能穿戴设备，到引领潮流的智能家居系统，一经展出，便迅速吸引全球媒体与消费者的目光，极大地提升了产品的市场热度与知名度。

2.深度开拓市场

企业发展之路，离不开市场的持续拓展与精耕细作。当企业踏上会展这片充满商机的土地，便如同置身于一个有着无限可能的商业宇宙。在这里，一方面，企业能够吸引众多怀揣合作诚意的商家主动靠拢；另一方面，也有机会与积极展示实力的优质供应商达成深度合作。会展犹如一条坚固纽带，将生产者与广阔市场紧密相连。企业可依据会展期间签订的订单合同，科学规划生产节奏，牢牢把控生产主动权。例如，中国国际进口博览会吸引了海量国外企业踊跃参与。借助这一平台，这些企业成功对接中国庞大的消费市场，觅得优质合作伙伴与稳定销售渠道，实现了业务的跨越式增长。

3.直观展示产品

采购方在做出采购决策时，直观了解产品特性与质量至关重要。在会展现场，参展企业精心布置展位，以直观、生动的方式全方位呈现商品。这种展示模式为采购方提供了广阔的挑选空间，使其能在琳琅满目的产品中精准筛选。采购方可以实地观察产品材质、工艺细节，亲手触摸感受产品质感，从而精准评估产品质量与价值。这种采购模式不仅有效地降低采购成本，还能确保采购到契合需求的优质产品。例如，在各类家具展览会上，采购商可以亲身体验不同家具的舒适度，观察其做工细节，进而挑选出最心仪的产品。

4.加强沟通交流

企业发展进程中，有效的沟通交流是汲取养分、茁壮成长的关键。会展活动为贸易双方搭建起一座高效沟通的桥梁，有力促进双方情感升温与信息畅达。通过深度沟通，企业能够精准洞察市场需求的动态变化，敏锐捕捉行业发展趋势。这不仅有助于企业推动产品升级迭代，提升产品市场竞争力，还能促使企业借鉴先进管理理念与经验，优化自身管理模式。以汽车行业展会为例，车企通过与零部件供应商、经销商以及消费者的深度交流，能及时获取市场反馈，优化产品性能，提升服务质量，从而在激烈的市场竞争中脱颖而出。

5.创造经济效益

从本质上讲，企业参与会展活动，核心目标之一便是创造经济效益。通过会展平台，企业实现产品销售增长与业务拓展，进而收获利润。企业经济效益不仅为自身发展注入资金活力，也为国家税收添砖加瓦，有力推动经济发展与社会进步。

会展为企业在产品展示、产品宣传、市场开拓、沟通交流以及经济效益创造等方面，提供了全方位、多层次的有力支持。企业借助会展东风，得以在市场浪潮中破浪前行。

以企业参加广交会为例，作为全球规模最大的贸易盛会，第136届广交会吸引来自214

个国家和地区的25.3万名境外采购商，出口意向成交额达到249.5亿美元，参展企业能够直接对接来自全球各地的专业采购商，获取海内外订单，为自身创造可观的经济收益。

企业通过参展还可以及时把握国际市场最新趋势，了解同行竞争动态，收集前沿产品信息，从而调整产品结构和市场策略。广交会期间举办的行业论坛和发布会，更为参展企业提供了获取市场情报、学习成功经验的机会。

此外，参展企业在集中展示企业形象和产品实力的同时，通过与全球客商面对面交流，能够有效提升国际知名度，逐步建立品牌信任度。特别是对中小企业而言，广交会的平台效应能有效弥补企业营销短板，帮助企业突破地域限制，快速打开国际市场。

而会展的影响力不止在企业层面，对城市发展同样意义非凡。当我们把目光从企业转向城市，会展与城市发展之间千丝万缕的联系便逐渐清晰。下面，我们将详细阐述会展对城市发展的作用。

（二）会展对城市发展的作用

城市，作为人类社会经济、文化活动的核心承载地，其发展水平是一个地区综合实力的直观体现。会展业作为现代服务业的关键构成，与城市发展紧密交织、相辅相成。在我国城市经济结构持续优化升级的进程中，会展业已悄然成为衡量城市开放程度、发展活力与潜力的重要标尺。

1. 提升城市知名度与美誉度

在信息传播无远弗届的当今时代，城市的知名度与美誉度，是吸引投资、促进旅游、提升综合竞争力的关键要素。一场成功举办的会展活动，宛如为城市量身定制的一张闪耀名片，能迅速提升城市在国内外的知名度。会展全方位展示城市的经济实力、科技底蕴、文化魅力与独特风貌，将城市的迷人之处毫无保留地呈现给世界各地的参会者。

2010年上海世博会的盛大举办，让全球真切领略到上海作为国际化大都市的魅力与实力，极大提升了上海在国际上的知名度与美誉度。城市知名度与美誉度的提升，又会吸引更多国内外投资，推动旅游业蓬勃发展，为城市经济持续增长注入新活力。

2017年，上海会展研究院（SMI）编制并发布了《会展蓝皮书：中外会展业动态评估研究报告2016》，其中包含《世界会展城市实力报告》，报告首次提出并运用会展指数综合评价对世界会展城市进行了综合实力的全面排名，得到的世界会展城市如表2-28所示。

表2-28　世界会展城市

地区	国家	城市
欧洲（35个）	德国（10个）	汉诺威、法兰克福、科隆、杜塞尔多夫、慕尼黑、纽伦堡、柏林、莱比锡、埃森、斯图加特
	意大利（7个）	米兰、博洛尼亚、维罗纳、巴里、罗马、里米尼、帕尔马
	西班牙（4个）	巴塞罗那、瓦伦西亚、马德里、毕尔巴鄂

续表

地区	国家	城市
欧洲(35个)	英国(3个)	伯明翰、范堡罗、伦敦
	法国(2个)	巴黎、里昂
	荷兰(2个)	乌得勒支、阿姆斯特丹
	瑞士(2个)	巴塞尔、日内瓦
	俄罗斯(1个)	莫斯科
	比利时(1个)	布鲁塞尔
	波兰(1个)	波兹南
	捷克(1个)	布鲁诺
	瑞典(1个)	哥森堡
亚洲(13个)	中国(9个)	香港、广州、重庆、上海、武汉、成都、北京、深圳、厦门
	新加坡(1个)	新加坡
	泰国(1个)	曼谷
	韩国(1个)	首尔
	土耳其(1个)	伊斯坦布尔
北美洲(7个)	美国(7个)	芝加哥、洛杉矶、拉斯维加斯、亚特兰大、休斯敦、新奥尔良、路易维尔

(来源:《世界会展城市实力报告》)

2024年11月1日,由中国会展经济研究会主办的2024中国会展城市产业合作大会暨会展城市竞争力指数发布活动在成都举办,会上发布了《2023年度中国城市会展业竞争力指数报告》,如表2-29至表2-34所示,报告涵盖直辖市、计划单列市、副省级城市、省会城市、地级市、县级市及县城等多个层级的城市。

表2-29　2023年直辖市会展业竞争力指数排名

序号	城市	城市会展业竞争力
1	上海	75.985
2	北京	63.940
3	重庆	30.587
4	天津	25.444

表2-30　2023年计划单列市会展业竞争力指数排名

序号	城市	城市会展业竞争力
1	深圳	53.711
2	青岛	32.952
3	厦门	32.150

续表

序号	城市	城市会展业竞争力
4	宁波	27.341
5	大连	19.224

表 2-31　2023年副省级城市会展业竞争力指数排名(前十)

序号	城市	城市会展业竞争力
1	广州	67.704
2	成都	47.544
3	南京	40.513
4	杭州	39.894
5	武汉	31.962
6	西安	30.331
7	济南	30.041
8	沈阳	23.461
9	长春	17.576
10	哈尔滨	15.869

表 2-32　2023年省会城市会展业竞争力指数排名(前十)

序号	城市	城市会展业竞争力
1	长沙	33.205
2	合肥	30.874
3	郑州	28.374
4	福州	22.502
5	昆明	17.763
6	石家庄	17.344
7	南昌	17.312
8	海口	16.631
9	南宁	16.536
10	贵阳	14.161

表 2-33　2023年地级市会展业竞争力指数排名(前十)

序号	城市	城市会展业竞争力
1	苏州	30.356
2	佛山	24.227

续表

序号	城市	城市会展业竞争力
3	无锡	23.527
4	珠海	20.664
5	东莞	18.605
6	常州	18.569
7	绍兴	17.588
8	中山	16.917
9	泉州	16.662
10	烟台	16.274

表 2-34　2023 年县级市与县城会展业竞争力指数排名(前五)

序号	城市	城市会展业竞争力
1	义乌	22.021
2	常熟	16.119
3	宜兴	15.015
4	慈溪	14.706
5	昆山	14.293

(来源:《2023年度中国城市会展业竞争力指数报告》)

2. 创造可观经济收益

会展业不仅对城市形象塑造贡献卓越,还能为城市带来实打实的经济效益,主要体现在直接经济收益与间接经济收益两个层面。

从直接经济收益来看,会展业本身就是一个高附加值的产业,场租收入、展位搭建、广告赞助、运输服务等业务环节,能够为城市创造可观的直接财政收入。

同时,会展业对城市经济具有显著的间接拉动作用,会展活动的举办会带动周围酒店、餐饮、旅游、交通、金融等相关行业协同发展,为这些行业创造海量商业机会。

例如,2023年郑州共举办展览活动153场,展会现场累计达成意向成交额约1629亿元,同时有效带动郑州市住宿、餐饮、交通、物流、广告等行业消费约334亿元。

3. 增强城市竞争力

在全球城市竞争白热化的大背景下,提升综合竞争力是城市发展的核心诉求。对举办会展的城市而言,大型国际会议、展览活动的成功举办,能迅速提升城市经济实力。通过会展活动,城市加强与国内外的经贸合作与交流,推动经济、科技、文化等领域协同共进。

同时,会展活动助力城市改善基础设施建设,优化投资环境,提升国际形象。这些积极效应相互交织，最终带动城市经济全面协调发展，提升城市在国际舞台的地位，增强城市综合竞争力。

2016年，G20杭州峰会的成功举办，使杭州一跃成为全球瞩目的国际都会，不仅加速了长三角地区的对外开放步伐，更显著提升了杭州在国际上的影响力。这场盛会推动杭州基础设施建设全面升级，数字经济产业蓬勃发展，为打造具有全球影响力的"数字之城"筑牢根基。

4. 推动城市基础设施建设

城市基础设施是城市发展的根基，会展业的发展对其有着强有力的推动作用。各类展览会和博览会的举办，要求城市配备完善的商业、餐饮、旅游、娱乐、交通等配套设施。

因此，为举办高质量会展活动，城市往往加大对基础设施建设的投入，优化道路交通网络，新建或扩建现代化会展场馆，美化市容市貌。例如，一些城市为举办国际大型会展，新建先进会展中心，同时对周边交通设施进行升级改造，不仅提升了城市基础设施水平，也为城市可持续发展奠定基础。

5. 促进城市经济贸易合作

城市经济发展离不开广泛且深入的经济贸易合作。会展活动为城市搭建了一个高效的经济贸易合作平台，蕴含着无限商业契机。在会展平台上，参展企业与采购商充分交流供需信息，快速达成合作意向。

在各类交易会、展览会和洽谈会上，大量购销合同、投资协议、合作意向书得以签订，短时间内促成海量商业交易。例如，义乌国际小商品博览会吸引全球各地采购商和供应商纷至沓来，每年在此达成的贸易成交额极为可观，有力推动了义乌当地经济发展，使其成为全球知名的小商品贸易中心。

由此可见，会展对城市发展的影响全面而深远，从城市形象提升到经济收益创造，从竞争力增强到基础设施建设推动，再到经济贸易合作促进，均展现出不可替代的重要价值。

会展与城市相互成就，共同谱写发展华章。而会展的影响力还延伸至社会文化层面，接下来，我们将深入探讨会展的社会文化作用。

（三）会展的社会文化作用

文化是一个民族乃至全人类精神世界的核心支撑，它承载着历史的记忆，蕴含着时代的价值，在岁月的长河中不断传承与演进。在全球文化交流日益频繁、文化需求日益多元的时代背景下，会展已逐渐成为推动文化传承、创新与传播的重要引擎。大型会展活动的举办，给社会文化生活带来了许多精彩。

1. 传承与弘扬区域文化

会展活动常常成为区域文化展示的重要窗口。通过展览、表演、互动体验等形式，会展将地方特色文化、民俗风情、历史传承等全方位展现给参观者。这种展示不仅有助于提升区域文化的知名度，还能激发公众对传统文化的兴趣与尊重，进而促进文化的传承与弘扬。

世博会作为全球瞩目的综合性会展，是世界各国展示自身科技、文化、艺术前沿成果与独特魅力的重要平台。从彰显独特文化理念的建筑外观，到蕴含深厚文化底蕴的馆内展品，都从不同维度展现出各国独特的文化风貌。参观者步入其中，就仿若开启了一场跨越时空与地域界限的世界文化之旅。

奥运会也不单纯是体育竞技的盛会，来自世界各地的运动员不仅在赛场上展现出卓越的竞技水平与拼搏精神，更作为本国文化的传播使者，让观众在观赏激烈赛事的同时，深入领略各国文化内涵，拓宽文化视野。世界杯同样如此，除了紧张激烈的足球赛事，各国球迷之间的文化交流以及围绕足球展开的历史文化展示，都为大众带来别具一格的精神体验。

2. 促进文化交流与融合

大型会展活动会吸引不同国家和地区、有着不同文化和想法的人聚在一起。会展举办地的居民在和这些人交流的过程中，就像打开了一扇通往不同世界的门，能接触到很多新的知识和想法。而且这种交流不是表面的，是很深入、持续时间很长的。

会展活动中五湖四海的文化元素，为不同文化间的交流与融合提供了契机，参观者可以近距离接触并了解其他民族、国家的文化，从而开阔视野，增进对不同文化的理解和尊重。这种跨文化的交流有助于构建更加开放、包容的社会氛围，促进全球文化的多样性发展。

以进博会的非物质文化遗产展区为例，来自全国各地的省份纷纷将他们独特的文化和特色带到这个国际性的舞台上，各省市的展区如同一幅幅生动的画卷，展现了中国各地的风土人情和地方特色，也用自己的方式讲述着中国故事。在这里可以体验从北到南、从东到西的地域风情，感受中国多元文化的深度和广度，为文化的交流与融合做出了积极贡献。

3. 提升公众文化素养

会展活动常常涉及艺术、科技、教育等多个领域，为公众提供了丰富的文化滋养。通过参观会展，公众可以接触到最新的文化成果、艺术作品和科技发明，从而提升自己的文化素养和审美能力。此外，会展还常常举办讲座、研讨会等活动，为公众提供学习新知识、新技能的机会。

以上海博物馆“大博物馆计划”为例，该计划提到要通过整合国际国内资源，打造系列大展，推动文明互鉴。在上海市文化和旅游局的大力支持下，上海博物馆将联合国内各省的文物局和文博机构，举办“何以中国”文物考古系列大展，系统深入展示我国考古工作和中华文明探源工程的突出成就，着力增强实现中华民族伟大复兴的精神力量。同时，上海博物馆还推出聚焦全球文明交流互鉴的“对话世界”文物艺术系列大展，尊重世界文明多样性，与大英博物馆、英国国家美术馆、法国卢浮宫等世界知名文物艺术机构合作，每年从海外引进高质量的展览，以文明交流超越文明隔阂、文明互鉴超越文明冲突，促进各国人民相知相亲，共建美美与共的文明百花园。

这种文化素养的提升同样体现在进博会的志愿服务中。进博会历经七载春秋，每年都有众多大学生踊跃投身志愿工作。七年间，累计有3.4万名“小叶子”在进博会期间提供志愿服务。他们与各国参展人员密切协作，深入了解各国的文化知识。在这一过程中，志愿者们不仅提升了自己的文化素养，还将在进博会期间的所学所感传递给身边的人，使更多人得以间接领略到世界文化的魅力。

上海市民也积极参与各类文化交流活动，如各国文化主题讲座、前沿科技成果体验活动等。这些活动为市民打开了一扇扇了解世界的窗口，让他们能够近距离接触和学习各国的优秀文化与前沿科技知识。如此广泛且深入的文化与科技交流，对上海产生了深远影响。城市的文明程度显著提升，居民的文化素养得到进一步提高，整个城市变得更加包容、开放。

4. 推动文化创意产业发展

会展业与文化创意产业紧密相连。许多会展活动本身就是文化创意产品的展示和交易平台。通过会展，文化创意企业可以展示自己的作品，寻找合作伙伴和投资机会，从而推动文化创意产业的繁荣发展。同时，会展活动也为文化创意人才提供了展示才华和交流经验的舞台，有助于培养更多优秀的文化创意人才。

在大型展览等活动举办过程中，文化创意已经成为一种普遍现象。以2024年中国(上海)国际家具博览会为例，展会规模达到35万平方米，参展商数量超过3000家，汇聚“新设计、新材料、新工艺、新技术”的领先品牌和服务商。中国原创家具品牌集中亮相是2024中国国际家具展览会的一大看点，既能在此看到成熟品牌的重塑与焕新，也能看到设计创新、材料创新、业态创新的崭新面孔，他们聚焦家居消费新需求，集中发布海量新品、精品、爆品、潮品，充分展示生产制造、原创设计、生活方式美学、品牌价值和文化表达上的创新与活力，让观众切身感受到文化创意带来的生活美学变革。

会展对社会文化的作用是多方面且深远的。它不仅促进了文化的传承与弘扬、交流与融合，还提升了公众文化素养，推动了文化创意产业的发展。会展与社会文化相互交织、相互促进，共同书写着人类文明发展的新篇章。除此之外，会展在科技传播层面也扮演着举足轻重的角色。

(四) 会展的科技传播作用

会展在科技传播方面，同样起着非常重要的作用。它就像一座看不见但很坚固的桥，把科研成果和社会大众连接起来。

1. 加速科技成果展示与推广

会展活动为科研机构、企业及个人提供了一个直观展示最新科技成果的舞台。通过展览、演示和互动体验，参会者能够近距离接触和了解最新的科技产品或技术解决方案。这种面对面的交流方式极大地加速了科技成果的传播，使创新技术更快地进入公众视野。

近年来，浙江坚持创新发展，2023年农业科技进步贡献率为67.97%。2024浙江农业博览会举办期间，汇聚了2646家参展企业、2.5万种产品，近百项农业科技领先成果纷纷亮相，吸引了32.51万人次现场参观采购，现场交易额超2.55亿元，展现了浙江智慧农业新图景。通过现场亲身操作演示，采购商能清楚地知道这些技术怎么提高生产效率、怎么让农产品质量更好，这大大推动了科技成果在农业方面的应用。

2. 促进科技交流与合作

会展期间会举办的各种研讨会与论坛，给科技领域的专家、学者还有企业的代表提供了一个交流合作的大平台。他们在这里分享最新的研究成果，讨论行业的发展方向，思想碰撞出更多新的创意。这样的交流让科技进步更快，也让科技成果能更快地运用于生产生活。

例如，在2024年BioV生命科技与再生医疗国际峰会上，国内国外的专家齐聚一堂，深入研究探讨细胞治疗、基因编辑、AI医学研发等前沿技术。峰会现场，诺贝尔奖得主与顶尖科学家共话再生医学与细胞治疗的前沿课题，国际顶级专家围绕生物医药的未来趋势展开深入研讨，有力地推动了生物医药领域的技术创新，促进了全球医疗科技的交流与合作。

3. 传播普及科技知识

会展在传播普及科技知识方面具有很大的影响力。通过媒体报道、网络传播等方式，会展中展示的科技成果能很快传播到很多地方，引起社会上很多人的关注和讨论。这些经由媒体与网络广泛传播的科技知识，配合会展现场直观生动的展示形式，能在更广泛的人群中引发强烈反响。

以2024汉诺威工业博览会为例，作为全球具有影响力的工业展会之一，本届汉诺威工业博览会吸引了来自约60个国家和地区的近4000家参展商，众多中国智造和绿色转型方案引发广泛关注。《人民日报》、新华社、中国新闻网、央视财经等中央级权威媒体都对其开展了专访、深度报道、视频播报等多形式的主题宣传。此外，微博、抖音、小红书、微信等社交媒体平台也为此次工博会增添了热度。汉诺威工业博览会借助媒体报道与网络传播，将众多如人工智能、先进制造等领域的科技成果迅速传播到世界各地，在社会上掀起了公众对工业科技发展的关注与讨论热潮，充分展现了会展在传播与普及科技知识方面的影响力。

4. 推动科技产业发展

会展活动能够有效整合科技产业链的上下游资源，促进科技产业的协同发展。通过展会现场的展示、洽谈与交流，产业链各环节企业能够精准把握市场动态，优化生产布局，在技术研发、产品创新、市场拓展等方面形成强大合力，从而全方位推动科技产业的高效发展与深度变革。

例如，第二十四届中国国际工业博览会展览总面积28万平方米，吸引全球28个国家和地区2600家参展商参展。数控机床与金属加工展、工业自动化展、节能与工业配套展、新一代信息技术与应用展、智慧能源展、新能源与智能网联汽车展、机器人展、科技创新展、新材料产业展9大专业主题展覆盖工业全产业链，整个产业链上的企业都能在工博会上展示产品、交流技术、拓展业务。这种集聚效应有助于企业发现新的市场需求和合作机会，推动产业集群的形成和壮大，完善科技产业生态，提升产业整体竞争力，带动相关产业的繁荣发展。

会展在科技传播方面的作用广泛而深刻，从加速科技成果展示与推广到促进科技交流与合作，再从传播普及科技知识到推动科技产业发展，都彰显出会展在科技传播中的核心价值。会展与科技相互促进，共同助力建设科技强国。

案例思考　上海世博会：点亮城市梦想，汇聚世界精彩

2002年12月3日，摩纳哥格林马迪会议宫外人头攒动。来自中国、韩国、俄罗斯、墨西哥、波兰等国的工作人员围绕在一起，紧张地等待着一个消息。

当地时间15点17分，经过国际展览局四轮投票，中国上海以54票对韩国丽水34票胜出，赢得了2010年世界博览会的主办权。当晚，中国政府举办盛大的招待会，国际展览局秘书长洛塞泰斯在请柬上写下："今天，世界诞生了一个伟大的希望。"

世博会，是世界博览会的简称，不同于普通的国际会议和展览，它为世界各国展示自己在经济、文化、科技等方面所取得的最高成就提供了一个舞台，是世界上规模最大、档次最高、影响深远的展览，被人们誉为世界文明的"奥林匹克"盛会。

面对艰巨繁重的任务和前所未有的挑战，中国举全国之力、集世界智慧，坚持发挥社会主义制度能够集中力量办大事的政治优势，紧紧依靠人民群众，深入开展园区党的建设，主动加强国际合作，为上海世博会取得成功提供了有力保障。

2010年4月30日，上海世博会开幕式在世博文化中心举行。作为全世界人民的世博会，灿烂的烟花与绚丽的水景在黄浦江上交相辉映，盛况空前。184天的展期内，200余个国家、地区和国际组织的参展团汇聚上海，吸引超过7300多万人次参观，让国际社会亲眼看到历史悠久的中国正在焕发青春，飞速崛起。

上海世博会围绕"城市，让生活更美好"的主题，秉承和弘扬理解、沟通、欢聚、合作的世博理念，创造和演绎了一场精彩纷呈、美轮美奂的世界文明大展示，以一届成功、精彩、难忘的世博会胜利载入世博会史册。

闪亮的"中国红"周围，全国31个省（区、市）及港澳台展馆，都拿出了自己的看家"绝活儿"，备受追捧。例如，呈现鸟巢、水立方、国家大剧院、天坛四个标志性建筑的北京馆；三面外墙采用1600盏LED灯的天津"竹立方"；以基因方式展现"京畿之地、魅力河北"的河北馆；展现灾后重建场景的四川馆；由5000多块曲线钢板连接而成的世博园最酷钢结构的湖北馆；还原港人"智能生活"的香港馆……各省区市馆日接待观众9万多人，接近国家馆接待能力的两倍，最高一天接待过14万观众。

7300多万参观者井喷般的热情、缓缓排队的耐心，令世界感动。不止一个海外展馆，被中国人异乎寻常的排队耐心与热情所打动，开始更新、充实自己的展示

来表示对游客漫长等待的尊重。

上海世博会的成功举办，是改革开放以来中国综合国力显著增强的证明，是古老的中华民族具有强大凝聚力和自强精神的证明，书写了中国人民同世界各国人民交流互鉴的新篇章，书写了人类各种文明交流互鉴新的一页。

（来源：澎湃新闻）

思考：

1. 上海世博会的属性与特征是什么？举办成功的主要原因有哪些？

2. 上海世博会在哪些方面发挥了积极作用？这对当今社会有何启示？

思考题

1. 中国国际进口博览会在促进开放型世界经济发展和助力人类命运共同体构建方面，采取了哪些具体措施？这些措施对中国和世界经济格局的长远发展有何意义？

2. 展览从内容、性质、规模等多个维度划分类型，这种分类方式如何为展览主办方、参展商和观众提供决策参考？请结合实际案例进行分析。

3. 数字会展相较于传统会展，在核心优势、展示形式和运营模式上有哪些创新？这些创新对会展行业的可持续发展会带来哪些机遇和挑战？

4. 会展的产业、产品、社会和文化属性如何相互关联和影响？以某一具体会展活动为例，阐述这些属性在活动中的具体体现和协同作用。

5. 会展在企业发展中，如何具体实现高效宣传产品、深度开拓市场和创造经济效益等作用？请分别举例详细阐述。

第三章

会展业与会展经济

章节概述

会展业，作为现代服务业的重要组成部分，正以其独特的魅力和强大的经济辐射力，成为推动地方乃至国家经济发展的新引擎。它不仅涵盖了展览、会议、节事活动等核心业务，还与上下游众多产业紧密相连，形成了复杂而有序的产业结构。会展经济，则是以会展业为依托，通过举办各类会展活动，带来直接和间接经济效益的一种经济形态。

学习目标

1. 明确会展产业结构、价值链要素构成，熟知经济活动过程与特征。
2. 了解中国会展业产业结构特点，把握产业未来发展趋势。
3. 掌握会展经济的功能与作用路径，理解会展经济运行规律。

素质目标

1. 会展业作为现代经济体系的重要组成部分，其完善的产业结构与价值链体系，对推动国家经济高质量发展具有关键作用。带领学生明晰会展业各环节和价值创造方式，奠定扎实专业基础，为推动产业发展贡献智慧。

2. 中国会展业在独特的国情背景下，形成了具有自身特色的产业结构。引导学生深刻认识创新与适应变化是产业发展的关键，帮助学生了解数智化、绿色化的会展业发展方向，鼓励学生树立与时俱进、勇于创新的职业理念，增强民族自豪感与产业自信心。

章前引例

上海打造国际会展之都，还需构造哪些“多点支撑”

3. 会展既是触摸世界的“窗口”，更是经济发展的“风口”，会展经济凭借其独特的功能与作用路径提振一方经

济运行。引导学生学习和弘扬“工匠精神”,以踏实严谨的态度探索、应用会展经济规律,成为推动会展经济稳健发展的“行家里手”,为中国特色社会主义经济建设添砖加瓦。

4.党的十九大报告提出,要展示“道路自信、理论自信、制度自信、文化自信”。引导学生在参与会展活动中,充分理解政府对会展行业的政策,注重展示中国传统文化的独特魅力,坚定“四个自信”。

第一节　会展业及产业结构

在当今世界经济发展全球化的背景下,会展业正以前所未有的速度蓬勃发展,被誉为“城市建设的加速器”,在全球经济格局中的影响力与日俱增,已成为第三产业中不可或缺的重要力量。我国会展业作为新兴产业,起步相对较晚,但随着社会主义市场经济体制的逐步完善以及政府政策的大力支持,会展经济取得了令人瞩目的成就,不仅成为推动城市经济发展的强大动力,更成为反映国民经济运行状况的“晴雨表”。

会展业具有参与国际治理、推动国际秩序变革、打造人类命运共同体的发展目标。会展业作为现代服务业的代表,其发展也应顺应这一目标,通过提升展会的质量水平,推动产业结构向国际化方向发展。党的二十大报告强调,构建优质高效的服务业新体系,推动现代服务业同先进制造业、现代农业深度融合。这为会展业的发展指明了方向,即通过会展平台促进不同产业之间的交流与合作,实现产业间的协同发展和创新升级。

本部分将深入探讨会展业的定义、产业结构、价值链特点以及它们在产业结构中的地位和作用,分析会展业如何通过自身的创新发展带动相关产业的融合与升级,为区域经济高质量发展注入新动力。同时,也将结合现有的相关数据,探讨会展业在推动产业结构优化过程中的实践经验和发展策略,为我国会展业的可持续发展提供参考和借鉴。

一、会展业的定义

随着我国会展业的发展,学术界对会展业边界的研究日益深入。不同学者从内涵或外延角度出发,提出了多样化的定义,这些多维度的研究视角推动了我国会展学科和行业的进步。

陈小通等(2016)认为,会展业可以定义为利用各种会展资源,以会展场馆设施为条件,为社会提供会展活动策划、组织场地及其配套设施和多项服务的经营单位的集合。Yang(2022)提出,会展业被广泛界定为一种以举办会议、展览为核心,整合商品展示、技术交流、投资洽谈和文化传播的综合性商业活动。张刘玲(2023)将会展业定位为“推动绿色经济发展的无烟产业”。

虽然一些学者提出了对“会展业”不同的理解,但目前我国关于“会展业”较有代表性的概念定义为,会展业是一种以会展公司和会展场馆为核心,以会议和展览为主要形式,为其他各种经济或社会活动提供服务，能够带来直接或间接的经济效益和社会效益，并能起到龙头作用的综合性服务产业。

(一)会展业产业属性划分

追根溯源，关于会展业的产业属性划分，可引用20世纪30年代世界经济学家关于“三次产业划分”的思想。当时的英国经济学家费希尔在其著作《安全与进步的冲突》中首次提出：第一、第二产业以外的所有经济活动统称为第三产业。第一产业是指通过人类劳动直接从自然界取得产品的部门，农业和采掘业属于第一产业；第二产业是指对第一产业和本产业提供的产品(原材料)进行加工的部门，即、工业和建筑业属于第二产业；第三产业是指为消费者提供最终服务和为生产者(包括三个产业的生产者)提供中间服务的部门。依据世界贸易组织《服务贸易总协定》关于服务贸易的分类，国际上会展业的划分属于服务贸易的领域。

会展业属于第三产业的范畴，符合经济学家关于三次产业划分思想，即“第一、第二产业以外的所有经济活动”；第三产业是第一、第二产业发展到一定阶段的产物，并以第一、第二产业的发展规模和水平为基础平台而得以不断向前发展。

根据《国民经济行业分类》(GB/T 4754—2017)的定义，会展业是会议业与展览业的合称。

这一国家标准在备注中对会议及展览服务的界定是“为商品流通、促销、展示、经贸洽谈、民间交流、企业沟通、国际往来而举办的展览和会议等活动”。

必须说明，在会展业中，展览业所指展览会系经济贸易展览。《经济贸易展览会 术语》(GB/T 26165—2021)将经济贸易展览会定义为“以贸易、投资和经济合作等商务活动为主要功能的展览会”。

关于会展业的行业界定及类别，首先应遵循一定的国际标准和国家标准，如表3-1所示。

表3-1 会展业的国民经济行业分类和代码表

代码				类别名称	说明
(字母)门类代码	(数字)大类代码	(数字)中类代码	(数字)小类代码		
L租赁和商务服务业(71-72)注:71-租赁业	72 商务服务业	728 会议、展览及相关服务	7281	科技会展服务	指以会议、展览为主，也可附带其他相关的活动形式，包括项目策划组织、场馆租赁、保障服务等相关服务
			7282	旅游会展服务	
			7283	体育会展服务	
			7284	文化会展服务	
			7289	其他会议、展览及相关服务	

(来源:《国民经济行业分类》(GB/T 4754—2017))

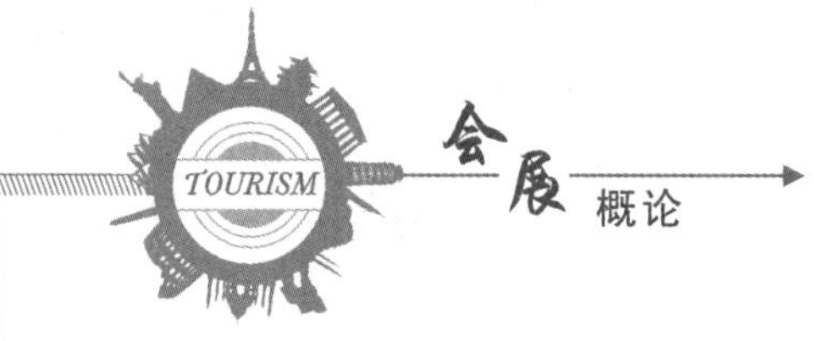

在我国，伴随会展产业特征的不断成熟，会展业也逐渐被视为一个独立的行业，被纳入国家的行业分类标准中。中国的《国民经济行业分类》标准与联合国统计署的《所有经济活动的国际标准行业分类》标准相对应。

（二）内涵特征型

从内涵特征的角度进行界定，可以认为"会展是以追求经济效益为主要目的，以企业化运作提供社会化服务，以口头交流信息或者集中陈列展示物品为主要方式的集体性和综合性活动"。可见，该类界定涉及追求经济效益、企业化运作、交流信息、集体性等内容，并触及会展的一些内涵本质，如特定空间、特定时间、集体性、交流等。

从会展活动的集体特征进行理解，可以认为会展业以集体协同为基础，是一种具备产业带动与资源整合功能的特殊经济活动形态。它以市场需求为导向，围绕特定产业或主题，集合各类相关资源，运用专业的策划与组织手段，以会议、展览、节事等形式呈现。

可以说，会展业作为"信息栈"平台，其核心是信息集中交互与物品的集体展示，着重创造群体多元价值与共享体验。从这一点看，会展业服务产业的特征相对弱化，而更体现为文化产业，是从人与人、人与物间关系的构建与互动展开思想、技术、文化、商业等多层面的交流。

譬如，在技术层面上，它是新技术、新成果的展示窗口，能够促进技术的传播与共享，助力产业技术升级；在文化层面，它承载着文化传播、理念交流的使命；在经济层面，会展又以促进贸易往来、带动产业发展、创造经济效益为重要目标。

（三）外延界定型

这种类型多先列举会展外延，再分别单独对每一类外延进行界定，依据产业的衍生性，对会展细分产业进行二次定义。这种"单独外延"型界定模式为很多学者采用，如常见的"MICE""MICEE"也统属该类。

在这一角度上，会展业是一种以展览、会议、大型节事活动等为主要表现形式，围绕各参与主体（参展商、观众、主办方等各方主体）提供全方位、个性化服务，而构建的综合性经济形态，主要目的是满足商业展示、文化传播、社交互动等多元需求，服务为其核心驱动力。

会展业所具备的显著附属性与衍生性，使其呈现出极为广泛的产业包容性与延展性。这种特性决定了会展业并非孤立存在，而是深度嵌入相关产业链之中，与众多产业形成紧密的互动与融合关系。

就衍生性而言，会展业在运作过程中，能够凭借其强大的辐射效应，带动一系列上下游及周边产业的协同发展，从交通、住宿、餐饮到广告、物流、搭建，甚至金融、保险等行业，形成了庞大且复杂的产业生态系统。如会展客户关系管理、会展法律实务、会展展示设计、会展产品开发与经营、会展物流、婚庆服务与管理、商业活动策划案例分析等相关产业，也应当归属于会展产业。

（四）内涵-外延型

内涵-外延型定义通过对会展业的本质内涵阐述，推导出会展外延，交叉性较强，且往往有狭义、广义之分。狭义的会展业围绕会议、展览的字面意义进行定义，而广义上则包含各类集体性的社会活动，即除了传统意义上的会议和展览，诸如大型节事活动、赛事活动、主题庆典等都被纳入会展业的范畴。这些集体性活动同样具备会展业的一些核心特征，如特定的时间和空间限制、集体参与性以及信息交流等。

以会展旅游为例，以促进旅游行业信息交流、资源整合与商业合作为主要目的，通过一定组织、运营方式，在特定时间和空间内，以集体参与的形式，借助会议、展览、节事活动等方式，实现旅游产品、服务展示以及旅游理念传播的经济与文化活动形态，应当都归属于“会展旅游”这一概念。因此，会展旅游主要包括旅游行业的会议和展览，以及文化表演、民俗活动、山地马拉松旅游赛等活动。

二、会展业的产业结构构成分析

（一）产业结构的定义

所谓产业结构是指各产业之间的技术经济联系与联系方式。产业结构优化则是指推动产业结构合理化和高度化发展的过程。前者主要是依据产业关联技术经济的客观比例关系，协调现存不合理的产业结构，促进国民经济的协调发展；后者主要是遵循产业结构演化规律，通过创新，加速产业结构的高度化演进。

（二）会展业产业结构的具体构成

依据产业关联程度，会展业的产业结构包括核心层、相关辅助层和支持层三层，如图 3-1 所示。

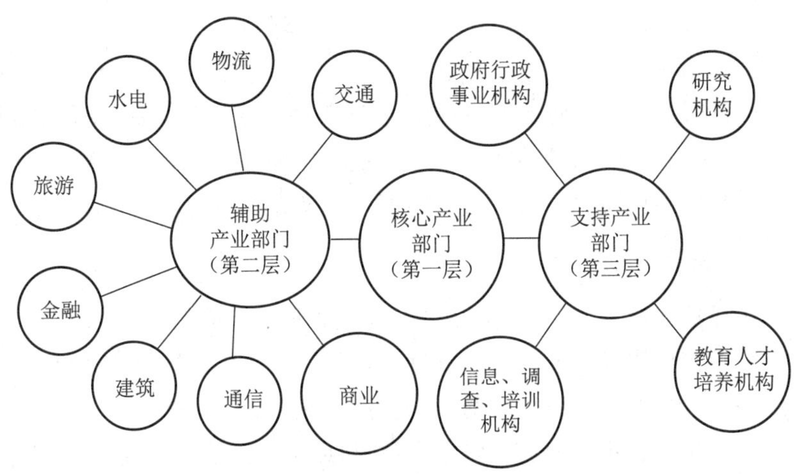

图 3-1　会展产业结构相关部门

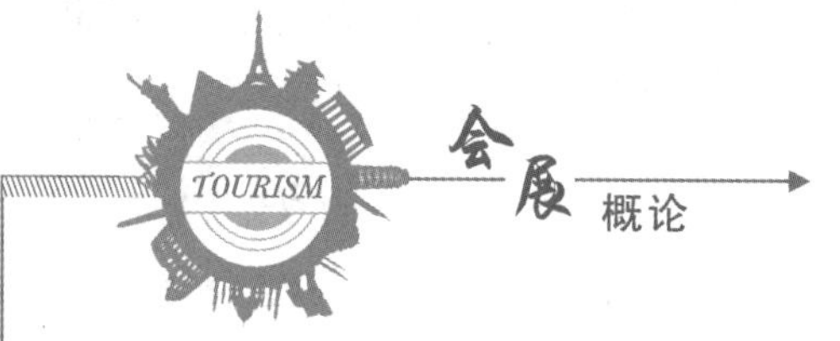

核心层,即核心产业部门(会展业内部部门),它涵盖会展策划部门、会展组织部门和会展服务部门,指从事会展项目开发、策划、组织、管理等业务的企事业单位,主要包括主营会展主承办公司、展览设计搭建公司、会展场馆、会展目的地管理公司等,其直接决定会展活动的策划、组织与实施,主导着会展活动,直接影响会展的质量与效果。

相关辅助层,即辅助产业部门(会展业其他相关部门),指围绕主营业务,凭借自身专业能力与资源优势,由其他行业或产业部门提供支持的企事业单位,主要包括商业、旅游、水电、交通、物流、通信、金融、建筑等。该层的划分依据在于其负责会展活动所需的场地设施、展品运输、信息传播以及展示环境搭建等关键支持环节,虽不直接参与会展内容创作,但对于会展的顺利举办有着不可或缺的作用。

支持层,即支持产业部门,指为会展项目的运行提供行业政策、信息支持、人事保障和政策扶持的政府部门、企事业单位。主要包括政府行政事业机构,信息、调查、培训机构,研究机构,教育人才培养机构等。

可见,会展业的产业结构和层次具有复杂性和多样性的特点,这是会展业与其他行业相互联系、相互影响的结果。

三、会展产业价值链及特征分析

(一)会展产业价值链的定义

产业链是一种或几种资源通过若干产业层次不断向下游产业转移,直至到达消费者的路径。它其实是在市场竞争中自发形成的企业之间的一种关系。

会展产业链是指在一定区域范围内(产业集聚的地理区域),会展主营业务企业(会展主承办、会展场馆、展览展示等企业)以所在区域的产业基础为依托,围绕某一主题,以某一会展活动为纽带,整合利益相关企事业单位(政府部门、旅游业、交通业、餐饮业、物流业、广告业、通信业等企业),通过物流、信息流、资金流、商流的优化和组合,会展活动服务于消费者(参展商、观众等)而形成的具有价值增值功能,并有较强竞争力优势的链网式企业战略联盟。

会展产业价值链,是指由策划、组织和管理会展活动的专业会展公司、会展场馆,以及提供旅游、通信、水电等会展支持的相关机构,是参展商、展览服务机构和最终消费者(观众)等多个部分相互影响而共同组成的价值关系稳固且具有价值增值功能的企业关系链条。

(二)会展产业价值链的特征

从产业价值链的视角来解析,会展产业结构部门也形成了成熟的产业价值链条。

会展产业链上游,即先导环节,包括会展的策划设计、宣传促销、招商招展等工作内容。其处于产业链的利益前端,是价值增值的起始。这一环节的主体企业主要分布于会展活动的计划阶段,为会展活动提供开发、策划、立项、注册以及会展活动的宣传、推广、招商招展、政府产业协调等策划、营销、组织业务的企业(会展主营业务企业)。一般是会展活动的开发者和会展品牌的拥有者,也可以是会展活动的专业管理公司(PCO或PEO)。

会展产业链中游,即中间环节,包括会展的组织实施、现场服务、协调管理等工作内容。

会展产业链中游(中间环节)的主体企业,主要是指依据主办方的要求将会展活动方案落在实处,具体执行会展设计的要求,从事会展活动的具体运作、组织实施和控制的公司和企业,起主导作用的是目的地管理公司(DMC)以及为会展活动举办提供场馆、设施及相关服务的企业组织。其核心工作是提供场地、组织接待、现场管理、展务协调、提供相关设施设备和服务、组织各种配套活动等。

会展产业链下游,即后续环节,包括会展的成果统计、合同履行、客户追踪等工作内容。

这一环节是客户进行消费的阶段,主要指能直接或间接为会展活动的客户如参展商、观众和与会者等提供服务的机构和部门(服务供应商、政府、主承办、场馆、PCO/PEO、DMC等)。涉及展览展示、商务接待、广告、交通、旅游、餐饮、通信、金融、保险、安全、保洁等机构和行业部门。

(三)会展产业链的引申内涵

会展产业链从形态上划分,可分为客流、物流、信息流和资金流等,并以此为传导中介形成独特的产业价值链条。

(1) 客流——围绕会展主体产业链中的客户。直接服务客流的有酒店业、餐饮业、旅游业、零售业、娱乐业、交通业、教育业、安保业、医疗保健业等。

(2) 物流——围绕会展主体产业价值链中的展品等。直接服务物流的有交通业、储运业、邮政业、保险业和海关、商检、外运等。

(3) 信息流——围绕会展主体产业价值链中的信息。直接服务信息流的有咨询业、通信业、广告业、传媒业、网络业、印刷业、出版业等。

(4) 资金流——围绕会展主体产业价值链中的资金。直接服务资金流的有银行业、保险业、信托业等以及会计、律师、咨询等中介机构。

(5) 科技流——会展活动各种科技知识、创新思维、策划理念、设计理念、营销理念、品牌理念集聚的活动。

(6) 文化流——众多来自不同国度、具有不同生活方式和文化背景的人群集聚于大型会展活动时,形成了潮涌式的多元文化的交融、思想的沟通、观念的碰撞和意见的交锋。

(四)会展产业链的功能

1. 加强了产业链整合,形成了产业集群效应

会展产业价值链上的企业在一定地理空间上集聚,通过加强上下游企业的合作和资源整合,形成更加紧密和高效的产业链体系,提升会展产业的整体竞争力。

2. 产生了链式效应,提升了服务质量

会展产业价值链上的企业相互依存、相互衔接,构成了一个完整的产业链条。会展主办

方通过链式效应，不断提升自身的专业素养和服务水平，为参展商和采购商提供更加优质、便捷的服务。

3. 不断进行推动技术创新，实现了价值创造与升级

会展产业价值链通过整合上下游企业的资源和优势，实现了价值最大化。同时，在数字经济时代，会展产业链又不断利用现代信息技术手段，如云计算、大数据、人工智能等，提升了展前、展中、展后全链条的数字化与智能化程度，将实体会展搬到了数字云端，从而提高并扩大了会展产业链的整体价值和服务质量。

以中国国际家具展览会为例，其凭借强大的影响力，吸引了会展产业链上众多企业在展会举办地这一特定地理空间集聚。从家具生产企业，包括各类品牌制造商、中小规模生产商，到上游的原材料供应商，如木材、皮革、五金配件等供应商，再到下游的物流运输企业、会展服务公司等，形成了一个完整的产业链体系。各企业通过中国国际家具展览会这一平台相互依存、相互衔接，加强了相互间的合作，优化了采购流程，降低了沟通、交易成本。同时，中国国际家具展览会利用大数据技术推出"博华家具优选"小程序，整合了产业链上下游企业资源，为参展商和采购商搭建了一个便捷的线上交流平台，实现了供需双方的高效对接，最大化挖掘了产业链的潜在价值。

综上所述，会展产业价值链是会展产业发展的重要支撑和保障。通过优化和升级会展产业价值链，可以推动会展产业的持续高质量发展，为我国国民经济发展远景目标注入新的活力。

四、中国会展产业结构特点

(一) 区域发展不均衡

会展产业结构水平作为一个国家或地区会展经济发展质量与水平的重要衡量指标，其内部产业结构决定了其产业发展的质量与水平。

2022年，叶前林等对我国会展产业结构综合水平均值进行了测评，指出会展产业结构水平可包含合理化、高度化和效益化三个层面。合理化指标包括会展产业总收入年增长率、会展产业收入区位熵[①]、会展企事业密度等要素，是决定会展产业结构水平的重要基础。其中，会展产业收入区位熵对会展产业结构合理化影响最大；高度化指标包括会展产业总收入占第三产业的比重、高需求弹性部门收入占总收入的比重、境外办展收入占会展总收入的比重等；效益化指标主要包括会展产业结构效益指数[②]、会展产业竞争力指数等。基于以上指标，对我国会展产业结构综合水平均值进行测评。结果显示，2009—2019年，北京、天津、上海、

---

① 熵，就是比率的比率。区位熵是由哈盖特所提出的概念，其反映某一产业部门的专业化程度，以及某一区域在高层次区域的地位和作用。

② 反映了会展产业结构水平对经济发展所做的贡献。

江苏、浙江、福建、山东、广东、四川、重庆等13个省市的会展产业结构综合水平超过全国均值，但仍有一半以上的省份会展产业结构综合水平低于全国均值，说明会展产业结构综合水平与该省份的经济实力具有高度一致性，基本上会展产业结构综合水平排在前列的省市，其经济发展水平也排在前列。从东部、中部、西部三大地区横向比较来看，在合理化方面，从高到低依次为东部地区、西部地区和中部地区；在高度化方面，从高到低依次为东部地区、中部地区和西部地区；在效益化方面，从高到低依次为东部地区、西部地区和中部地区；综合水平从高到低依次为东部地区、中部地区和西部地区。

可见，我国会展产业结构综合水平与会展产业结构高度化规律基本吻合。中国东部沿海地区，如长三角、珠三角和京津冀地区，凭借其优越的地理位置、较强的经济实力、便捷的交通网络以及丰富的人才资源，坐拥众多大型现代化会展场馆，如国家会展中心（上海）、广州的中国进出口商品交易会展馆等，每年举办大量具有国际影响力的展会，涵盖了各类行业领域。截至2023年，广东省以2889.44万平方米的展览面积跃升为全国第一，占有全国展览总面积五分之一的总量，并大幅超过上海市的1732.7万平方米。全国前三强的广东省、上海市和山东省，展会总数为2221个，展览总面积为5997.47万平方米，分别占全国的30.83%和41.81%。

在上市的会展公司中，公司注册地在北京的有9家，在上海、杭州的各2家，在天津、武汉、广州、深圳、昆明、苏州、长沙、成都的各1家。这些城市的会展专业化程度高，形成了较为完善的会展产业链，成为会展产业的主要集聚区。

相对而言，我国中西部地区会展产业发展仍相对滞后，尽管近年来在会展场馆建设和展会举办数量上有所增长，但与东部沿海地区相比仍存在较大差距。在展会规模、质量和影响力方面，中西部地区的展会多以区域性、专业性展会为主，国际性展会较少。同时，会展产业链的完善程度和会展企业的专业化水平也有待提高。不过，随着国家西部大开发、中部崛起等战略的推进，中西部地区也在加大对会展产业的投入，积极培育特色展会，推动会展产业的发展，如成都、重庆、西安等城市依托“一带一路”倡议，重点发展国际会议和产业主题展等，会展产业结构合理化及效益化水平均在不断提升。

（二）政府主导与市场驱动并存

部分发达国家会展业以市场主导为主，企业在会展项目策划、运营等方面拥有高度自主权，政府干预较少。在我国会展产业发展初期，政府发挥了重要的引导和推动作用。《国务院关于进一步促进展览业改革发展的若干意见》明确提出“简政放权”，推动政府从直接管理转向制定标准和监管。随着市场成熟，我国会展产业将逐渐向市场主导、政府引导的模式转变。

从宏观层面来看，我国地方政府通过制定区域性产业政策、规划会展场馆建设等方式，引导会展产业的发展方向与布局，比如在一些新兴产业聚集地，政府会大力扶持相关产业的会展活动，以提升该地区在特定产业领域的影响力。同时，许多大型国际会展活动，如中国国际进口博览会，政府不仅提供场地等硬件支持，还在外交协调、宣传推广等方面投入大量资源，提升展会举办地的国际影响力与吸引力。

随着会展产业的成熟与发展，市场驱动力量不断增强，市场化主体崛起，越来越多的民营或外资企业根据市场需求，自主策划和举办各类会展活动。截至2022年，中国民营会展企业占比超70%，但头部企业仍以国有资本为主(如中国国际展览中心集团公司、东浩兰生(集团)有限公司等)。除了行业协会与政府部门，一些企业或团体组织，基于对行业发展趋势和市场需求的敏锐洞察，也会自行筹办或委托专业展览公司，推出具有针对性的展会，精准对接行业内的需求。

（三）产业乘数效应突出

产业乘数效应是指某一产业中的投资或创新活动通过产业链的关联效应，带动相关产业的发展，进而引起经济总量的成倍增长。会展产业的发展对经济的带动作用不仅体现在直接的消费拉动上，还体现在对相关产业的间接促进和就业机会的创造上。

会展产业如同一个强大的引擎，与众多上下游产业紧密相连。此外，会展活动从筹备到举办，涉及策划、组织、搭建、服务等多个环节，又与交通、住宿、餐饮、旅游等服务业密切相关，创造了大量的就业岗位，涵盖了从高端的专业技术人才到基层的服务人员等不同层次。

目前，我国会展业经过多年的发展，初步形成了会展产业融合发展态势，多种新业态并驾齐驱。

现代会展产业是一种新型的第三产业，需求导向而非生产导向的特质使其具有较强的产业关联性和渗透性，使其更容易跨越产业边界与其他产业融合发展。同时，会展产业融合的模式具有一定的规律性和稳定性，在现实操作中可复制。

会展产业隶属第三产业，在第三产业内部，突破传统会展产业的服务、技术、物流或设计等不同类型的企业经营范围边界，突破传统固定的、相互独立的会展业态，通过主动延伸、被动渗透或者相互重组的形式与其他产业融为一体，这种形式称为“内部融合”。通过第三产业的内部融合，可以降低会展成本、整合会展资源、提高会展服务水平，产生“1+1>2”的效果。融合后的会展产业提供的服务具有多重第三产业属性，不仅包括交通、住宿、旅游等基本服务，还包括信息、文化等高附加值服务，并最终形成如会展旅游、会展信息等新业态。例如，会展与文旅产业的深度融合，为海南的经济发展注入了新的活力。依托自贸港政策的独特优势，海南积极创新会展模式，推出了“会展+免税购物”“会展+康养”等一系列特色会展模式，不仅丰富了会展内容，还有效带动了当地旅游业的繁荣。根据2021年海南省商务厅印发的《海南省会展业“十四五”发展规划》，到2025年，海南会展业综合收入达到600亿元，会展业增加值年均增长率达到12%，或将成为推动海南经济发展的重要力量。

会展产业不仅能与第三产业内部的其他产业融合，并且还可与外部的第一、第二产业融合，其融合的要素不但可以是功能与业务，还可以是产品与服务等。产业融合后，既可以会展业为依托，推动农业和工业的发展，又可以农业和工业为基础，发展相关业务、丰富会展项目、推进会展功能，这种形式称为“外部融合”。通过外部融合，可模糊会展业与第一、第二产业的边界，并在产业交界处衍生出新业态。新业态不但具有两种产业的特性，还具备全新的产业特征。但需要注意的是，会展行为的区域性和空间限制性，也使会展产业在融合其他产业的过程中受区域和空间的影响更大、要求更高。

目前，会展业与外部产业的融合的两大趋势和特点就是数智化模式与绿色节能模式加速发展。数智化模式即面向新质生产力，在数智技术赋能下走数字化发展道路，不断催生出新的业态特征，如线上会展、虚拟展厅等数字化模式得以普遍开展；绿色节能模式即会展业朝着绿色、可持续方向高质量发展。低碳措施促使会展企业采用新技术、新方法，带动产业升级，比如进博会设立环保主题区，展示清洁能源、节能设备等创新技术，推动绿色理念的应用等。

案例思考

第四届消博会发布了绿色办展指引，在参展、搭建、出行、餐饮、物流等各个环节使用环保可重复利用的材料，场馆及配套设施100%使用绿色电力，举办“绿色金融”论坛等系列活动，积极倡导绿色消费理念，打造成为“绿色、零碳”展会。打造“6+365天”持续运营的消博汇（市集），线下在海口、三亚等地搭建精品展示体验区，线上搭建“消博好物”交易平台，其中有2337件展品将成为长期商品，实现线下展示体验和线上销售相结合。

思考：

1. 结合案例，分析第四届消博会“6+365天”持续运营模式如何有效延长会展产业价值链。

2. 第四届消博会线上线下结合的消博汇（市集）模式，在促进展品变商品过程中可能遇到哪些挑战，又该如何应对？

第二节　会展经济及其功能

一、会展经济的内涵

（一）会展经济的定义

一般来讲，会展经济，是指以会展公司、会展场馆为基础，以完善的城市设施和健全的服务体系为支撑，通过举办各种形式的会议、展览或节事活动，为参与活动的个人或组织提供经贸洽谈、产品展示、文化交流或参观展览的便利，在获得直接经济效益的同时促进举办地相关产业发展的一种经济现象。

会展经济是我国创新驱动的重要着力点，具有高关联度与强溢出效应，尤其在一线城市中已成为产业结构升级的抓手。当前国内学者对于会展经济的定义主要从以下三个方面出发。

1. 基于产业关联及效能的综合性定义

廖大兴(2015)将会展经济定义为“以会议、展览为核心载体，通过集聚人流、物流和信息流，带动交通、住宿、旅游、商贸等关联产业发展的现代服务业形态”，并指出其具有“1:9的产业带动效应”。这一观点与魏建丽(2024)的观点类似，其认为会展经济逐年增长，会展是通过举办会议、展览、展销等带来经济效益和社会效益的经济形式，目前已成为社会发展新的经济增长点。马健(2017)则从功能角度补充，认为会展经济是“以会展活动为媒介，通过资源整合和要素流动，推动城市经济结构优化升级的新型经济形态”。

2. 基于对城市发展作用的视角

张赟(2013)在探讨上海建设国际会展中心城市时提出，会展经济需以“城市基础设施完备性、经济实力和国际化水平”为基础，其核心功能是“提升城市全球资源配置能力”。这一观点在廖大兴(2015)的钻石模型分析中得到呼应，其强调会展经济与城市竞争力的双向互动。

3. 基于时代背景，注重驱动力变革的视角

随着技术革新，早在2015年，任宁等就提出：会展经济的内涵需纳入“物联网、大数据和移动互联网技术驱动的资源整合模式”，强调其“信息化内核”对传统会展业态的改造作用。会展经济的发展事实也证明了其观点的前瞻性。当前，会展经济受新质生产力的影响，将继续保持高质量发展的态势，向数字化、绿色化转型。

综上，国内学界对“会展经济”的界定已从早期的“产业带动效应”描述发展为更具系统性的理论框架，尤其在数字化转型和城市能级提升方面已形成新共识。

（二）会展经济特征

1. 综合性与集聚性

会展经济具有综合性的特点。它可以在同一时空内形成临时性的产业集群，聚集包括会展业以及为会展提供服务的相关行业、参与会展活动的参展商和参展观众等众多参与主体。同时，会展经济能形成要素聚集，为参展企业和观众提供一站式服务的资金、技术、人才、信息等要素，从而促进信息交流和资源共享，提高了会展平台作用和交易效率。

2. 服务性与带动性

会展经济是第一、第二产业中的重要服务手段。会展活动的举办可为目的地带来直

接消费和间接消费，在为当地创造大量直接经济收入的同时还可以带来可观的间接经济效益。

3. 区域性与跨区域性

会展经济一方面是一定地理空间的经济形态，集合区域资源要素和条件发展会展业，实现会展经济效益；另一方面，会展经济可以把多区域的会展活动和会展产业纳入自己开放的体系中来，在特定的时间、空间，吸引跨区域、跨产业的要素，完成市场交易，实现资源配置的优化。

（三）会展经济的产生

会展经济的产生与发展是以微观经济行为主体为基础的，当会展业发展到一定阶段，在宏观经济体系或区域经济体系中起到主导、支柱作用，带动相关产业发展，成为经济体系市场竞争力的主要代表以及增量资产和增值资本的主要创造力时，会展经济应运而生。

会展经济产生的本质是经济系统从分散交换到集约化、专业化发展的结果。其核心逻辑可概括为以下三点。

(1) 存在需求拉动，贸易全球化与技术扩散催生集中展示与交易需求。

(2) 供给关系得到升级，工业革命推动基础设施专业化与服务能力的提升。

(3) 形成系统整合，政府、企业、城市等多方主体协同，形成“展览-产业-城市”共生生态关系。

未来，随着新质生产力的渗透，会展经济将进一步向智慧化、低碳化转型，但其历史根源与驱动逻辑仍将持续影响其发展路径。

二、会展经济的运行环境

（一）国际环境——经济全球化

经济全球化通过加速资源流动和产业协同，为会展业创造了国际化发展机遇，促进了跨国贸易交流、技术合作和信息沟通，提升了各国的国际影响力。根据UFI的统计，2022年全球举办的国际会展数量达到10000余场，参展商数量超过200万家，观众数量超过5000万人次。此外，在数字经济发展的背景下，数字技术推动了线上会展的兴起，打破了时间和空间的限制，为会展市场带来了新的增长点。虚拟会展、线上会展等形式逐渐成为连接国际市场的重要手段和方式，打破了会展市场的国际边界。例如，广交会云端平台突破了地理限制，实现全球买家24小时在线对接，2020年广交会线上展会交易额占比提升至35%。

在这样的国际环境下，机遇与挑战并存。一方面，数字经济背景下的全球化也加剧了会展市场的国际竞争。国际知名会展企业凭借丰富的经验、先进的技术和强大的品牌影响力，纷纷进入各国市场，给本土会展企业带来巨大压力。另一方面，数字技术条件下，会展主办企业资源配置更高效，资源流动更快捷，会展业与其他行业联系更加密切，展会国际化特征越来越明显。

在资源配置上，会展主（承）办企业可以跨地区在全球范围调配资源，如展品运输时，可通过大数据筛选全球优秀的物流公司，还能使用智能系统实时追踪货物位置，保证展品又快又准送到展馆；展台搭建时，参展商可用3D建模软件提前模拟展台效果，确保材料利用率最大化等。在资源流动上，新的会展技术更新速度快、市场普及率高，例如虚拟实境、增强实境技术在展会中的普遍和广泛应用能让观众获得更新奇的参展体验。会展行业和相关产业的联系变得更紧密，比如绿色展台搭建推动会展行业开始使用更环保的智能材料，推动整个产业链向高端、智能、环保方向转型等。全球化打破了地域限制，展览国际化越来越明显。展会主题紧跟全球经济热点，展会以专门设置国际展区等方式，邀请外国企业展示最新产品，吸引国际观众前来洽谈。中国会展企业也积极出国参展，2024年中国贸促会就审批通过了1166个海外参展项目，不断提升中国会展的国际影响力。

（二）政策环境

会展作为现代服务业的重要组成部分，对国家文化、经济和社会的综合发展水平有着直观的体现。随着对会展业的重视程度不断提高，我国政府相继出台了一系列相关政策，如表3-2所示。我国有关会展行业的相关政策主要聚焦于市场化、专业化、国际化等方面，旨在提升会展业的整体水平和国际竞争力，为会展业的发展创造了有利的政策环境。

表3-2　中国会展行业相关政策一览

发布时间	政策	重点内容
2024.3	《2024年政府工作报告》	办好进博会、广交会、服贸会、数贸会、消博会等重大展会
2023.12	《关于加快内外贸一体化发展的若干措施》	发挥好中国国家进口博览会、中国进出口商品交易会、中国国际服务贸易交易会等展会作用，培育一批内外贸融合展会，促进国内国际市场供采对接
2023.7	《关于恢复和扩大消费的措施》	促进文娱体育会展消费：鼓励各地加大对商品展销会、博览会、交易会、购物节、民俗节、品牌展、特色市集等活动的政策支持力度，进一步扩大会展消费
2023.4	《国务院办公厅关于推动外贸稳规模优结构的意见》	推动国内线下展会全面恢复。进一步加大对外贸企业参加各类境外展会的支持力度，持续培育境外自办展会、扩大办展规模
2022.1	《“十四五”数字经济发展规划》	加快推动文化教育、医疗健康、会展旅游、体育健身等领域公共服务资源数字化供给和网络化服务，促进优质资源共享复用
2022.1	《“十四五”公共服务规划》	繁荣发展足球、篮球、排球、水上等运动，普及推广户外运动，推动体育竞赛表演产业发展，鼓励培育品牌赛事，丰富群众体育赛事活动，促进体育旅游、体育传媒、体育会展、体育经纪等发展。

续表

发布时间	政策	重点内容
2021.7	《国务院办公厅关于加快发展外贸新业态新模式的意见》	大力发展数字展会、社交电商、产品众筹、大数据营销等,建立线上线下融合、境内境外联动的营销体系
2021.7	《"十四五"商务发展规划》	发挥好中国国际进口博览会等重要展会平台作用,完善会展业发展协调机制,提升区域性展会平台,打造高水平、专业性、市场化品牌展会,发展线上线下融合的展会模式。加强展览业行业体系标准化建设。 办好中国国际进口博览会、中国进出口商品交易会、中国国际服务贸易交易会、中国国际消费品博览会、中国国际投资贸易洽谈会等重要展会,做大做强若干国家级综合性展会。面向东盟、东北亚、南亚、中东欧、西亚、非洲等区域,打造一批双边、区域性展会平台。支持各地培育一批地区性特色展会。 推进渠道畅通,鼓励地方、行业搭建可覆盖全国的线上展会平台,鼓励赴重点市场开展贸易促进活动。 建设高水平合作平台,创新发展中国—东盟博览会、中国—东北亚博览会、中国—南亚博览会、中国—亚欧博览会、中国—中东欧国家博览会、中国—非洲经贸博览会、中国—阿拉伯国家博览会、中国—俄罗斯博览会、中国—蒙古国博览会等展会
2021.3	《中华人民共和国国民经济和社会发展第十四个五年规划和2035年远景目标纲要》	支持澳门丰富世界旅游休闲中心内涵,支持粤澳合作共建横琴,扩展中国与葡语国家商贸合作服务平台功能,打造以中华文化为主流、多元文化共存的交流合作基地,支持澳门发展中医药研发制造、特色金融、高新技术和会展商贸等产业,促进经济适度多元发展。 办好中国国际进口博览会、中国进出口商品交易会、中国国际服务贸易交易会等展会
2020.4	《商务部办公厅关于创新展会服务模式 培育展览业发展新动能有关工作的通知》	统筹做好疫情常态化防控和展览业复工复产工作;加快推进展览业转型升级和创新发展;积极利用展会平台开拓国际市场;多措并举做好政策支持和保障
2020.3	《商务部办公厅关于进一步优化涉外经济技术展行政服务事项的通知》	商务部实施的两种涉外经济技术展(首次举办冠名"中国"等字样和外国机构参与主办)行政许可事项全面推行"不见面"无纸化审批,不再受理线下纸质材料,展会申办事项通过商务部统一平台"展览业管理信息应用"实行全程在线办理,各地商务主管部门对所在地举办的展会项目审核意见通过在线方式办理,不再出具书面审核意见。

在数字经济快速发展的背景下，中国会展业正加速向数字化、智能化转型，政策层面形成了“国家级战略引领＋地方特色创新＋行业标准共建”的多维支持体系，体现于国家级政策的顶层设计与战略布局以及地方创新区域特色与示范引领，如表3-3、表3-4所示。

表3-3　会展业数字经济国家级相关政策

政策名称/文件	重点内容	典型案例/成效
《数字商务三年行动计划（2024—2026年）》	每年举办全球数字贸易博览会，强化创新引领作用，加快成果落地。提升重要展览展会数字化水平，举办“云展览”，开展“云展示”“云对接”“云洽谈”“云签约”等	2024年全球数字贸易博览会设立数字文娱展区，通过数字孪生技术还原实体展馆，实现跨时空互动
《中共中央办公厅 国务院办公厅关于数字贸易改革创新发展的意见》	完善数字贸易治理体系，积极参与数字贸易国际规则制定，深化数字贸易国际合作	中国申请加入《数字经济伙伴关系协定》(DEPA)，为跨境数字会展扫清障碍
税收与资金支持政策	对重大展会进口展品实施税收优惠（如广交会、进博会）	财政部等部门对进口展品实行税收优惠，降低企业参展成本

表3-4　会展业数字经济地方级相关政策

地区	政策名称/文件	核心内容	典型案例
上海	《关于增强本市会展经济带动效应的若干措施》	对新引进的世界商展100强、UFI认证展会等国际知名展览项目，首次在沪办展且展览面积不低于5万平方米的，给予最高200万元的资金支持；推出“上海展会管家”小程序，为展会举办单位、参展商和展会观众提供标准化、定制化服务，提高展会服务水平，扩大展会服务覆盖面	国家会展中心（上海）完成5G全覆盖，部署AI客服、智能导览系统，实现人流实时监测与智能调度
杭州	《杭州市推进数字贸易强市三年行动计划（2024—2026年）》	完善“数贸在线”功能，在大会展中心规划建设数贸会常设馆，打造高水平、高质量、高成效交易平台	第三届数贸会上线“数贸在线”平台，集成虚拟展馆、AI商机匹配、区块链电子签约等功能，实现365天在线对接
北京	《北京市关于促进数字贸易高质量发展的若干措施》	构建“数字贸易会展交易平台”	服贸会设立云上展厅，利用VR技术展示跨境电商、数字内容等领域成果
青岛	《青岛市促进会展业发展10条政策实施细则》	符合本市数字展会标准或绿色展会标准并经第三方评估、专家评审、市贸促会（市会展办）按照相关办法认定的，一次性补助10万元	青岛国际会展中心发布《绿色展台搭建管理规范》团体标准；2024年宜博会采用VR全景体验与直播特惠结合的模式

续表

地区	政策名称/文件	核心内容	典型案例
深圳	《深圳市商务局〈关于建设国际会展之都的若干措施〉实施细则（修订）》	聚焦20大产业集群和8大未来产业（以下简称“20+8”产业），支持引进行业影响力强、带动效应显著的国内外知名品牌展会	深圳国际会展中心打造“会展+”片区；2024年粤港澳大湾区车展观展人流量突破86万人次，成交额超100亿元

由表3-3、表3-4可知，会展业作为现代服务业的重要组成部分，是现代区域经济的“助推器”，也是衡量区域开放度、经济活力和发展潜力的重要标志之一。中国会展业数字化转型在未来将进一步向“虚实融合、全域交互”演进。以上政策从不同层面为会展业的发展提供了支持和保障，推动了行业的健康快速发展，而企业则需把握政策红利，聚焦垂直领域，构建差异化的数字经济竞争环境。

（三）经济环境

就宏观经济基础而言，随着社会经济的发展，会展产业发展水平与地区经济总量呈现显著的正相关关系，实现了区域经济基础与产业规模的协同作用。以重庆市为例，其会展业产值从2010年的25.33亿元增长至2020年的85.3亿元，其占地区生产总值的比重由0.3%提升至0.5%，这一数据特征验证了经济总量扩张对会展需求的乘数效应。

在数字经济背景下，会展经济所处的经济环境呈现出多维度的结构性变革，既受到数字技术渗透和要素重构的驱动，也面临政策导向与市场需求的双重影响。

（四）社会文化环境

在探讨会展经济运行条件时，社会文化环境是一个至关重要的维度，它从多个方面深刻影响着会展经济的运行和发展。

首先，人口结构与教育水平对会展业劳动力供给的影响显著，将直接影响会展经济运行的效果。就北京、深圳等具有年轻化、高学历人口结构的城市而言，年轻化、高学历人口为会展业注入大量专业人才，推动会展业向专业化、国际化发展。然而，如兰陵县等开始出现服务人员短缺现象的老龄化地区则会限制会展经济的进一步发展。但是，老龄化同样给健康、养老主题的会展经济带来了机遇，推动了该类主题展会的发展。

其次，公众参与度也是衡量会展经济运行情况成功的关键指标。文化开放度高的城市，如上海、成都，居民对会展的参与意愿更强。与此同时，区域文化差异会显著影响展会主题设计，东北地区与东南沿海地区在文化背景、产业结构和消费习惯等方面存在差异，所以东北会侧重工业展览，而沿海地区则偏好科技与消费展览，最终便会对会展经济形成不同的反馈效果。

最后，会展活动要增强吸引力，就必须要融入地域文化。地域文化具有深厚的历史文化底蕴和鲜明的地域特色，比如北京奥运会和上海世博会运用当地文化符号，打造独特品牌形象，满足观众文化认同需求，以避免同质化竞争、推动文化传播，是带动会展经济发展的一大“重要法宝”。

总的来说，社会文化环境对会展经济运行有着显著的影响，不论是人口结构与教育水平影响劳动力供给，还是公众参与度和区域文化差异影响展会主题设计，甚至是地域文化融合影响会展吸引力，这些共同作用于会展经济的发展。

（五）技术环境

数字经济是继农业经济、工业经济后兴起的新型社会经济发展形态。近年来，数字经济的出现为会展经济的全面升级提供了新技术环境，推进了“数字会展”从技术理念到应用实践的发展进程。励展博览集团的调查显示，疫情暴发后，84%的观众和参展商至少尝试过一种新的数字服务。UFI对未来展览模式发展趋势的调查显示，61%受访者认为应推动线上与线下相结合的展览模式，并注入更多数字化元素。至此，“线上＋线下”双线会展融合的模式开始广泛普及，趋于常态化。此外，技术环境的迭代升级实现了会展全流程数字化，重构了会展产业链的运作模式，提高了信息整合与资源调配的效率。例如，会展项目运营实现了展前策划、展中服务、展后跟踪的全流程数据共享，显著降低了资源匹配成本；在展览展示上，AR/VR技术的应用使展览从平面展示转向沉浸式体验，为观众提供了一个全新的观展体验；在智慧场馆建设上，数智技术成为服务升级的核心，5G网络、电子签到、人脸识别、导览系统等数字工具开始替代传统人工服务环节，极大地提高了展会现场的办事效率；在客户追踪上，数字技术推动客户画像构建与精准触达，大数据分析可自动记录观众浏览轨迹，结合AI算法推荐匹配展商信息；在营销上，数字技术为营销带来了线上数字营销的新模式，以数据驱动和营销渠道创新为导向实现营销升级。会展企业会优化如微信公众号、小红书、抖音和微博等自媒体的广告投放，随时观察社交媒体的讨论声量，利用大数据寻找营销方向，在展览现场实现“直播＋短视频＋社群”三位一体策略，增加曝光量，助力新客增长。

由此可见，数字经济极大程度地改变了会展经济技术环境，催生了数字会展的出现，线上线下融合成为展会常态，各方的技术赋能使得会展全流程革新，开启数字会展新纪元。

三、影响会展经济运行的因素

会展经济的顺利运行离不开一系列基础条件的支撑，这些条件如同搭建大厦的基石，为会展活动提供了得以开展的可能性。然而，会展经济的运行并非仅依赖于这些既定条件，在实际运行过程中，还会受到诸多复杂因素的左右。这些因素不仅影响着会展运行的节奏，更在一定程度上决定着会展的最终成效。

（一）宏观因素

1. 经济发展水平

经济发展水平是会展经济运行的基石。在经济繁荣的地区，企业盈利能力强，有更多资源用于市场拓展，对通过会展展示产品、建立品牌形象的需求更为迫切。例如，欧美发达国家凭借其高度发达的经济，孕育出众多如汉诺威工业博览会、巴黎时装周等具有全球影响力的展会。这些地区不仅基础设施完备，能为展会提供优质的硬件支持，而且消费者购买力强，吸引大量企业参展以挖掘潜在市场。同时，经济发展水平也影响展会的规模与质量，经济发达地区能够汇聚更多高端资源，提升展会的专业性与国际化程度。

2. 产业结构

产业结构决定了会展经济的特色与方向。多元化且高端化的产业结构为会展提供了丰富的主题和内容。以德国为例，其强大的制造业基础催生了一系列聚焦工业技术、机械装备等领域的展会。在金融、科技等现代服务业发达的地区，如纽约、伦敦，其金融科技展、互联网峰会等展会蓬勃发展。新兴产业的崛起也为会展经济带来新的增长点，如近年来随着人工智能、新能源等产业的发展，相关主题的展会不断涌现，推动会展经济向新兴领域拓展。

3. 区域经济一体化

区域经济一体化加速了区域内要素的自由流动，为会展经济创造了有利条件。通过消除贸易壁垒、加强政策协调，区域内的企业参展成本降低，市场空间扩大。例如，欧盟内部的经济一体化使成员国之间的展会合作更加紧密，企业可以更便捷地参与区域内各类展会，拓展市场。同时，区域经济一体化还促进了区域会展品牌的形成，提升了整体竞争力。如长三角地区通过加强区域合作，整合会展资源，打造了一批具有区域影响力的展会，推动了会展经济协同发展。

4. 全球化进程

全球化进程使会展经济的舞台更加广阔。一方面，它促进了参展商和观众的国际化。国际展会吸引来自世界各地的企业展示最新产品和技术，同时也吸引全球专业观众前来交流合作。如中国国际进口博览会，汇聚了全球众多国家和地区的企业，成为国际经贸交流的重要平台。另一方面，全球化推动了会展运营模式、技术手段的国际化传播与借鉴，提升了会展经济的整体水平，但全球化也带来了激烈的国际竞争，要求各国会展经济不断提升自身竞争力以适应全球市场的变化。

（二）中观因素

1. 城市经济实力

城市经济实力是会展经济发展的重要支撑。经济实力强的城市通常具备完善的基础设施、丰富的资金和人才资源。以北京、上海、广州等一线城市为例，它们不仅拥有现代化的会展场馆，还能提供高质量的配套服务，如高端酒店、便捷交通等，满足大型展会的需求。同时，城市的经济活力吸引大量企业总部或分支机构入驻，为展会提供了丰富的参展商资源和潜在观众群体，增强了展会的吸引力和影响力。

2. 产业基础

城市的产业基础决定了会展的专业性和特色。产业集群地区容易形成专业展会，如浙江义乌依托其强大的小商品产业，打造了义乌国际小商品博览会，成为全球小商品贸易的重要平台。产业基础雄厚的城市能够为展会提供丰富的展品、专业的技术支持和大量的专业观众，提升展会的专业性和权威性。同时，展会的发展也能进一步促进产业的升级和创新，形成产业与会展相互促进的良性循环。

3. 基础设施

完善的基础设施是会展经济运行的基本保障。交通设施方面，便捷的航空、铁路和市内交通网络便于参展商和观众快速抵达展会现场。例如，上海虹桥综合交通枢纽的建成，大大提升了上海举办大型展会的交通便利性。此外，良好的通信设施、充足的酒店床位以及丰富的餐饮娱乐设施等，能为参展人员提供舒适的参展体验，提高城市对展会的承接能力，吸引更多展会在此举办。

4. 政策环境

政策环境对会展经济的发展起着引导和扶持作用。地方政府通过出台优惠政策，如税收减免、财政补贴等，鼓励会展企业举办高质量展会，降低企业运营成本。同时，简化审批流程，提高行政效率，为会展活动的举办提供便利。例如，一些城市设立会展业发展专项资金，对重点展会项目进行扶持，推动会展产业的规模化和品牌化发展。良好的政策环境还能规范会展市场秩序，促进会展经济健康发展。

5. 人才资源

人才资源是会展经济发展的核心要素。会展策划、营销、运营管理等各个环节都需要专业人才。具备创新思维和专业技能的人才能够策划出具有吸引力的展会主题和活动，通过有效的营销手段提升展会知名度，运用科学的运营管理方法确保展会顺利进行。城市拥有丰富的人才资源，如高校和专业培训机构培养的会展专业人才，能够为会展经济发展提供源源不断的智力支持，推动会展行业的创新和发展。

(三) 微观因素

1. 会展企业的经营状况

会展企业的经营状况直接关系到会展经济的微观运行。经营良好的企业拥有充足的资金用于展会的策划、推广和服务提升。它们具备专业的团队，能够精准把握市场需求，开发出符合市场趋势的展会项目。例如，一些知名会展企业通过不断创新展会形式和内容，提升展会品质，吸引大量参展商和观众，在市场中占据优势地位。相反，经营不善的企业可能因资金短缺、人才流失等问题，导致展会质量下降，影响会展经济的整体发展。

2. 会展项目的策划与执行质量

会展项目的策划与执行质量是展会成功的关键。精心策划的展会具有明确的主题定位，能够精准吸引目标参展商和观众。例如，在科技类展会策划中，聚焦前沿技术领域，邀请行业领军企业参展，展示最新科研成果，吸引专业观众前来交流合作。而高效的执行则体现在展会的各个环节,从场地布置、展品运输到现场服务等,都需要严格按照计划进行,确保展会顺利进行。高质量的策划与执行能够提升展会的口碑和影响力,促进会展经济的可持续发展。

3.参展商与观众的参与度

参展商与观众是会展经济的核心参与者,他们的参与度决定了展会的活力和价值。参展商的积极参与为展会带来丰富的展品和创新理念,展示行业发展动态。而大量专业观众的到来则为参展商提供了潜在的商业机会,促进贸易成交和技术交流。例如,在国际汽车展上,各大汽车品牌展示最新车型和技术,吸引众多汽车经销商、爱好者前来,形成良好的互动交流氛围。提高参展商与观众的参与度需要展会提供优质的服务和良好的平台,满足双方的需求,从而推动会展经济的繁荣发展。

四、会展经济的运行机制

(一)政府引导机制

政府在我国会展经济中始终扮演着重要角色,政府引导机制即政府通过政策、资金、规划等手段引导会展业发展,尤其在产业初期或战略型展会中起关键作用。例如,山西省政府通过扶持政策,推动会展业成为地方经济转型的重要抓手。政府的政策支持和职能发挥对会展经济的推动作用是毋庸置疑的,政府能够帮助其推动产业集群、规避恶性竞争、增强市场地位等,同时还为会展行业完善管理机制,提升行业规范化水平。政府引导机制首先体现在资金扶持上,例如2010年上海世博会前政府投资扩建场馆、优化交通网络,提高基础设施的投入,助力世博会顺利开展。2019年,海南设立会展专项基金,通过税收优惠和补贴吸引国际展会落地,实现了政策扶持;资金扶持之外,政府引导集中体现在制定了一系列战略规划与行业发展部署,充分发挥政府杠杆作用,顺应时代发展,指导和保障会展经济健康发展。

(二)市场主导机制

会展经济市场主导机制是指在会展活动运行中市场机制在资源配置、价格形成、供求关系等方面发挥决定性作用的运行模式。市场机制是会展经济的核心运行机制,强调市场在会展业发展中的核心地位,以市场为主体,通过供需关系、竞争和价格机制实现资源配置的优化。其具体的落地路径主要在于建立市场化定价体系,如展位费、赞助费等由市场供需决定;积极培育多元化市场主体,鼓励民营资本进入会展行业,推动行业竞争;对物流、广告、技术等环节进行整合,提升各环节对接工作的效率。

(三)行业协会协调机制

行业协会协调机制即行业协会通过标准制定、资源整合、纠纷调解等职能促进行业自律与合作。会展行业作为现代化服务业,在新兴领域的标准化战略中,行业协会通过组织协调

各方资源，推动行业标准的制定和实施。中国会展经济研究会在标准化工作中为规范展会质量，从城市经济发展基础、会议、城市政府会展业发展政策等三方面出发对具有会展竞争力的城市进行评定，提高展会质量，揭示行业发展新趋势。此外，就地区而言，天津滨海新区通过行业协会自组织机制，成功协调了企业间的展期安排与资源共享。

（四）区域联动发展机制

区域联动发展机制，即通过跨区域合作打破行政壁垒，实现资源共享与优势互补。在区域经济一体化背景下，会展业的联动发展机制通过整合区域资源，形成了协同效应，起到促进区域经济共同提升的作用。以京津冀地区为例，北京负责策展，天津提供物流支持，各地区通过会展产业联动发展，形成了优势互补的高品质会展经济体系，打造了互利共赢的局面。此外，"一带一路"作为近年来国际学界研究的热词，沿线城市与敦煌文博会合作，共同打造文化品牌展会，使会展经济得到更广阔的发展空间。

五、会展经济的功能

早在2004年，就有学者指出我国会展业崛起并发展迅速，已成为经济规模可观的行业和新兴的朝阳行业，会展经济已成为国民经济新的增长点，会展经济的功能是不容小觑的。

（一）基本功能

1. 展示产品的功能

在展览会上进行产品展示是很多企业参展的一个非常重要的因素，展览会能为企业产品提供一个展示与推介的平台，从而使其扩大影响。由于会展的集中性、便捷性、快速性和直观性，它对新技术、新产品和新成果的展示与推广起着非常重要和不可替代的作用。

2. 传播信息的功能

会展活动就是商流、物流、人流、资金流、信息流的汇聚，为国内与国外、政府与企业、企业与企业、企业与消费者及各种社会团体之间提供了沟通与交流的机会，进而促进各种新知识、新观念的传播，直接推动商业贸易、旅游的发展，不断创造各种商机，吸引投资，从而带动其他产业的协调发展。

3. 市场营销的功能

参展企业通过先进技术对展台展位进行精心安排和布置，辅以各种促销活动和公共活动，在会展活动中充分展示自我，达到了宣传企业经营理念和产品品牌的目的，也在客户面前充分展示了企业的良好形象。

4. 贸易谈判的功能

贸易谈判也是会展经济的基本功能之一。会展经济为参展商和采购商提供了一个相互认识、相互谈判并达成交易的平台，加强了国内外的技术经济交流与合作。会展活动，尤其是一些大型的国际贸易展会，能够吸引世界各国、各地区的客商，增加了各国买卖双方接触、了解、交流的机会，这对企业的进出口贸易活动起到了很大的促进作用，也有利于国内企业将自己的优势产品和技术出口，或购买国外先进的生产技术和设备等，从而推动对外贸易的快速发展。

（二）外延功能

1. 调整产业结构的功能

会展经济属于第三产业的范畴，是第三产业，即服务业的一个重要方面。发展会展经济是调整我国产业结构的一个非常重要的途径。会展经济实现大量的商品、资金、技术和信息的聚集，不仅有利于产业结构的优化和升级，还可以通过汇集大量的人流和物流为会展相关产业，如交通、餐饮、住宿、通信、旅游、购物、广告、装饰、印刷等带来发展的机会，从而促进第三产业的健康协调发展。

2. 提高城市知名度的功能

会展经济的发展有利于提高一个城市的知名度，产生广泛的国际影响。由于会展具有集中展示、交流的特点，因此举办一次大型展览会，一个城市就会在较短时间内汇聚大量的人员、产品和技术，人们通过参加会展可以亲身感受会展城市的政治、经济、文化以及信息技术，从而为世界打开一个了解此城市的窗口。

3. 优化城市建设的功能

会展经济的发展必须依托城市良好的基础设施，比如具备国际化的先进展览馆、便捷的交通设施、软硬件都过关的接待服务等。会展活动，特别是具有国际影响的大规模会展活动除了能提高举办地的知名度、树立举办地的城市形象外，还可以对会展城市的建设起到不可估量的促进作用。也正因如此，近几年来，努力发展会展经济，以会展兴市，已成为世界上很多城市腾飞的首选之路。

4. 促进城市就业的功能

由于会展经济具有综合性并能带动相关产业的发展，因此发展会展经济能为一系列相关行业的发展创造出很多就业机会。会展经济的发展也为解决城市的就业问题提供了一条崭新的道路。

六、会展经济目的地影响效应

UFI曾指出，如果一个城市或地区基础设施相对完备，人均收入在世界中等以上，服务业在GDP中的比重超过制造业且过半，外贸份额占GDP的比重接近或超过10%，行业协会的力量相对较强，那么会展经济就会在该城市或地区得以强势增长，并发挥积极作用。当前，我国一些经济水平高、城市基础设施完善、交通便利、第三产业发达的大中城市，会展活动频繁，会展业发展迅速，如北京、广州、上海、深圳及重庆等若干会展城市。

所谓会展中心城市,是指在一个特定的区域范围内,会展综合实力最强、集聚力和辐射带动能力最强,并具有发展潜力的中心城市。就国内而言,主要会展中心城市有上海、广州、北京、深圳等(见表3-5);国际方面,依据UFI2024年的排名数据,会展中心城市主要有汉诺威、拉斯维加斯、迪拜、法兰克福、米兰等(见表3-6)。

表3-5　国内会展中心城市排名

城市	2023中国会展城市竞争力指数排名	核心设施
上海	75.985(排名第一)	国家会展中心(上海)、上海新国际博览中心
广州	67.704(排名第二)	广交会展馆
北京	63.940(排名第三)	北京雁栖湖国际会展中心、首钢会展中心
深圳	54.711(排名第四)	深圳国际会展中心

表3-6　国际会展中心城市排名

城市	UFI2024排名	展览规模与场馆实力
汉诺威(德国)	第一	汉诺威展览中心举办汉诺威工业展等顶级工业展会
拉斯维加斯(美国)	第二	拉斯维加斯会展中心承办国际消费类电子产品展览会、美国国际建材展览会等,娱乐与会展深度融合
迪拜(阿联酋)	第三	阿联酋迪拜世界贸易中心举办中东五大行业展等,政府推动"迪拜2040"计划,强化会展枢纽地位
法兰克福(德国)	第四	法兰克福展览中心举办法兰克福国际汽车及零配件展览会、书展等,金融与文化产业双轮驱动
米兰(意大利)	第五	米兰国际展览中心承办米兰设计周、米兰国际家具展等,设计与时尚领域全球领先

由表3-5、表3-6可知,许多沿海、沿江城市凭借自身区位优越、文化底蕴深厚、经济基础稳健高质、基础建设优良、资源环境独特等特征,具备成为会展中心城市得天独厚的条件。与此同时,会展经济与目的地间相辅相成,有极强的互动特征,在功能上互相作用、反哺,构成循环。城市作为人口与经济的聚集中心,更是会展经济的发源地与集中地。

七、会展经济的区域差异

会展经济作为现代服务业的重要组成部分,其发展水平与区域经济基础、政策支持、产业结构和资源禀赋密切相关。近年来,随着全球化进程加速和区域经济协同发展战略的推进,会展经济的区域差异逐渐成为行业内关注的热点。下面将基于近几年的国内研究成果,从区域差异理论、区域差异特征、影响因素等维度进行分析。

(一)会展经济的区域差异理论

从产业结构理论的角度出发,付桦(2006)认为会展经济需与地方产业匹配,如长三角依托制造业形成专业展会优势，而京津冀依赖政策驱动发展综合性会展。郝海媛（2020）认为增长极理论强调核心城市的资源集聚效应，如北京、上海通过极化效应吸引会展资源，但需通过扩散效应带动周边地区。此外，任国岩（2014）提出交通网络和展馆布局的密度差异导致资源分布不均，如长三角的阶梯式场馆布局与东北地区的低利用率形成对比。

（二）会展经济的区域差异特征

中国会展经济呈现显著的东中西梯度差异，岳林琳等（2022）提出东部地区占据主导地位，长三角、珠三角和京津冀三大城市群的会展产值占全国的60%以上，上海、广州等城市凭借国际化展会和先进设施成为核心。苏苗（2017）发现中西部地区依托政策扶持和特色产业探索差异化路径，如西安结合文旅资源打造品牌展会，但产业链整合度较低。从城市层级看，何健宁（2020）认为一线城市以国际性综合展会为主，如广交会、进博会，而二、三线城市多聚焦区域性消费展，展馆空置率和市场化不足问题突出。岳林琳等（2022）提出经济贡献度差异显著，长三角会展业与GDP关联度达0.75，而东北地区仅为0.45，反映出经济基础对会展效益的直接影响。

（三）区域差异的多维度影响

刘宛洁等（2010）认为，影响会展发展，经济基础和产业支撑是关键，例如珠三角依托电子制造集群发展“产地展”，西安通过文旅融合提升会展效益。刘松萍等（2014）认为政策环境差异显著，广东省通过税收优惠和专项资金推动市场化，而中西部城市仍依赖政府主导模式。基础设施方面，任国岩（2014）认为长三角的“大型化＋阶梯式”展馆布局与东北地区低利用率形成反差；方忠权（2013）则认为交通网络密度直接影响企业集聚，如广州流花地区依托广交会形成会展企业密集带。此外，薛阳等（2024）提出数字经济通过线上展会、智慧展馆等技术手段缩小区域信息鸿沟，粤港澳大湾区通过数字化提升会展与物流的协同即为典型案例。

（四）会展经济区域差异的现状

目前，我国已形成了五大会展经济带，分别为长三角会展经济带、环渤海会展经济带、珠三角会展经济带、东北会展经济带以及中西部会展城市经济带。我国京津冀、长三角（包括上海市、江苏省、浙江省和安徽省）、珠三角（包括广州、佛山、肇庆、深圳、东莞、惠州、珠海、中山、江门九个城市）等重点区域已经形成了具有全球影响力的展会集群，为中国乃至全球经济高质量发展持续注入活力。

从展会数量看，2024年东部经贸类展会项目最多，共计2586项，占国内总数的67.3%；西部地区经贸类展会数量分别为556项和549项，同比增加16.8%、12.7%，占比分别为14.5%、14.2%；东北地区展会数量为153项，占比4.0%。如图3-2所示。

从展览面积看，东中西部经贸类展会总面积均有所增加，2024年东部地区举办经贸类展览面积约1.13亿平方米，同比增加8.3%，占国内经贸类展览总面积的72.5%；中部地区经贸类展会面积为1744万平方米，同比增加18.8%，占比11.2%；西部地区经贸类展会面积为2051万平方米，同比增加22.8%，占比13.2%；东北地区经贸类展会面积为473万平方米，占比3.1%。如图3-3所示。

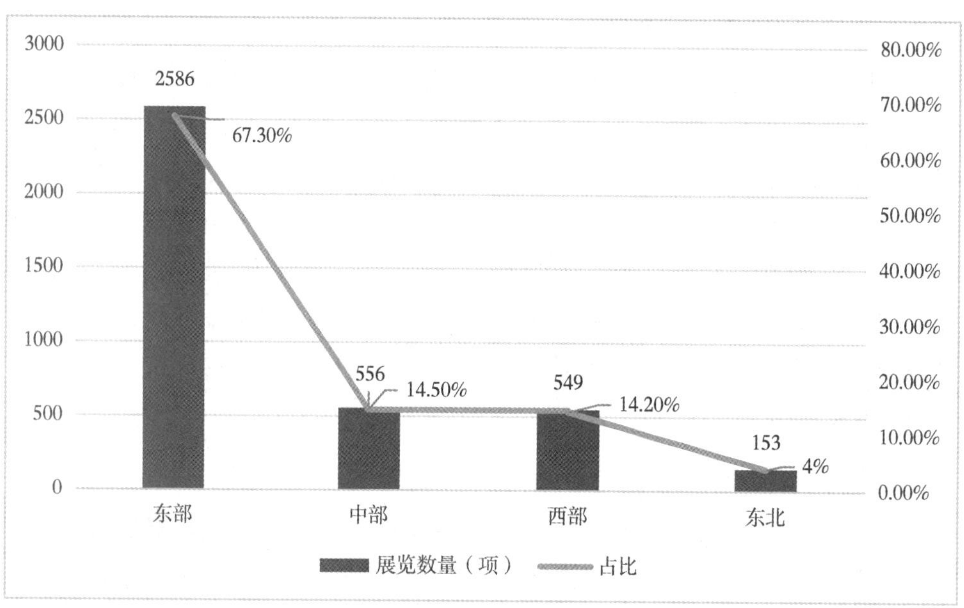

图3-2　2024年国内经贸类展会数量的区域分布情况

（来源：中国贸促会《中国展览经济发展报告2024》）

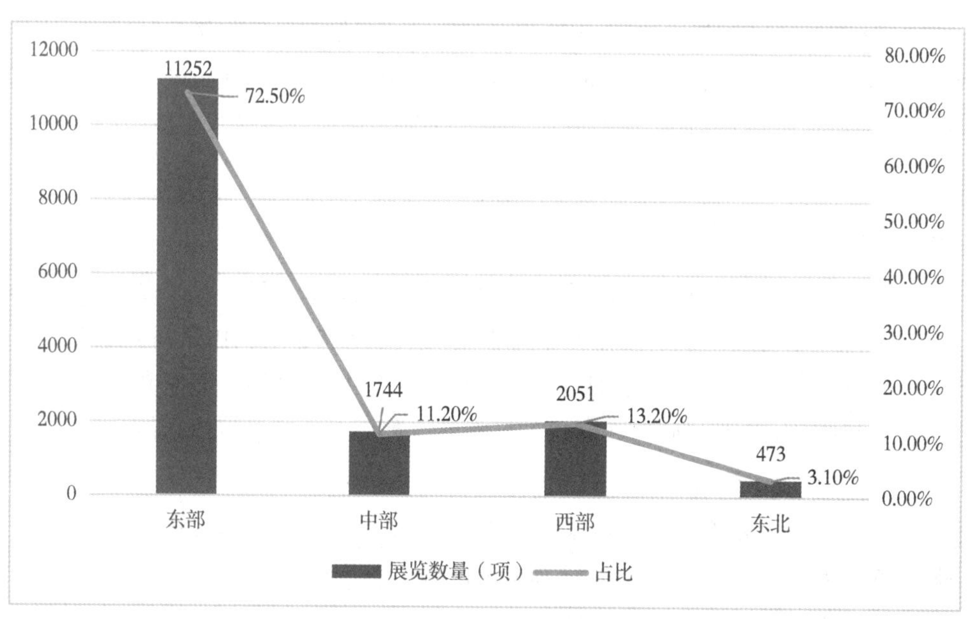

图3-3　2024年国内经贸类展会面积的区域分布情况

（来源：中国贸促会《中国展览经济发展报告2024》）

总的来说，2024年经贸类展会依然呈现明显的区域集聚特征，东部地区举办经贸类展会项目数量和总面积均最多，分别占国内经贸类展会的67.3%和72.5%。京津冀、长三角、珠三角三大区域举办经贸类展会数量占全国比重为54.9%，总展览面积占全国比重达62.1%。

八、会展经济的区域竞争力分析

（一）会展经济与区域竞争力的理论框架

会展经济的核心功能在于通过会议、展览等活动聚集商流、物流、资金流和信息流，形成以会展为核心的经济生态系统。其价值不仅体现在直接经济效益，如场馆租赁收入等，更是通过间接带动效应促进旅游、交通、住宿等关联产业增长。邢应利(2021)指出，会展经济的高关联度与强溢出效应使其成为一线城市产业结构升级的重要抓手。与此同时，区域竞争力的理论框架多基于产业经济学与空间经济学，主流模型包括钻石模型、GEM模型和结构方程模型(SEM)。钻石模型强调生产要素、需求条件、相关产业及战略结构对竞争力的影响，如宋冬梅(2014)以江苏省为例，验证了产业基础与市场需求对战略性新兴产业竞争力的主导作用；GEM模型则从基础、企业、市场三个维度构建评价体系，蔡礼彬等(2011)应用该模型量化山东半岛会展产业集群竞争力时，发现基础设施与品牌建设是其主要短板；而结构方程模型(SEM)通过多路径分析揭示区域竞争力的动态机制，如唐颖(2013)基于科技投入与产出等22个指标，解析了区域科技竞争力的复杂影响路径。

（二）会展经济对区域竞争力的作用机制

会展经济对区域竞争力的提升主要通过经济拉动效应、产业协同效应及品牌创新驱动效应实现。首先，会展活动的乘数效应直接拉动区域生产总值增长，例如，周慧芝(2020)分析港珠澳大桥通车对区域会展经济的促进作用时发现，会展业带动交通、基建投资增长15%—20%，并创造大量就业岗位；敦煌文博会的案例也显示，会展产业链的延伸使当地旅游收入提升30%，并推动文化产业升级。其次，会展经济与临空经济、旅游业的融合可优化区域产业布局。李铁成等(2019)提出的“功能协同-空间整合”模型认为，会展与临空产业在物流、客源共享上具有天然互补性，但昆明在“一带一路”倡议下通过会展旅游联动南亚东南亚市场时，仍面临成都、重庆的激烈竞争。最后，会展品牌作为城市竞争力的核心符号，已成为吸引全球资源的关键，例如，北京、上海凭借国际会展品牌巩固其全球城市地位，而成都通过“会展＋休闲”的差异化定位跻身中西部第一会展城市。张金花(2023)进一步指出，数字经济与会展融合可提升低碳贸易竞争力，其中技术创新在降低碳排放与优化资源配置中发挥中介作用。

（三）区域竞争力评价体系的会展应用

构建会展经济驱动的区域竞争力评价体系需遵循综合性与动态性原则。综合性要求覆盖经济、社会、环境多维度，例如黄燕琳(2013)从资源、市场、管理三方面构建旅游业竞争力指标；动态性则需反映数字化转型趋势，王丽(2020)在跨境电商评价体系中纳入数字基础设施与数据安全指标，以应对新兴技术挑战。在实践层面，中国会展经济研究会发布的《2022年中国城市会展业竞争力指数报告》显示，上海、北京、广州、成都因国际化水平与政府服务效率较高而位居前列；基于主客感知的评价也揭示了区域发展的潜在短板，如黄助群(2016)通过IPA分析发现，昆明会展旅游的软硬件配套与品牌知名度低于参展商预期，需强化错位竞争策略以缩小差距。

（四）新兴影响因素

数字技术与政策协同正在重塑会展经济的区域竞争力格局。虚拟会展与线上线下融合(O2O2O模式)成为新常态。杨洁玉(2023)的实证研究表明，数字技术通过降低贸易成本与优化资源配置显著增强制造业出口竞争力，但东西部地区因基础设施差异呈现显著效应分化。政策协同方面，李洋(2018)提出京津冀需通过规划联动与品牌共建提升整体竞争力，但当前仍受限于场馆分散与题材重复；而成渝双城经济圈通过差异化定位，即成都侧重休闲会展、重庆聚焦工业展的形式实现互补发展，成为区域协同的典型案例。当今，双线融合模式成为主流，但田灿(2021)强调需解决虚拟会展的沉浸感与交易信任问题；黄鹏(2021)的实证研究则表明，东部地区的会展规模对电商经济的带动效应最强，而中部地区需通过差异化施策提升韧性。

九、区域竞争态势

（一）环渤海会展经济带

1. 主要会展中心城市及设施

环渤海会展经济带作为中国三大核心会展产业群之一，以北京、天津等城市为支点，形成了“双核驱动、多点协同”的发展格局。该地区有多个主要会展中心城市及会展场馆，如表3-7所示。

表3-7　环渤海地区主要会展城市及设施表

城市	主要会展设施	功能与特点
北京	国家会议中心	承接国际会议与高端展览，支撑科技、文化类展会
天津	国家会展中心（天津）	北方最大会展综合体，集展览、会议、商业于一体，定位为京津冀会展引擎
	天津梅江国际会展中心	大型综合性展馆，承办津洽会等经贸活动
青岛	青岛国际会展中心	聚焦家电、电子、纺织等产业展会，服务区域产业链

续表

城市	主要会展设施	功能与特点
济南	山东国际会展中心	主要接待国际级展会、国家级展会、全国巡展、大中型政府主导型展会、机械设备类展会
廊坊	廊坊国际会议展览中心	承接京津冀区域合作主题展会，如环渤海国际商务节
唐山	唐山国际会展中心	聚焦陶瓷、钢铁等传统产业展会

2. 主流产业背景与展会联动

环渤海会展经济带依托产业升级优势，通过北京中关村论坛、天津世界智能大会等品牌展会平台，联动数字经济、智能科技等优势产业，促成跨区域产业合作与签约，成为区域经济高质量发展的重要引擎，如表3-8所示。

表3-8 环渤海地区主流产业背景与展会联动表

城市	主流产业背景与展会联动
北京	·数字经济：中关村论坛展览（科博会）聚焦人工智能、区块链，2024年吸引3000家企业参展，签约额超千亿元。 ·金融科技：金融街论坛联动服贸会，推动绿色金融、数字人民币场景落地
天津	·智能科技：世界智能大会促成东疆数字货运模式，带动产业链投资超50亿元。 ·航空航天：天津直博会展示国产大飞机C919零部件，吸引空客、波音等企业合作
青岛	·海洋经济：2024东亚海洋博览会设立海洋新材料、海工装备与海洋科技、海洋应急与救援产业和山东海洋发展成果四大展区，吸引了国内外500余家相关机构参展。 ·消费电子：中国国际消费电子博览会吸引海尔、海信发布智能家居新品，线上线下交易额超50亿
大连	·软件与信息服务：中国国际数字和软件服务交易会促成华为、东软等企业合作，2024年签约额增长25%。

3. 政策支持与区域协同

环渤海会展经济带依托国家战略与地方政策双重驱动，通过京津冀协同、上合组织博览会等平台，叠加天津补贴、青岛UFI奖励等政策创新，推动区域产业对接与国际合作，形成政策协同与产业联动的发展格局，如表3-9所示。

表3-9 环渤海地区政治支持与区域协同内容表

政策层面	具体内容
国家战略	·京津冀协同：国家会展中心（天津）承接北京非首都功能疏解，2024年举办京津冀国际贸易投资洽谈会，推动新能源、生物医药产业链对接。 ·"一带一路"：青岛依托上合示范区，举办上海合作组织国际投资贸易博览会

续表

政策层面	具体内容
地方政策	·天津:对20万平方米以上展会最高补贴15万元/万平方米,2023年拨付资金超2亿元支持58场展会。 ·青岛:《青岛市促进会展业发展10条政策实施细则》对UFI认证展会奖励30万元,2024年新增12个国际品牌展会。 ·辽宁:对沈阳、大连新会展中心建设给予专项补贴,推动全球工业互联网大会升级为国际顶级会议

4.主要会展品牌发展情况

环渤海会展经济带打造服贸会、天津车展等国际品牌展会,通过北京科博会千亿签约、青岛跨国公司展200亿项目等成果推动数字贸易、高端制造等产业升级,形成品牌集群效应与产业协同发展格局,如表3-10所示。

表3-10 环渤海地区主要会展品牌及规模表

城市	品牌展会	规模与影响力	产业赋能
北京	中国国际服务贸易交易会	2024年,展览面吸引2000余家企业线下参展,6000余家企业线上参展,线下参展企业整体国际化率超20%,世界500强和行业龙头企业460余家	数字贸易、绿色金融
天津	中国(天津)国际汽车展览会	展出面积超20万平方米,近百家参展品牌共展出车辆950台,其中新能源车辆410台。共吸引70.3万名观众现场观展,再创历史新高	新能源汽车、智能网联
大连	夏季达沃斯论坛	2024年吸引约1700名全球政商领袖,促成多个跨国投资项目	科技创新、可持续发展
沈阳	中国国际装备制造业博览会	2024年展览面积超10万平方米,吸引1000余家企业,签约额80亿元,推动工业机器人国产化	智能制造、工业互联网

5.环渤海地区会展产业发展特点

环渤海会展经济带通过多维创新推动产业升级,在区域协同方面,京津冀以“会展+产业转移”模式实现资源互补,天津2024年承接北京汽车零部件展会12场,带动投资超50亿元,环渤海10城共建资源共享平台促进“京津冀-辽东半岛”产业链联动。

就绿色智慧化转型而言,整体呈加速态势。国家会展中心(天津)应用88项低碳技术,年发电量达1528万度;青岛推行“数字展会”认证使15个展会实现VR观展与区块链签约,线上交易额增长50%。

此外,产展融合催生新模式。烟台“会展+港口”带动航运博览会促成中远海运合作,港口吞吐量增加8%;济南“会展+制造”推动智能制造展会签约额超30亿元,产业链配套率提升至70%。

(二) 长三角会展经济带

1. 主要会展中心城市及设施

长三角会展经济带以上海为中心,以南京、杭州、苏州、宁波、无锡等城市为依托,形成覆盖多个领域的会展经济体系,各城市在会展业发展中各有侧重,共同推动区域经济和会展业的高质量发展,如表3-11所示。

表3-11 长三角地区主要会展中心城市及设施

城市	核心地位	主要会展设施	功能与特点
上海	国际会展之都,全国会展业核心引擎	国家会展中心(上海)	集展览、会议、商业、办公、酒店于一体,承办超大型国际展会
		上海新国际博览中心	年展览面积超400万平方米,融合国际化运营、智能化管理与绿色可持续理念,年均服务超700万客商,成为全球会展经济的重要枢纽
南京	长三角北翼会展中心,软件与制造业特色突出	南京国际展览中心	集展览、会议、旅游、婚庆、餐饮、商业休闲于一体的大型多功能智能化场馆,是南京地标性建筑和城市名片
		南京空港会展小镇	定位“展城融合”,结合航空物流产业举办专业展
杭州	数字会展与电商会展高地,长三角南翼枢纽	杭州国际博览中心	承办大型消费展,依托阿里巴巴资源,提供“线上+线下”双线会展服务
苏州	制造业会展重镇,长三角协同发展节点	苏州博览中心	服务本地制造业,建筑融入苏州园林元素,展会期间同步举办非遗文化体验活动
宁波	港口经济与消费品会展中心	宁波国际会议展览中心	聚焦港口经济、外贸展会,按UFI标准建设,吸引跨国企业参展
合肥	长三角西翼新兴会展城市,科技与制造业融合示范	合肥滨湖国际会展中心	承接长三角产业转移展会,主展厅设计支持智能汽车动态展示,配备充电桩设施,重点服务安徽科创企业

2. 主流产业背景与展会联动

长三角地区产业发展与展会经济深度融合,形成了一系列特色联动模式,主要聚焦上海、杭州、苏州、宁波、合肥等城市,呈现其依托数字经济、高端制造、文化创意等主流产业,通过展会推动技术创新、产业协同发展的实践,如表3-12所示。

表 3-12　长三角地区主流产业背景与展会联动

城市	主流产业背景与展会联动
上海	在数字经济领域，上海举办的世界人工智能大会聚焦AI技术创新与应用，2024年吸引了3000余家企业参展，签约额超过千亿元；在金融科技领域，陆家嘴论坛联动进博会，推动绿色金融、数字人民币等创新业务的发展
杭州	杭州以数字经济为核心，云栖大会、全球数字贸易博览会等展会展示了云计算、大数据等领域的最新成果，促进了数字技术与实体经济的深度融合。此外，杭州还依托丰富的文化资源，举办动漫节、文博会等展会，推动文化创意产业的发展
苏州	苏州通过举办中国生物技术创新大会，加强与国际市场的对接，推动高端制造、生物医药等产业的发展
宁波	宁波依托港口优势，举办中国(宁波)国际航运物流交易会，促进港口经济与会展业的协同发展
合肥	合肥主要以新能源汽车与科创产业为主，通过合肥国际新能源汽车展览会、世界制造业大会展示本地新兴技术

3. 政策支持与区域协同

近年来，长三角区域发展依托政策体系推进协同共进，政策支持成为产业联动关键引擎。从国家战略与地方政策双维度，呈现长三角一体化规划、虹桥枢纽建设及沪杭肥皖等地会展专项政策，彰显政策对区域会展经济与产业协同的推动作用，如表3-13所示。

表 3-13　长三角地区政治支持与区域协同内容

政策层面	具体内容
国家战略	·长三角一体化发展规划：推动会展业协同，如长三角国际文化产业博览会。 ·虹桥国际开放枢纽建设：依托国家会展中心，打造“大会展”核心功能
地方政策	·上海：《关于增强本市会展经济带动效应的若干措施》，对高能级展会最高补贴200万元。 ·杭州：《杭州市打造国际会展之都三年行动计划(2024—2026年)》，扎实推进国际会展之都建设。 ·合肥：《合肥市人民政府办公室关于加快会展业高质量发展的实施意见》，支持“科创+产业”会展品牌。 ·安徽：《安徽省人民政府办公厅关于印发加快展览业改革发展实施方案的通知》，坚持专业化、国际化、品牌化、信息化方向，倡导低碳、环保、绿色理念，加快展览业转型升级，更好地服务经济社会发展全局

4. 主要会展品牌发展情况

长三角地区会展经济特色鲜明，各城市依托产业优势打造知名会展品牌，主要聚焦上海、杭州、南京等城市呈现的进博会、云栖大会等会展品牌，展现其规模、成交额及行业影响力，凸显区域会展发展活力，如表3-14所示。

表 3-14　长三角地区主要会展品牌发展情况

城市	品牌展会	规模与影响力
上海	中国国际进口博览会	全球最大进口展,2023年展览面积36.6万平方米,成交额约700亿美元
	中国国际工业博览会	亚洲最大工业展,2023年吸引超26万人次,签约项目金额超1200亿元
杭州	云栖大会	全球云计算与人工智能顶级峰会,2023年参会人数超10万,发布100余项新技术
	全球数字贸易博览会	国家级数字贸易展,2023年展览面积8万平方米,签约金额超1000亿元
南京	中国国际软件产品和信息服务交易会	全国软件业风向标,2023年参展企业超1000家,发布新产品500余项。
合肥	世界制造业大会	制造业盛会,2023年展览面积12万平方米,签约项目投资总额超5000亿元
苏州	中国苏州电子信息博览会	亚洲最大电子信息展,2023年吸引超10万人次,成交额超300亿元
宁波	中国国际日用消费品博览会	全球消费品采购平台,2023年展览面积12万平方米,参展企业超2000家

5. 长三角会展经济带的地位与特点

长三角会展经济带在全国范围内的规模处于领先地位,2023年长三角地区展览数量占全国的29.19%,展览面积占27.69%,UFI认证项目数量占全国的29.11%。此外,进博会、工博会、云栖大会等国家级展会均落地长三角,品牌展会集聚于此,上海的UFI认证项目数量全国第一。

长三角地区还具有区域协同、数字化转型、绿色发展、产业联动、国际化提升等五个方面的会展行业发展特点。具体行动举措包括:上海的“线上进博会”、杭州的“数字会展平台”等虚实融合的展会模式;进博会实现“零碳零塑办博”,长三角推广《绿色展台评价指南》国家标准;会展与本地产业深度融合,合肥实行“科创+制造”的融合方式。

(三) 珠三角会展经济带

1. 主要会展中心城市及设施

珠三角地区各城市立足产业定位,构建特色会展设施体系,展现会展经济发展活力。广州、深圳、东莞等城市依托核心地位,打造不同规模与功能的会展设施,相关布局及特点,如表3-15所示。

表 3-15　珠三角地区主要会展中心城市及设施

城市	核心地位	主要会展设施	功能与特点
广州	中国进出口贸易第一城，全球会展业标杆城市	广交会展馆	全球最大会展综合体，室内面积33.8万平方米，配备智能通风系统和5G全覆盖，年均举办展会超100场，2024年广交会成交额达249.5亿美元，境外采购商突破25万人
深圳	全球科创中心，数字经济与高端制造融合示范区	深圳国际会展中心	室内面积50万平方米，全球第二大展馆，采用“鱼骨式”布局，可容纳50万人/天，2024年高交会展览面积达15万平方米，签约项目超2000个
东莞	世界工厂，专业会展与产业集群深度绑定	广东现代国际展览中心	室内面积10万平方米，2024年名家具展吸引超1200家企业，出口成交额增长15%
珠海	航空航天与海洋经济窗口，跨境会展试验田	珠海国际航展中心	2024年珠海航展签约2856亿元，成交飞机1195架，低空经济项目落地150亿元
佛山	先进制造与产业升级平台	佛山潭洲国际会展中心	以“中国工业会展第一馆”为品牌定位，围绕本地优势产业，特色化、差异化聚焦工业会展

2. 主流产业背景与展会联动

珠三角地区深化产业与会展融合发展，广州、深圳、珠海、佛山等城市依托商贸、科技、高端制造等主流产业，借助广交会、高交会等展会平台推动跨境电商、半导体、智能制造等领域协同实现相关联动实践，如表3-16所示。

表 3-16　珠三角地区主流产业背景与展会联动

城市	主流产业背景与展会联动
广州	·商贸与数字经济：广交会联动跨境电商，2024年线上成交占比提升至40%，带动新能源汽车、智能家居出口增长35%；中国国际美博会促成美妆品牌全球化布局
深圳	·科技与创新：高交会聚焦AI、生物医药，2024年吸引3000家企业参展，发布新技术超1000项；光博会推动半导体产业链合作，签约额增长28%。 ·产业链协同：深圳国际会展中心通过“一展两地”模式，与东莞、惠州联动举办电子制造展，覆盖珠三角90%以上电子企业
珠海	·高端制造：珠海装洽会展示C919零部件、智能机器人，2024年智能制造类签约项目占比超40%
佛山	·高端制造：佛山国际汽车博览会汽车保有量达280万辆，带动了新能源汽车产业链投资超100亿元。 ·传统产业升级：佛山陶博会推动数字化转型，2024年线上交易额突破50亿元

3. 政策支持与区域协同

珠三角地区通过政策体系推动会展业发展与区域协同，省级层面出台会展高质量发展措施，地方政策涵盖展会奖励、产业基金、跨境电商联动等内容，全面赋能会展经济。

4. 主要会展品牌发展情况

珠三角地区会展经济特色鲜明，广州、深圳、珠海等城市依托产业优势打造核心会展品牌，涵盖进出口、高新技术、装备制造等领域，如表3-17所示。

表3-17　珠三角地区主要会展品牌发展情况

城市	品牌展会	规模
广州	中国进出口商品交易会	2024年展览面积155万平方米，线下参展企业超3万家，432场贸促活动密集推出
深圳	中国国际高新技术成果交易会	2024年展览面积15万平方米，签约额3100亿元，海外展区占比18%
珠海	珠江西岸先进装备制造业投资贸易洽谈会	2024年签约项目151个，金额超500亿元，智能制造类占比42%
佛山	中国(佛山)国际汽车展览会	2024年销售车辆2.3万台，销售额45亿元，带动零部件企业订单增长40%
东莞	中国加工贸易产品博览会	2024年展览面积12万平方米，吸引1200家企业，推动“东莞制造”向“东莞智造”转型

5. 珠三角会展经济带的发展特点

珠三角会展经济带通过多维创新实现产业升级，广深通过“一展双城”模式共享资源，2024年深圳高交会与广州科交会联动促成跨城项目合作87个；深中通道通车后，深圳国际会展中心辐射珠江西岸，带动2024年中山、江门参展企业数量增长35%。珠海依托“会展+海洋经济”模式，2024年海工装备展签约额达120亿元并带动海洋产业投资增长25%；佛山通过“会展+产业链”推动陶瓷、家具产业集群升级，2024年的陶博会促成46个数字化改造项目。深圳试点“数字孪生展会”，2024年15个展会完成线上3D布展且观展人次增长40%。东莞开始创新“跨境电商+会展”模式，2024年加博会跨境电商交易额增长70%并吸引超2000家企业入驻；珠海横琴自贸片区实施境外展品免关税政策，2024年成功吸引特斯拉、空客等企业设立体验中心。

（四）东北会展经济带

1. 主要会展中心城市及设施

东北地区各城市立足区域定位，构建特色会展设施体系。沈阳、大连、长春、哈尔滨依托东北亚会展名城、开放合作枢纽等核心地位，布局多样化会展设施，如表3-18所示。

表3-18　东北地区主要会展城市及设施

城市	核心地位	主要会展设施	功能与特点
沈阳	东北亚国际会展名城	沈阳国际展览中心	室内展览面积10.56万平方米，室外20万平方米，配备物流平台和智能管理系统，可承接重型机械展（如制博会）和大型消费展（如家博会）
		沈阳新世界博览馆	室内面积2.4万平方米，设施先进，承办工业互联网全球峰会、肿瘤大会等高端会议
大连	东北亚开放合作枢纽，夏季达沃斯论坛永久举办地	大连世界博览广场	智能化场馆，曾举办16万平方米的国际医疗器械展，2024年第六届文旅产业博览会吸引600家参展商，现场交易额超百万元
长春	汽车产业会展高地	长春国际会展中心	室内面积8万平方米，可设5000个展位，举办东北亚博览会
哈尔滨	冰雪经济与对俄合作枢纽	哈尔滨国际会展中心体育场	室内面积7万平方米，可设3400个展位，集会展、体育、酒店于一体，举办亚冬会、冰雪节等活动

2. 主流产业背景与展会联动

东北地区聚焦产业优势推动会展经济发展，沈阳、大连、长春等城市依托装备制造、数字经济、现代农业等主流产业，借助制博会、海洋商贸博览会、农博会等展会平台，促进企业合作与产业升级。各城市产业与会展联动的具体实践，如表3-19所示。

表3-19　东北地区主流产业背景与展会联动

城市	主流产业背景与展会联动
沈阳	·装备制造：中国国际装备制造业博览会（制博会）聚焦工业机器人、数控机床，2023年吸引1200家企业参展，推动华晨宝马、三一重工等企业产业链合作。 ·汽车产业：沈阳国际汽车工业博览会联动本地车企，2023年成交额突破45亿元，带动新能源汽车及零部件产业升级
大连	·数字经济：中国国际数字和软件服务交易会促成华为、东软等企业合作，2023年签约额增长25%；全球工业互联网大会推动大连智能制造产业集群建设。 ·海洋经济：中国（大连）国际海洋商贸博览会吸引挪威船级社等机构，2023年签约海洋装备项目32个，金额超200亿元
长春	·现代农业：中国长春国际农业食品博览（交易）会（农博会）展示智慧农业技术，2023年促成签约项目58个，金额120亿元；新能源领域通过供热展集聚四季沐歌等企业，推动东北清洁采暖市场发展

3. 相关政策支持与区域协同

东北地区以政策驱动会展经济与区域协同发展，省级层面多维度发力。辽宁推进会展高质量发展，黑龙江依托开放政策赋能冰雪经济，吉林将展会纳入服务业规划强化开放合作。具体相关政策支持内容及区域协同举措，如表3-20所示。

表3-20　东北地区相关政策支持与区域协同内容

政策层面	具体内容
省级政策	·《辽宁省会展业高质量发展行动方案(2023—2025年)》：提出“双核驱动”战略，支持沈阳、大连建设东北亚会展名城，到2025年举办国家级展会10个以上，会展经济规模突破千亿元。 ·《黑龙江省以高水平开放推动服务贸易高质量发展若干措施》：支持冰雪经济、对俄服务贸易，2024年举办中国—上海合作组织雪地自行车赛等国际赛事。 ·《吉林省服务业发展“十四五”规划》：将东北亚博览会列为开放合作核心平台，2023年展会签约项目金额同比增长12%

4. 主要会展品牌发展情况

东北地区立足主导产业构建会展品牌矩阵，沈阳、大连、长春、哈尔滨围绕装备制造、海洋经济、汽车等产业，通过制博会、海洋商贸博览会等展会，呈现签约项目、产业升级等规模成效，如表3-21所示。

表3-21　东北地区主要会展品牌发展情况

城市	主导产业	品牌展会	规模与影响力
沈阳	装备制造、数字经济	中国国际装备制造业博览会、全球工业互联网大会	2023年制博会签约项目99个，引资额844.75亿元；工业互联网大会推动5G+工业应用落地
大连	海洋经济、文旅	中国(大连)国际海洋商贸博览会、夏季达沃斯论坛	2024年文旅博览会促成“老虎滩”号游船等新项目，达沃斯论坛吸引1700名全球政商领袖
长春	汽车、光电	中国(长春)国际汽车博览会、中国—东北亚博览会	2024年汽博会发布12个新兴品牌，智能驾驶技术占比超60%，推动一汽产业链升级
哈尔滨	冰雪经济、对俄贸易	中国·哈尔滨国际冰雪节、中国—俄罗斯博览会	2025年冰雪节带动旅游收入增长31%，中国—俄罗斯博览会签约项目金额超200亿元

5. 东北会展经济带的发展特点

东北会展经济带的发展呈现四大特征。其一，产业驱动作用显著，展会与装备制造、汽车、冰雪经济等产业深度绑定，例如沈阳制博会和长春汽博会直接服务本地产业升级；其二，政策支持力度较大，辽宁、黑龙江、吉林三省均出台专项政策，辽宁省实施“双核驱动”战略，黑龙江省推动对俄服务贸易便利化，吉林省依托东北亚博览会搭建开放平台；其三，区域协同效应初显，北方会展联盟(涵盖沈阳、大连、长春、哈尔滨等城市)通过资源共享机制，2023

年联合招展项目突破20个；其四，绿色智慧转型加速，大连世界博览广场采用海水制冷技术，沈阳制博会推广低碳展台设计，长春汽博会设立数字经济主题馆，共同推动行业技术革新。

（五）中西部会展经济带

1. 主要会展中心城市及设施

中西部地区持续完善会展设施布局，强化区域会展经济支撑。成都、西安、重庆、郑州依托中国西部国际博览城、西安丝路国际展览中心等会展设施，以差异化面积规模承载国家级展会、“一带一路”交流、多领域展览赛事等功能，相关会展城市及设施详情，如表3-22所示。

表3-22 中西部地区主要会展中心城市及设施

城市	主要会展设施	功能与特点
成都	中国西部国际博览城	中西部最大会展综合体，含15个标准展厅及多功能厅，配套1.1万个国际标准展位，可承接国家级展会及高端会议
西安	西安丝路国际展览中心	西部最大单体展馆，填补10万平方米以上室内展馆空白，聚焦“一带一路”商贸、科技交流
重庆	重庆国际博览中心	集展览、会议、赛事于一体，毗邻中央公园商圈，年均举办超200场展会，覆盖汽车、电子、消费品等领域
郑州	郑州国际会展中心	集展览、会议、赛事于一体，毗邻中央公园商圈，年均举办超200场展会，覆盖汽车、电子、消费品等领域

2. 主流产业背景与展会联动

中西部地区以产业为基、会展为桥，推动经济发展新动能。西安、成都、郑州立足数字经济、科技制造、物流等产业，借助西部数字经济博览会、西博会、物流博览会等平台，促进项目签约、产业升级与品牌国际化。相关城市产业与会展联动详情，如表3-23所示。

表3-23 中西部地区主流产业背景与展会联动

城市	主流产业背景与展会联动
西安	·数字经济：2023年西部数字经济博览会吸引华为、腾讯参展，签约额超200亿元，推动“一带一路”数字贸易中心建设。 ·文旅融合：欧亚经济论坛、丝绸之路国际旅游博览会促成文旅项目签约46个，金额120亿元，助力西安打造国际文化旅游目的地
成都	·科技与制造：中国西部国际博览会聚焦电子信息、生物医药，2023年签约项目300个，金额超5000亿元；成都国际车展带动新能源汽车产业链投资增长35%。 ·农业与食品：全国糖酒商品交易会促成交易额280亿元，推动川酒、川菜品牌国际化
郑州	·物流与制造：中国郑州物流博览会联动中欧班列，2023年签约物流项目87个，金额150亿元；中原国际车展销售车辆2.3万台，带动汽车零部件产业集群发展。 ·新兴产业：世界机器人大赛吸引1200支队伍参赛，推动智能装备与工业互联网技术落地

3. 相关政策支持与区域协同

中西部地区通过政策赋能会展经济与区域协同发展，国家战略层面以“一带一路”倡议助推西安、成都等国际会展枢纽建设；地方政策上，成都、郑州、武汉出台专项规划及行动方案，涵盖会展收入目标、资金奖励等举措。具体政策支持与区域协同内容，如表3-24所示。

表3-24　中西部地区相关政策支持与区域协同内容

政策层面	政策名称	具体内容
国家战略	“一带一路”倡议	推动西安、成都、重庆等城市成为国际会展枢纽，如西安举办中国—中亚经贸合作对接会，促进区域贸易
地方政策	《成都市“十四五”国际会展之都建设规划》	打造“国际会展之都”，提出到2025年会展业总收入超1600亿元，重点发展“双核驱动”格局
	《郑州市人民政府关于印发郑州市支持会展业高质量发展若干措施的通知》	明确资金奖励、国际认证支持，对UFI认证展会给予20万元奖励
	《武汉市推动会展业高质量发展 建设国家会展中心城市三年行动方案(2023—2025年)》	提出2025年举办1000场展会，重点发展“965”现代产业体系相关展会

4. 主要会展品牌发展情况

中西部地区各城市依托主导产业打造特色会展品牌，赋能经济发展。成都、西安、重庆、郑州围绕电子信息、汽车、物流等产业，通过中国西部国际博览会、欧亚经济论坛等展会，展现展览规模、企业集聚及产业带动效应，如表3-25所示。

表3-25　中西部地区主要会展品牌发展情况

城市	主导产业	品牌展会	规模与影响力
成都	电子信息、装备制造	中国西部国际博览会	年度国家级展会，展览面积超20万平方米，吸引全球5000余家企业参展，带动成渝电子信息产业集群发展
西安	电子信息、航空航天	欧亚经济论坛	丝绸之路沿线重要国际会议，年均参会超2万人次，促进科技、文化、经贸合作，助力西安国际化进程
重庆	汽车、智能装备	世界智能产业博览会(重庆)	全球智能产业盛会，展览面积超20万平方米，汇聚华为、腾讯等龙头企业，带动西南智能制造产业升级
郑州	食品加工、现代物流	中国(郑州)国际汽车后市场博览会	中原地区规模最大汽车后市场展，年成交额超百亿元，联动郑州航空港区打造物流枢纽

5. 中西部会展经济带的发展特点

中西部会展经济带主要有以下五个发展特点。第一，成渝双城经济圈、西安“一带一路”

节点城市和郑州交通枢纽通过联动发展形成差异化的区域竞争格局；第二，展会与电子信息、高端装备、新能源等主导产业深度绑定，例如中国（西部）电子信息博览会有效推动了产业链整合；第三，西安欧亚经济论坛、成都西博会等品牌展会通过强化国际交流，显著提升了区域开放型经济发展水平；第四，多地通过探索“云展览”“智慧场馆”等数字化模式，加速提升展会服务效率与全球辐射力；第五，地方政府通过设立专项资金和产业基金等政策工具，精准赋能市场主体培育和营商环境优化，为会展业高质量发展提供有力支撑。

十、会展经济的国际比较与借鉴

（一）国际会展城市案例

1. 头号会展强国——德国的现状

德国作为全球会展业的传统领导者，凭借深厚的产业基础、专业化运营能力和品牌展会集群，长期占据“头号会展强国”地位。根据UFI发布的2024年展览场馆全球地图，德国展览场馆面积占全球的7.3%，位列第三，如图3-4所示。

No	Country	Total sqm	Number of venues	% of the world
1	China	13,463,906	312	31.3%
2	United States	6,096,022	270	14.2%
3	Germany	3,145,128	49	7.3%
4	Italy	2,450,716	50	5.7%
5	France*	2,179,725	94	5.1%
6	Spain	1,664,387	54	3.9%
7	Russia**	999,124	32	2.3%
8	Brazil	888,400	40	2.1%
9	Canada	760,914	32	1.8%
10	Turkey	711,752	27	1.7%
11	The Netherlands	624,161	33	1.4%
12	United Kingdom	620,187	30	1.4%
13	India	601,518	18	1.4%
14	Mexico	523,091	37	1.2%
15	Switzerland	453,493	13	1.1%
16	Japan	451,695	13	1.0%
17	Poland	401,916	14	0.9%
18	Austria	378,228	14	0.9%
19	Belgium	363,027	15	0.8%
20	UAE	347,797	7	0.8%
21	South Korea	306,759	13	0.7%

(*) including overseas territories
(**) European + Asian parts

图3-4　各国展览面积占比示意图

（来源：国际展览业协会《2024世界展览场馆地图》）

德国的核心优势还体现在质量而非规模，以法兰克福为例，该城市通过“国际贸易博览会+金融+文化”的三维联动模式，构建了以品牌展会，如法兰克福书展、汽车展为驱动的生态系统。除此之外，法兰克福证券交易所作为全球第三大证券交易中心，为会展业提供了强大的金融支持，而会展业的繁荣又反哺了国际贸易、金融服务与制造业的发展。2024年，法兰克福展览集团更是推出消费品领域首个B2B电商平台，实现线上线下融合，帮助零售商拓展全球业务，进一步巩固其作为“全球城市资源配置平台”的地位。并且，德国的展会经济带动效应高达1:9，远超行业平均水平，展现出会展业与城市经济深度耦合的特征。

以汉诺威工业博览会为例，该展会是德国会展业专业化的典型代表。2024年，其以“为工业可持续发展注入活力”为主题，吸引了来自60个国家的4000家参展商，其中中国参展商达1150家，展出面积1.8万平方米，较2023年增长50%。展会主要聚焦能源转型、工业4.0和人工智能，成为全球工业技术创新的风向标。

德国会展业的可持续发展实践也是近年来行业发展的主要方向。法兰克福国际车展自2007年起以绿色环保为主题，2019年缩减展会面积至16.8万平方米，并减少参展商数量，推动汽车行业向低碳转型。此外，德国政府通过“联邦拯救伞计划”和保险项目支持会展企业应对疫情冲击，2024年服务业采购经理指数达53.9点，显示会展业复苏强劲。

2. 中国会展经济的发展现状

中国会展业在政策支持与市场需求的双重驱动下，正从规模扩张转向质量提升，具有规模扩张与结构升级的双重特征。截至2024年，中国专业展馆室内可展览面积突破1000万平方米，占全球总量的31.3%，稳居世界首位。除此之外，全球40大场馆，中国独占前四，15个场馆占40%，如图3-5所示。

No.	Name of the venue	City	Country	Total sqm
1	China Import & Export Fair Complex (Pazhou Complex)	Guangzhou	China	504,000
2	National Exhibition and Convention Center	Shanghai	China	470,000
3	Shenzhen World Exhibition & Convention Centre	Shenzhen	China	400,000
4	National Convention and Exhibition Center	Tianjin	China	400,000
5	Messe Hannover (Deutsche Messe)	Hannover	Germany	392,453
6	Messe Frankfurt	Frankfurt/Main	Germany	372,073
7	Fiera Milano (Rho Pero)	Milano	Italy	345,000
8	Kunming Dianchi Convention & Exhibition Center	Kunming	China	300,000
9	Xiamen International Expo Center	Xiamen	China	300,000
10	Koelnmesse	Cologne	Germany	285,000
11	Messe Duesseldorf	Duesseldorf	Germany	262,727
12	Paris Nord Villepinte	Paris	France	250,000
13	McCormick Place	Chicago	United States	241,548
14	Las Vegas Convention Center	Las Vegas	United States	236,214
15	China Kitchen Capital International Convention and Exhibition Center	Binzhou	China	230,000
16	Feria Valencia	Valencia	Spain	223,090
17	Crocus Expo	Moscow	Russia	215,960
18	Porte de Versailles	Paris	France	212,545
19	Western China International Expo City	Chengdu	China	205,000
20	Fira de Barcelona - Gran Via	Barcelona	Spain	203,106
21	BolognaFiere	Bologna	Italy	200,000
22	Chongqing International Expo Center	Chongqing	China	200,000
23	Shanghai New International Expo Centre	Shanghai	China	200,000
24	Messe Muenchen	Muenchen	Germany	200,000
25	Feria de Madrid / IFEMA	Madrid	Spain	200,000
26	Orange County Convention Center	Orlando	United States	190,936
27	Expo Center City (Messe Berlin)	Berlin	Germany	190,000
28	The NEC	Birmingham	United Kingdom	186,000
29	Nuernberg Messe	Nuremberg	Germany	180,000
30	Xiamen International Conference & Exhibition Center	Xiamen	China	170,000
31	Investimenti S.p.A. / Fiera di Roma	Roma	Italy	167,000
32	Verona Fiere	Verona	Italy	155,000
33	Nanjing International Expo Center	Nanjing	China	150,000
34	Hongdao International Conference & Exhibition Center	Qingdao	China	150,000
35	Wuhan International Expo Center	Wuhan	China	150,000
36	Ptak Warsaw Expo	Warszawa	Poland	143,000
37	MCH Messe Schweiz / Messe Basel	Basel	Switzerland	141,000
38	Jinan Yellow River International Convention and Exhibition Center	Jinan	China	140,000
39	Jiangxi Nanchang Greenland Expo Center	Nanchang	China	140,000
40	EUREXPO	Lyon	France	139,019

图3-5　全球各场馆面积排名示意图

（来源：国际展览业协会《2024世界展览场馆地图》）

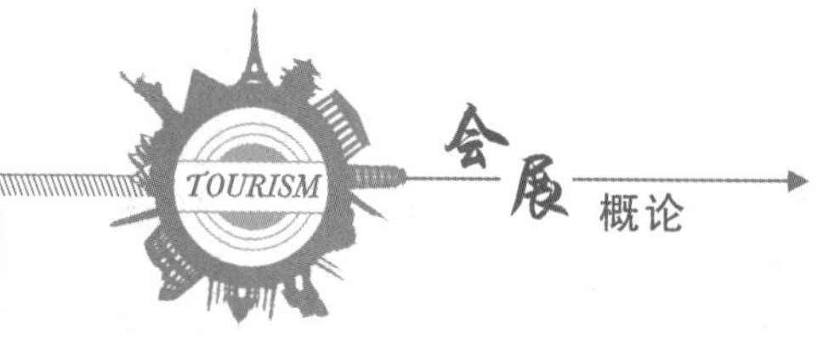

据统计，2024年，中国境内举办经贸类展会3844场，展览总面积1.55亿平方米，同比增长10.1%，其中工业与科技类展会数量增长63.4%，占比达27.7%。上海、北京、广州、深圳等一线城市仍是核心引擎，上海2023年举办展览681场，面积1732.67万平方米，恢复至疫情前的90%。

数字化转型也成为中国会展业的新动能，上海推出的“展会管家”小程序，充分整合线上线下服务，为主办方、参展商和观众等三方都提供了便捷通道，如图3-6所示。

深圳国际会展中心通过AI、VR技术提升参展体验，截至2023年，UFI认证展会数量达24个，居全国第二。成都、青岛等城市通过“会展+产业”模式，将展会与本地制造业深度融合。

中国会展业在政策与市场驱动下，从规模扩张转向质量提升，展馆面积、展会数量等稳居世界前列。政策助力境外办展、数字化转型与绿色发展，各地创新模式激活产业动能，正以双重升级之势，迈向全球会展高质量发展新征程。

3. 中国在世界会展经济中的地位——从参与者到引领者

中国已成为全球会展业增长的核心引擎。截至2024年底，中国UFI认证展会达265个，同比增长20%，UFI会员单位253家，占亚洲市场的主导地位。中国场馆总面积占全球31.3%，远超美国和德国。中国会展业的国际化进程也正在加速。2024年，中国境外自主办展项目1166个，参展企业超5.01万家，杭州、青岛等地企业在印尼、阿联酋等新兴市场成功举办自办展，拓展了“一带一路”的合作。进博会和广交会等国家级展会成为全球合作平台，2024年的进博会吸引了129个国家和地区的3496家参展商，链博会境外参展商占比32%，欧美企业占比达50%。

图3-6 “展会管家”小程序示意图

（来源：“上海管家”小程序）

目前，中国会展业仍面临着结构性挑战。与德国相比，中国展会平均面积较低，区域发展不均衡。此外，国际化人才短缺、品牌展会影响力不足等问题亟待解决。而中国会展业在未来的发展方向则需进一步提升专业化水平，推动“会展+科技”“会展+绿色”融合发展，从“规模大国”向“质量强国”转型，真正成为国际会展行业的领跑者。

（二）国际会展业趋势

根据UFI最新发布的2024年世界展览场馆地图，亚太地区以38.5%的全球展览场地容量位居榜首，其总展览空间为1660万平方米，亚太地区首次超过欧洲36.7%的份额，如图3-7所示。其中，中国占全球市场的31.3%，如图3-8所示。可见，全球展览面积和参展商数量持续攀升,预计未来几年将以年均5%—7%的速度增长,展现出巨大的市场潜力和经济价值。

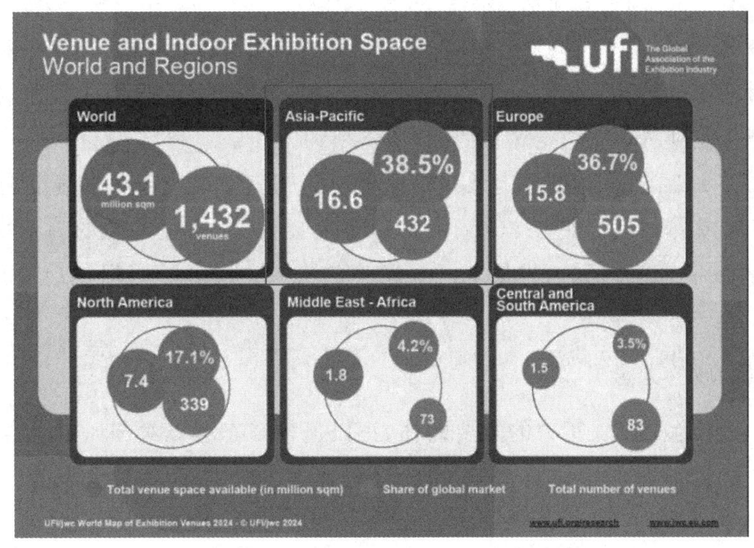

图3-7　全球场馆面积占比示意图

(来源:国际展览业协会《2024年世界展览场馆地图》)

No	Country	Total sqm	Number of venues	% of the world
1	China	13,463,906	312	31.3%
2	United States	6,096,022	270	14.2%
3	Germany	3,145,128	49	7.3%
4	Italy	2,450,716	50	5.7%
5	France*	2,179,725	94	5.1%
6	Spain	1,664,387	54	3.9%
7	Russia**	999,124	32	2.3%
8	Brazil	888,400	40	2.1%
9	Canada	760,914	32	1.8%
10	Turkey	711,752	27	1.7%
11	The Netherlands	624,161	33	1.4%
12	United Kingdom	620,187	30	1.4%
13	India	601,518	18	1.4%
14	Mexico	523,091	37	1.2%
15	Switzerland	453,493	13	1.1%
16	Japan	451,695	13	1.0%
17	Poland	401,916	14	0.9%
18	Austria	378,228	14	0.9%
19	Belgium	363,027	15	0.8%
20	UAE	347,797	7	0.8%
21	South Korea	306,759	13	0.7%

(*) including overseas territories
(**) European + Asian parts

图3-8　各国展览面积占比示意图

(来源:国际展览业协会《2024年世界展览场馆地图》)

UFI《全球展览业晴雨表(第32版)》预计,2024年全球展览业收入平均增长15%,这一增长率显著高于近年来的平均水平。其中,不同国家和地区的增长趋势各异,以2019年为基准水平,印度和希腊的展览业将迎来爆发式增长,增长率分别高达154%和151%,显示出这些地区展览业巨大的发展潜力和活力，而中国作为全球展览业的重要市场，预计也将保持稳定的增长态势，增长率达到99%。

2024年上半年，全球展览业发展势头强劲，全球有一半的公司业务活动水平有所提升，特别是在欧洲和北美地区，这一比例高达60%。其中亚太地区、中南美洲和中东非洲有40%的公司活动增加，且全球收入平均增长率为17%。据估计，全球大型展览会市场规模预计将在2025年达到约500亿美元，年复合增长率约为6%。

总的来说，各地区将基于自身定位并依据全球会展业发展趋势做出偏重选择，北美地区大型展览会市场成熟，以高科技、汽车、消费品等展会为主，注重展会的专业性和国际化水平。此外，随着数字经济的深入发展和环保意识的提升，虚拟展会、绿色会展和可持续展览也将成为新趋势。

（三）中国会展的力量

中国会展业作为国家软实力的重要载体，正以蓬勃姿态彰显大国风范。当前，中国已跃升为全球会展大国，会展城市集群效应显著，进博会、广交会等品牌展会成为"国际会客厅"，进博会的"四大平台"效应不仅促进了全球资源共享，更以主场外交优势塑造开放包容的国家形象。

在这一成就的背后是中国特色社会主义制度优越性的生动体现，更为会展业发展提供了坚实保障，使中国能在短时间内完成从"跟跑"到"并跑"的跨越式发展，印证了"四个自信"的理论力量。此外，在数字化浪潮中，云展会、智慧场馆等创新实践，既展现了危机应对中的制度韧性，又以"一带一路"数字会展平台建设推动国际合作范式革新，将人类命运共同体理念融入技术赋能。

值得注意的是，会展业的政治功能在外交前沿大放异彩，通过世博会、亚信峰会等主场外交活动，既以"中国礼仪＋中国文化"的软性传播消弭文明隔阂，又以"以展促谈"的智慧为国际争端提供对话平台，践行着"以民促官、经济促政治"的新型国际关系构建路径。这种发展轨迹深刻诠释了"全国一盘棋"的制度优势——政府科学规划与会展市场化运作的辩证统一，既保障了产业政策与国家战略同频共振，又通过长三角一体化等区域协同培育会展经济带，形成服务双循环新发展格局的重要支点。当"中国展区"在海外展会绽放文化魅力，当"小叶子"志愿者向世界讲述中国故事，会展业已然成为文化自信的立体展台，让传统节庆与数字技术碰撞出文明互鉴的新火花。

站在新的历史方位，中国会展正以"创新驱动"破解"卡脖子"难题，以绿色会展践行生态文明理念，以标准输出参与全球治理，书写着中国式现代化道路的会展篇章！

思考题

1. 会展业产业结构的核心层、辅助层和支持层分别包含哪些主要部分？它们是如何相互作用，共同推动会展活动顺利开展的？

2. 结合我国会展产业结构特点，分析中西部地区应如何利用自身优势推动会展产业发展，缩小与东部地区的差距。

3. 会展经济的运行机制包括产业关联机制、市场运作机制和政府调控机制，阐述这三种机制是怎样相互影响、协同促进会展经济发展的。

4. 会展产业价值链是如何实现价值增值的？结合数字化发展趋势，分析其价值增值过程发生了哪些变化。

第四章

会展市场要素

章节概述

会展业作为经济发展的一大"引擎",规模与影响力不断扩大,各类展会层出不穷,研究会展市场要素,即会展主体、客体和介体,有助于学生巩固学科知识体系,全面把握会展市场运行规律,理解市场供需关系,从形式透视会展市场"引擎"运行所需"基本构件",为社会提供优质的会展产品与服务。

学习目标

1. 把握会展市场主体行为,熟知各方行为模式和互动关系。
2. 明确会展市场客体价值,清晰各展会展示重点内容,进行合理布展。
3. 认识会展市场介体作用,理解会展活动环节关联、协同过程。

素质目标

1. 会展企业在追求经济效益的同时,应主动承担社会责任。这包括对社会、环境和利益相关方的责任,以促进可持续发展。学生应树立正确的职业态度和职业精神,通过课程教学,培育学生的社会责任感。

2. 会展场馆为各类会展活动提供了必要的空间与设施,直接影响参展者对会展活动的第一印象。学生应明晰展馆管理体制改革和运营机制创新的必要性,提高专业素养、巩固职业能力,在实际工作中以"涓滴之力"推动场馆事业发展。

章前引例

上海博华国际展览公司的会展品牌发展

3. 会展业作为具备广泛影响力的服务业态,迈入纵深高质量发展阶段,迫切需要打造出具有中国特色、中国风格的会展品牌,推动产业升级,为强国建设增添新的活力和动力。学生应增强文化自信,坚定会展文化旗帜方向,推动我国会展品牌发展、繁荣。

4. 会展业是展示“中国智慧”的重要平台，在内外循环、数字化浪潮、可持续发展等背景下，各行各业对深度交流、获取信息的需求日益强烈，作为资源汇总的尖端平台，会展业要着实发力打造知识共享的专业空间。学生应强化个人职业定位认知，提升个人核心竞争力、进步韧性，加深“中国会展智慧”“中国会展方案”记忆。

第一节　会展市场主体

何谓市场主体？所谓市场主体就是指在市场上从事生产、交换等经营活动的组织和个人，包括自然人和具有法人地位的经济实体，即企业。

会展市场主体是指会议与展览等活动在市场买卖交易过程中的双方当事人与主要参与者，包括但不限于会展主办企业、参展商、观众等。会展产品买卖交易的双方当事人，指会展产品的需求方和供给方。需求主体通常包括参加会展的参展商和参观会展的观众。作为会展市场需求主体，他们具有参加展会的欲望和动机以及购买会展产品的能力这两个条件。而供给主体则涉及多个单位，主要是指能够提供会展产品或服务的展会组织者或主办方，具体身份根据展会或会议的性质和规模而有所不同。作为会展市场供给方，相应也需具备能够满足需求主体欲望和动机以及举办会展的资源和能力的特点。按照会议、展览等会展活动在市场买卖交易过程中主要参与者所承担的角色职责，会展市场主体也可以被分为会展的组织者、会展的参展商、会展的观展者以及会展的服务供应商等。

一、会展产品供给方

(一) 办展机构

会展的办展机构又称会展组织者，是会展市场主体的核心，负责整个会展活动的设计、策划与资源整合，具体执行会展活动的各项组织、协调、管理与评估工作。

以展览活动为例，展前主题与目标策划、招展招商、展中现场的运营管理以及展后的效果评估等一系列工作都离不开办展机构的精心安排与统筹。

根据《经济贸易展览会 术语》(GB/T 26165—2021)的定义，在会展的实际运作过程中，依据法律地位与职责的不同，本文所述会展组织者又可细分为主办单位、承办单位、协办单位与支持单位，且统称“展览主办方”。

目前，我国很多关于会展业管理的地方性规章中都界定了主(承)办单位的概念，但在实践中并没有对举办单位做强制性的资质或许可要求。如《石家庄市会展业管理办法》《南宁市会展业管理办法》《西安市会展业促进条例》等，内容上大同小异，均指出展览主(承)办方是负责展会活动策划与实施，且对展会所有活动承担主要责任的法律主体。如《上海市会展行业展览主(承)办机构资质标准》中指出，“展览主(承)办机构是指在国家主管机关依法登记注册，负责制定会展计划和实施方案，对招展办展办会活动进行统筹、组织和安排，并对招

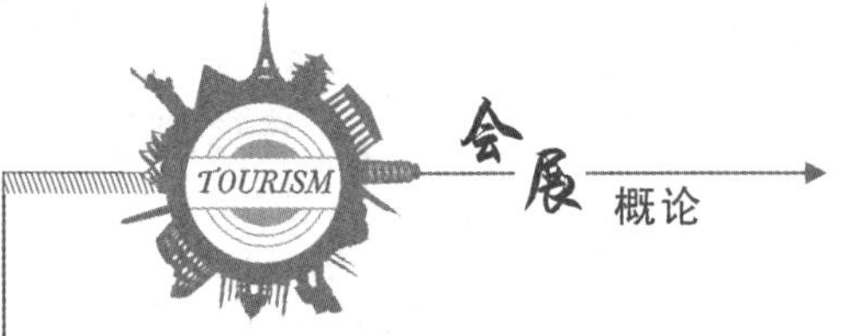

展办展办会活动承揽主要责任的独立法人单位。”

参考较新的地方条例，厦门市地方标准《展览会主（承）办单位等级划分与评定规范》（DB3502/T 128—2024）中认为展览会主（承）办单位应具备以下五项基本条件：独立法人资格；固定的办公场所，并有相应的办公设施；配备相应数量、相关专业资质的从业人员；评定申请日前3年内无重大安全事故责任记录，无严重不良信用记录；完整的企业管理制度，包括但不限于经营管理、财务管理、人事管理、档案管理、客户管理、统计管理、安全生产管理等。

相关资格认定还多局限于地方性规定，国家并未出台专项内容进行约束，但从我国商务部一则展会举办的审批公文中，“主办单位如为企业法人，所持有工商部门登记颁发的营业执照‘经营范围’中须包含‘展览展示’‘会展服务’相关内容；主办单位如为社会团体法人或事业单位法人，所持有的法人登记证书‘业务范围’中须包含‘展览展示’‘会展服务’相关内容”。由此可以判断出，我国对于会展主（承）办方在法律地位上的资格认定，在法人登记阶段就已完成。

1. 主办单位

主办单位是指拥有展会，发起或组织并对展会承担主要法律责任的办展机构、组织或企事业单位。一般指国家及各级政府机构、行业协会以及主营会展业务的企事业单位等。主办单位在法律上拥有展会的所有权，在实际主办中，形式上主要体现为三种：一是拥有展会并对展会承担主要法律责任，并负责展会的实际策划、组织、操作与管理；二是拥有展会并对展会承担主要法律责任，但不参与展会的实际策划、组织、操作与管理；三是名义主办单位，即既不参与展会的实际策划、组织、操作与管理，也不对展会承担法律责任。以政府主办为例，政府具有较高的权威性和公信力，主办展会的目的往往更加注重宏观远景目标和达到的社会效益。

综合我国会展行业的办展实际，以及依据我国开放的市场环境和强大的政策支持力度，一般大型国际性展览往往以联合主办的形式开展，联合主办单位构成包括各级政府部门、各级贸易促进机构、各类行业协会、商会、部分规模较大的企业等。其中，政府部门、贸促机构往往代表国家和地方利益在组织展会时，主要考虑的因素是国家和地方的经济发展规划、贸易和产业政策等，兼顾考虑其他因素做出展览决策；行业协会、商会代表行业的利益，主要考虑产业或行业的相关政策与发展；民营企业通过企业经营战略、市场定位等活跃会展市场，各主办主体间相辅相成，共同推动着我国会展市场的蓬勃发展。

2. 承办单位

承办单位是指在展会中扮演着核心执行角色，负责将主办单位的意图和目标转化为实际的展会活动的政府部门、机构或企事业单位，其直接和具体负责展会的策划、组织、实施与管理等执行工作，此外大部分承办单位还负责招展招商、宣传推广、展后追踪等工作。承办单位对展会的举办水平和质量等各个方面均会产生重大影响，处于办展机构中仅次于主办单位的地位,选择合适的承办单位是展会成功的关键因素之一。

承办单位与主办单位之间是合作关系,双方密切配合,共同承担一定责任和义务,共同推动展会的顺利进行。相对于主办单位而言,承办单位不具体负责展会的整体规划和决策、不直接对外承担法律责任,更多的是主要负责展会具体执行和实施工作、主要承担具体执行责任和义务,为展会成功举办保驾护航。主、承办单位的界限,主要取决于主办单位对承办机构的选择。承办单位可以是政府、行业协会或具有工商部门审定的企业经营许可证资格承办会展的企事业单位。为提高会展的经济效益,扩大会展的影响,体现会展管理的科学性和公开、公正、公平的原则,主办单位也常常通过招标的方式确定会展承办单位。以招标方式确定会展承办单位,会展主办单位往往会提前将会展的主题、目的、要求和最终要达到的效果提前在媒体或网络上公开招标,拟承办的单位要根据标书的要求,制定投标方案,最后由专家确定最终的承办单位。如上文提到的,主办单位有时也通过与行业协会、企业联合主承办展会。

3. 协办单位

协办单位是在会展项目过程中,通过提供资金、场地、设备、物资等支持协助主办单位开展各项工作的单位,在整个会展活动中发挥着重要的补充作用。

协办单位往往与项目性质关系密切,根据会展项目的性质和规模有所变化,多凭借自身在特定领域的专业知识、技术和经验,为项目提供指导或服务。例如,在科技类会展中,协办单位可能是相关领域的科研机构或高科技企业;而在一些艺术展览中,艺术院校或专业艺术机构可能作为协办单位,在展品的鉴定、布置等方面提供专业建议;在某些学术研讨会上,科研机构或高校作为协办单位,能在议题设置、学术内容审核、演讲嘉宾邀请等方面发挥专业优势,提升活动的学术水平和质量。此外,在宣传推广、组织管理上,协办单位也可以通过自身的渠道和平台,减轻主办单位的工作负担,使会展项目组织得更加周密和完善,为会展增添亮点。

4. 支持单位

支持单位是指对展会主办或承办单位的展会策划、组织、操作与管理,或者是招展、招商和宣传推广等工作起支持作用的办展单位。支持单位可以是政府部门、公益组织、行业协会、大众媒体、金融机构等。

一个会展项目的顺利运作,需要得到社会各界的大力支持,具备良好的社会运作环境。一个项目成功运作离不开这些来源广泛的支持单位的帮助。主办单位和承办单位需要注意和支持单位搞好关系,并在他们的支持下把展会运作成功。

(二) 会展主营业务公司

会展主营业务公司主要指依法设立并经相关部门批准后开展策划、组织、举办、经营各类国际和国内会议、展览、文化活动等项目,提供相关业务及咨询服务的以营利为目的的企业法人。

依据UFI官网数据，截至2025年3月9日，中国大陆地区共有257家单位被纳入UFI协会名单，且主要集中在华东地区，如表4-1所示。其中上海共有34家主承办机构和组织在列，数量位居第一；名录中类别为展览主办机构（Exhibition Organizer）的协会成员数量为208个，展览组织者及中心运营商（Exhibition Organizer & Centre Operator）协会成员数量为6个。从我国在UFI的会员情况可以洞见我国会展市场的国际水平、区域分布、办展机构表现与竞争力等整体特点。

表4-1　中国大陆地区部分UFI成员

城市	数量	城市	数量
上海	34	温州	2
北京	30	厦门	2
广州	22	义乌	2
深圳	22	大连	1
济南	12	东莞	1
成都	11	福州	1
杭州	10	海口	1
宁波	9	嘉兴	1
武汉	8	景德镇	1
临沂	7	昆山	1
南京	7	南昌	1
青岛	7	南宁	1
西安	6	寿光	1
沈阳	5	苏州	1
长沙	4	乌鲁木齐	1
重庆	4	温岭	1
郑州	4	无锡	1
佛山	3	烟台	1
贵阳	3	余姚	1
昆明	3	潍坊	1
绍兴	3	威海	1
长春	2	中山	1
哈尔滨	2	珠海	1
合肥	2	东营	1

续表

城市	数量	城市	数量
泉州	2	广饶	1
台州	2	石家庄	1

此外，表4-2的数据显示，我国会展市场各类主体表现极为活跃，为经济发展注入了强大的活力，形成了国内外市场主体相互竞争、相互促进的良好局面。其中，政府主导办展实力强劲，示范作用及意义重大。2023年中华人民共和国商务部以42个展览、772.92万平方米展览总面积位居榜首，而中国对外贸易中心、中国国际贸易促进委员会紧随其后。同时国内外企业表现突出，具有较强的影响力和市场覆盖能力，其余行业协会与重点机构同样作用显著，通过会展活动带动相关产业发展、促进经济增长。

尽管我国展览市场的集中度较高，排名靠前的机构占据了较大的市场份额，但仍有大量中小型办展机构活跃在不同领域，凭借自身专业的办展素养以及广泛而关键的市场资源，提供了多样化、专业化、国际化的展览选择。

表4-2　2023年我国办展机构按展览规模排序前50

序号	组展单位	展览数量/个	展览总面积/万平方米
1	中华人民共和国商务部	42	772.92
2	中国对外贸易中心	31	755.81
3	中国国际贸易促进委员会	62	545.77
4	广东省人民政府	5	315.50
5	励展博览集团	38	248.31
6	中华人民共和国国家发展和改革委员会	12	184.97
7	法兰克福展览集团	27	171.98
8	中国陶瓷工业协会	11	147.13
9	广东现代会展管理有限公司	4	137.00
10	中国建筑卫生陶瓷协会	3	134.00
11	佛山中国陶瓷城集团有限公司	2	130.00
12	中国汽车工业协会	12	127.75
13	长春市人民政府	6	127.10
14	上海博华国际展览有限公司	12	111.81
15	中国国际商会	24	110.87
16	红星美凯龙家居集团股份有限公司	10	106.58
17	中国国际贸易促进委员会汽车行业分会	9	97.96

续表

序号	组展单位	展览数量/个	展览总面积/万平方米
18	中国科学院	7	95.78
19	中国工程院	6	95.59
20	广东鸿威国际会展集团有限公司	43	91.26
21	广东省家具协会	3	82.37
22	中国机械工业联合会	13	80.56
23	吉林省人民政府	2	79.20
24	慕尼黑展览(上海)有限公司	9	77.66
25	深圳国际文化产业博览交易会有限公司	3	73.72
26	上海市国际贸易促进委员会	6	70.83
27	广州佳美展览有限公司	4	69.59
28	上海市人民政府	2	68.75
29	成都市人民政府	9	61.73
30	湖南省商务厅	10	57.43
31	长沙市人民政府	11	56.30
32	中国家具协会	2	54.67
33	重庆市人民政府	5	52.60
34	国家知识产权局	2	52.10
35	广东九州国际会展传媒科技有限公司	2	51.00
36	上海万耀企龙展览有限公司	4	50.67
37	深圳市人民政府	1	50.00
38	上海华墨展览服务有限公司	19	49.66
39	雅式展览服务(深圳)有限公司	3	48.14
40	中国轻工工艺品进出口商会	5	47.85
41	天津市人民政府	6	47.26
42	汉诺威米兰展览(上海)有限公司	4	46.82
43	厦门会展金泓信展览有限公司	14	46.23
44	雅展展览服务(上海)有限公司	5	45.68
45	中国机电产品流通协会	9	44.70
46	中国教育装备行业协会	3	44.10

续表

序号	组展单位	展览数量/个	展览总面积/万平方米
47	中展智奥(北京)国际展览有限公司	4	43.66
48	中粮会展(北京)有限公司	2	43.20
49	山东省人民政府	6	42.86
50	亿百媒会展(上海)有限公司	3	42.85

(来源:中国会展经济研究会《2023年度中国展览数据统计报告》)

根据图4-1数据,我国展览市场主体包括五类,即国营企业、社会团体、民营企业、政府机构以及外资企业。其中以民营企业与政府类主办机构为主,其展览规模及市场份额远超其他类型办展机构。政府类主办机构由于资源优势以及大型项目承办能力较强,在办展规模上具有显著优势;我国民营类办展机构在展览市场中的活跃度较高、竞争力较强,在办展数目和规模上同样表现突出;社团类主办机构凭借其专业性和行业影响力,在展览市场占有重要地位;国营类主办机构的办展数目相对较少,但单个展览的规模较大。

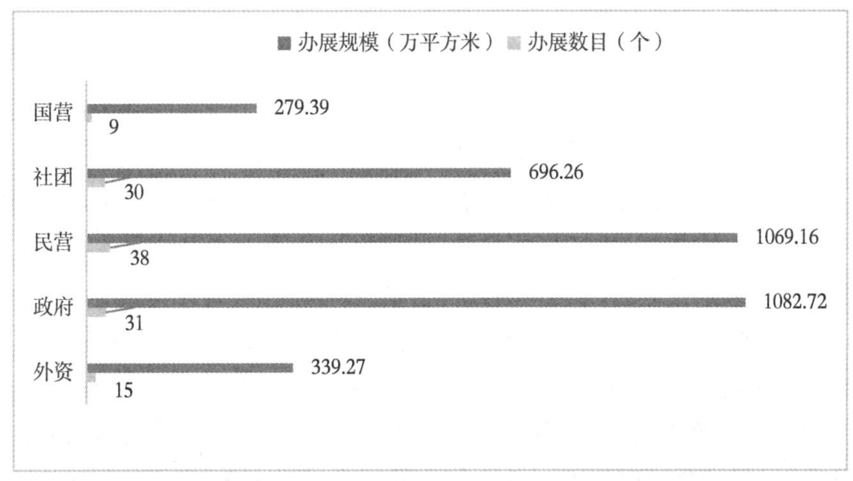

图4-1　2023年度全国展览项目前100名主办机构分类情况

(来源:中国会展经济研究会《2023年度中国展览数据统计报告》)

相对而言,外资类办展单位的办展数目和规模总体占比相对较低,但其影响力和参与度体现了我国市场环境开放兼容的特点,并刺激了中国会展市场,提高了中国会展市场的国际水平和整体竞争力。外资类办展单位主要是由国际知名会展主办机构组成,其成立时间悠久,实力雄厚,在我国主要通过中外合作、独资公司运营、合资公司运营以及线上线下结合的多元化运营模式开展会展业务,拓展中国市场。目前,在我国具有一定行业影响力的外资注入会展主办机构主要有英富曼集团、励展博览集团、高美艾博展览集团、法兰克福展览公司等。

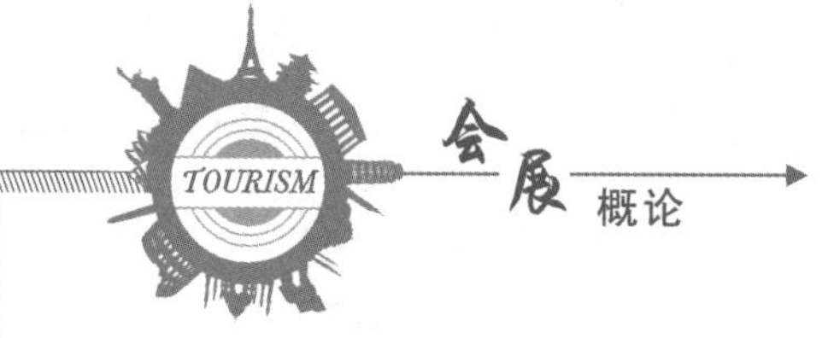

二、会展产品需求方

（一）参展商

1. 参展商的定义

作为会展行业术语之一，参展商是展览会的主体客户之一，是指受办展机构的邀请，通过订立参展协议书（或会展合同），在展览会举办期间，在展出场所，利用固定的展出面积或展览形式，进行产品展示、服务以及信息交流的特定群体。一般来说，参展商的常见定义为以展示、推广和营销本企业产品、技术和服务，提高企业和产品的知名度为目的，在各类会展举办信息的刺激和影响下，做出参展决定，并按照参展规定在规定时间内到指定地点，租赁展位、进行产品展示、销售、推广和洽谈等商业活动的企业法人代表及相关人员的统称。

2. 参展商的分类

展览活动会吸引为数众多的参展商，不同参展商往往在目的、参展行为等方面存在明显的差异。

（1）国内参展商与国外参展商。

对于展览组织机构和展览主办国家来说，根据参展商所属国别的不同，可以将参展商分为国内参展商和国外参展商（或境外参展商）。国外参展商占所有参展商的比例是衡量和评价一个展览国际化程度及其影响力的重要指标。随着各国尤其是发达国家展览产业的日趋成熟，展览产业的国际化也逐渐成为各国拓展展览市场、提升展览产业影响力的重要手段。

（2）独立参展商和联合参展商。

根据参展商参展联合程度的不同，可以把参展商划分为独立参展商、联合参展商和团体参展商等。独立参展商，就是以独立身份单独参展的企业、组织或个人。联合参展商通常是由两个或两个以上的参展商组成。这种参展行为一般更适用于中小参展商，由于各种资源的限制，采用联合参展的形式可以更好地减少投资，降低风险。在一些跨地区或者国际性的大型展览活动中，很多参展商还可以组成参展团一起参展，这样有利于增强参展商的竞争力，提高参展的影响力和参展效果。

以及根据参展企业的行业地位不同进行分类。不同的行业和系统都存在一些规模庞大、实力雄厚的龙头企业或组织，它们在行业内拥有强大的号召力和影响力，通常扮演着行业领导者的角色。另外，还有一些处于成长阶段、发展潜力强劲的行业赶超型企业，但更多的则是那些实力较差、规模相对较小的行业落后企业。展览活动中的行业领导者能够引领行业发展潮流、展示最新技术和公布权威信息，这类企业的参展有利于提升展览的品牌效应，增强展览活动影响力；行业赶超型以及行业落后企业则可以通过展览展示自己的经营特色和市场优势，它们是展览活动参展主体中的主力军，对展览活动的规模构成重要影响。

(3) 直接参展商与间接参展商。

直接参展商是指直接报名参加展会的企业或机构,通常成立专门的参展团队,依据参展计划与目标,租赁展位、搭建属于自己企业的展台、陈列产品、负责展示和推广自己的产品或服务,并通过有效参展手段提高参展效果。间接参展商是指不直接租赁展位、搭建展台和陈列商品,以其他方式展示产品或服务,通过第三方代理或合作方参与展会达到展示产品和服务等目的的参展企业或机构。

3. 参展目的

对于参展商而言,参加展览是产品的推销活动之一。主要是希望通过面对面地向对他们的产品有兴趣的客户进行商品推销、业务洽谈、获取市场信息等。此外,参展商通过展览了解同行业竞争状态、同类企业的新产品、新技术和服务等,甚至可以从与客商的对话与交流中洞悉客户对新产品或技术的需求,从而精准把握市场潜力,获取产品开发与发展信息等。

总体而言,参展商参展目的主要在于推介新产品、赢得更多的潜在顾客、进行市场调研、树立公司形象,进行品牌培育、培养顾客、潜在客户和经销商、贸易成交等,具体而言,主要体现在以下几个方面。

(1) 推广和销售产品。

推销商品是大多数参展商参展的首要与核心目的。在参展过程中,参展商主要通过展台搭建、展品陈列与各类展示促销活动的开展,目的是吸引观众前来了解、购买商品,并能与经销商、零售商等进行商贸洽谈,形成订单,最终扩大产品销售渠道与销售量等。

(2) 树立企业形象与品牌建设。

通过参与行业内具有国际影响力的大型展览会,参展商可以借机树立企业形象,进行品牌化建设。通过展台风格设计、宣传资料的提供、参展人员的互动讲解等多种方式,企业可以将自身经营理念、企业文化、社会责任等价值观向观众传递,树立企业在公众心目中的形象;并通过产品展示,向潜在客户、合作伙伴、竞争对手以及媒体等传播品牌信息,扩大品牌知名度;还可以通过现场提供优质的对客服务以及灵活多样的客户体验活动,增进与客户的感情,赢得良好口碑,塑造品牌美誉度和忠诚度。

(3) 市场调查与行业交流。

展会是大量行业信息流的集结,通过参展,参展商一方面与专业观众展开深入互动交流,从而了解和获取产品反馈,为产品优化和市场策略调整提供依据;另一方面可以与同行业企业展开交流,洞察竞争对手的产品和市场策略,从而了解行业技术发展、市场趋势、最新动态等,并有机会与上下游企业如原材料供应商、零部件制造商、销售渠道商等建立合作关系,完善自身的产业链布局。

(二) 观众

观众是指前来参观会展活动的人员。他们可能是专业人士、潜在客户、行业从业者、普

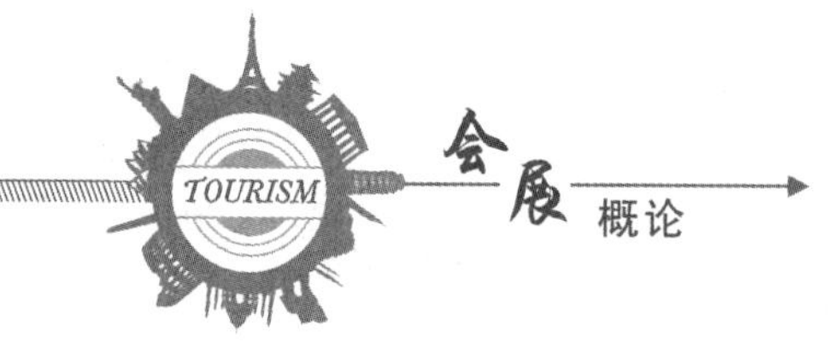

通消费者等，观众通过参观展会，获取信息、了解行业动态、寻找产品或服务、建立联系等，作为会展活动的重要参与者和主要客户群体之一，观众是一切展览行为的起点，他们的参与直接影响会展的效果和价值。

根据身份和目的的不同，以及对会展发展的不同作用，可以将观众这一展会构成基本要素分为专业观众和普通观众。

1. 专业观众

参照现行会展相关行业标准，专业观众是指从事专业性展览会上所展示产品(可以是有形的产品，如机械零件，也可以是无形的产品，如软件、服务等)的设计、开发、生产、销售、服务的观众。

2. 普通观众

相对于专业观众，可类推得出：普通观众是指非专业人士，不以达成交易为目的，主要是对展会内容感兴趣的普通消费者，出于兴趣和爱好来了解会展情况的群体，他们可能对展会的娱乐性、体验性内容更感兴趣，参与会展活动的主要目的是学习、娱乐休闲、体验新产品以及了解行业动态、洞悉技术创新等，也可称为一般消费者。

不同的展会因其类别的不同，对观众的需求亦不相同。有些展会只对特定观众开放，不对普通观众开放；有些展会对专业观众和普通观众的开放时间会有所选择，如在前3天对专业观众开放，后两天对普通观众开放。

大型综合展销会需要大量观众，因为每个人都是潜在消费者。国际上衡量一个展览是否成功的标志，就是它的参展商与专业观众的数量与含金量，参展商的存在以专业观众的存在为前提，专业观众代表了行业商品的目标市场。

展会的品牌和观众质量是成正比的，如在《专业性展览会等级的划分及评定》(SB/T 10358—2012)，就规定了明确的评分细则，体现了这一内容，见表4-3。

表4-3　专业展览会等级划分专业观众评定细则

展览期间专业观众人次与观众总人次的比值	计分(满分150分)
不少于80%	150分
不少于70%	135分
不少于60%	120分
不少于50%	100分
不少于40%	80分

（三）参展商与观众的关系

1. 对参展商而言

通过展示企业产品进行产品销售、品牌推广、拓展市场、收集信息和开展行业交流是参展商耗资参展的主要目的，因此参展商参展目的是否可以实现取决于展会现场观众尤其是专业观众的质量。观众的数量、专业观众所占比例、观众对其产品的购买数量、观众对其产品以及公司形象的关注程度等，决定了参展商参展收益的高低；而观众收益的高低则主要由参展商以及参展产品来决定。在展览会期间，专业观众越多，参展商可能获得的利益越大，参展商参展的目的就是能够在展场获得更多潜在客户和实际买家，推销和销售自己的产品。

2. 对观众而言

寻找符合自身需求的产品或服务、获取有价值的行业信息发展动态与趋势，甚至进行社交与拓展人脉是专业观众参加展会的主要目的。因此专业观众参展目标能否实现的关键，在于是否有大量的高质量的参展商。参展商数量越多，展览会整体的展览规模以及每一个参展商的展位规模越大，说明展会的质量越高，影响力越大；国外参展商所占的比例越大，说明展会的国际化程度越高；如果参展企业都是所在行业的知名企业，也说明展览会的质量比较高；参展商数量和质量是决定展会影响力和观众观展效益和观众观展动机的重要因素。

正如“车之双轮、鸟之双翼”，参展商和专业观众之间应该是相互依存、互利共赢的关系。参展商通过满足观众的需求，实现参展目标与企业营销规划与发展布局；观众通过获得展商的产品和服务，满足参展需求、获取企业和自身所需价值。高质量的观众能提高展览会的影响力和质量，能吸引更多的参展商参展；而高质量的参展商所展示的产品更多、技术更新、所提供的商业机会增多，能够带来更多的专业观众。两者还通过主办方搭建的这一良好平台，进行互动和合作，共同推动行业的发展和繁荣。总而言之，办展机构通过组织和办展为参展商和观众搭建起沟通与交流的桥梁，招展招商工作显得尤为重要，只有将高质量大规模的参展商和观众集聚在规定的时间和空间下，集中满足和实现参展商和观众这两大客户群体的诉求，才能得以保障展会不断提高质量，获得竞争优势。

第二节　会展市场客体

市场客体是指用于市场交换的指向物，即用于交换的物品或劳务。市场客体可以分为有形客体和无形客体。市场客体是把各个独立的市场主体连接起来的纽带，市场主体的各种行为是围绕着客体而开展的。

会展市场客体是指会展市场交易活动的对象或载体，即会展各市场主体进行交易的各种商品或劳务，即会展产品。在会展市场运作过程中，会展活动的主办方、承办方为满足参展商、观众的需求，必然要生产出产品，那么究竟什么是会展产品？

一、会展产品的定义和类型

（一）会展产品的定义和相关界定理论

1. 会展产品的定义

会展产品是会展市场交易商品和服务的统称。主要包括会展主办机构推向市场的会展品牌，参展商展出的商品，以及围绕该会展品牌举办所开展的各项专业服务和配套服务等，是有形产品和无形服务的有机组合。只要是通过会展活动在会展主体之间实现交易的产品或服务，都可以被视为会展交易的客体。

2. 会展产品的界定理论

会展产品在概念界定上主要基于菲利普·科特勒等学者有关产品的理论与相关观点展开。1967年菲利普·科特勒界定产品指出："产品是任何能满足人类某种需要或欲望的东西，包括实物产品、服务、体验、事件、个人、地点、财产权、组织、信息和观念十大类。"同时首次提出产品五层次理论：即产品结构包括核心产品、形式产品、期望产品、附加产品和潜在产品五个层次。其中核心产品（Core Product）指消费者购买产品时所追求的最根本的利益和价值；形式产品（Tangible Product）指核心产品的具体外观、特征、质量、包装等；期望产品（Expected Product）指消费者在购买产品时期望得到的一系列属性和条件；附加产品（Augmented Product）指消费者在购买产品时获得的一系列额外利益、服务和好处；潜在产品（Potential Product）指产品未来可能发展和演变的所有潜在功能、特性和服务。基于此，可见会展是产品的一种类型，且体现为非单一产品形式，而是一个包含多个层次和要素的整体产品，是构成和支持会展活动的各种元素的有机集合，内容复杂多样。

在分析会展产品的层次与结构时，菲利普可借鉴产品整体概念（TPC）来对会展产品的结构和层次进行划分。

1980年美国哈佛大学教授西奥多·莱维特在产品五层次理论的基础上，又进一步提出了产品整体概念（Total Product Concept，简称TPC），随后学者们对此进行了广泛应用，我国最有代表性的普遍观点是将产品分为三个层次：即核心产品（Core Product）、实际产品（Actual Product）、附加产品（Augmented Product）。其中核心产品是指消费者购买某种产品时所追求的核心利益，也就是顾客真正要购买的服务和利益；实际产品是指核心产品借以实现的形式，即向市场提供的实体和服务，如产品样式、包装和品牌名称等；附加产品是实际产品的扩大部分，包括为顾客提供的附加服务与利益，如免费送货、安装以及售后服务等。并将其用于旅游产品结构设计与开发中，描述旅游产品的三个层次为：核心层次（满足旅游者的基本需求）、形式层次（旅游设施和线路等实物形态）、延伸层次（基础设施和社会化服务等）。

基于以上理论，结合会展产品的综合性和复杂性以及在会展市场中的表现形式，对会展产品的层次和结构进行细分。

(二)会展产品的类型

在类型上,会展产品可主要分为基础产品、延伸产品和派生产品三大类。

1. 基础产品

基础产品是会展活动得以存在的物理载体和必要条件,构成了会展产品的基础形态。在空间载体上,主要体现为专业化的展览场馆本身,展馆内的标准展位以及特装展位,以及展馆内的相关配套空间,大如会议室、餐饮区、休息区、咨询台、停车场,小至易拉宝售卖摊、绿植租赁点、安保门亭、卫生间等。在硬件支持上则更多体现为,场馆以及会展供应商为提高运营管理效率以及服务品质所提供的如音响设备、投影设备、网络设施、灯光系统、安防监控、消防系统等基础运营保障内容。

基于会展产品本身的综合性,会展基础产品的特点是其有形载体与无形服务的市场体现形式有所交叉。比如,会展产品所提供的基本服务,如展位搭建、物流运输、仓储、安保、清洁以及展会过程中制作的各类餐券、证件、手册以及场馆内设置的指示牌、海报等,都同时承载了无形服务与有形载体这两重元素,两者的边界往往呈现出一种动态交融状态。这种综合性源于会展活动的"服务本质"——所有基础产品的实现均以"人"的服务能力为核心纽带。

有形载体和无形服务均围绕会展活动的基础需求而存在——即确保参展商与观众获得基本的物理存在条件与秩序保障,始终协同,但仍具备可分离性,能够独立进行评估。有形载体作为可量化的物理存在,而无形服务也能够通过服务标准实现评估。例如,餐券作为消费凭证(有形),其价值实现依赖餐饮服务团队的供餐能力(无形);指示牌作为信息载体(有形),需配合导览人员的即时服务(无形);展位作为物理空间(有形),需通过搭建服务实现功能转化(无形),我们都可以通过对有形载体数量、质量的核准以及无形服务时效、客户满意度等来判断会展基础产品是否合格。

2. 延伸产品

延伸产品则偏重围绕基础产品开发的附属增值服务,其赋予会展产品更强的功能与活力。这种增值服务往往体现在展会全链条服务设计中的信息增值、资源对接、参展品牌赋能等内容。将展会所传递出的碎片化资源,通过整合和加工实现从"信息传递"到"价值创造"的华丽转身。

以中国国际家具展览会为例,其通过信息增值服务矩阵、资源链接生态网络、品牌赋能引擎三大模块,使展会从"产品展示场"转变为"产业赋能中心"。中国国际家具展览会通过出具展后报告、客户画像、参展商销售概况等内容,将空洞的信息数据转变为洞察行业趋势的利器,并通过线上直播、自媒体营销、数据备份等手段,将展会空气中弥漫的无形销售信息,依托现代科技,向世界传播,将展会精华内容沉淀为可追溯的知识资产,突破了时空的限制;除了通过传统的供需对接会、行业论坛等方式,减少产业链供需双方信息的不对等,中国国际家具展览会还开设了家具在线网站以及官方优选小程序,打造了"365天"的线上展会资

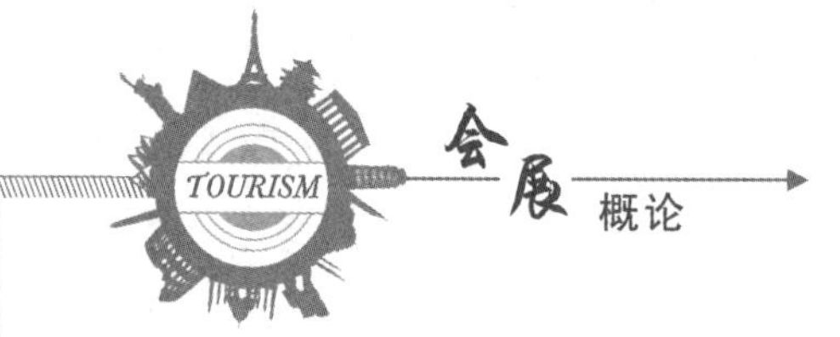

源匹配链，为参展商提供全年在线展示、需求发布等延伸服务，将供需双方的核心需求转化为具体合作机会，助力产业成果市场化；此外，除常规地通过媒体多渠道曝光，放大参展商品牌声量，中国国际家具展览会还凭借自身行业地位，联合其他行业组织，通过由金点奖、金人奖-软装美学设计大赛、金斧奖-中国家居材料创新大赛、创新奖、优秀绿色搭建奖、展商荣誉奖共同组成的奖项认证体系，为参展品牌信誉背书，让参展企业不仅仅是在展会中被“看见”，而是为世界所“发现”，为推动行业高质量发展贡献了重要力量。

会展的延伸产品主要发挥的是会展信息桥梁作用和“服务产业价值链”功能，会展主办机构通过打造这一会展产品将展会转化为持续创造价值的行业枢纽，不仅象征着会展企业的实力，更体现了会展企业的社会责任，展示着“中国智慧”，成为推动会展业高质量发展的重要手段。

3. 派生产品

派生产品更偏重会展产品的精神内核，聚焦于客户的体验与情感价值，根本上决定了产品的独特性与吸引力。通过带有展会主题色彩的活动或装置，如主题音乐、香氛、体感互动游戏、一场深刻动人的行业讲座等，或社群的持续运营，引发观众价值认同、营造归属感。

综上，现代会展应遵循“基础产品标准化、延伸产品差异化、体验价值情感化”的开发路径，通过技术创新、形式创新、内容创新构建完整产品生态。

二、会展产品的层次和结构

从层次和结构上，会展产品可分为核心产品、实体产品和附加产品三大类。

（一）第一层：核心产品层

指会展产品开发者为参与者提供交易、展示的机会和会展经历，即会展活动本身。在会展产品的构成中，会展活动本身是会展供给市场提供给会展需求市场的核心产品，这是会展参与者在会展过程中得到的核心收益，也是会展参与者参加会展的首要目的所在。例如，中国进出口商品交易会（广交会）为中外企业提供面对面交易平台，促成订单签约与长期合作关系建立；博鳌亚洲论坛为政商界领袖提供思想碰撞与战略对话的平台，推动区域经济合作共识。

（二）第二层：实体产品层

指会展产品开发者为参与者提供场地、展位、座位、装饰、餐饮、纪念品等实物形式的产品，相应地，会展参与者得到的是享受这些实物带来的有形收益等。例如，上海国家会展中心所提供的60万平方米智能展馆、恒温恒湿展柜等设施为参展商提供专业展示空间，以及如成都糖酒会现场提供的试吃体验区、定制化包装礼盒等实物，直接促进产品销售转化。

（三）第三层：附加产品层

指会展产品开发者为参与者提供娱乐、表演、休闲、旅游、住宿、交通、停车场及其他服务（包括通信、金融、保险等），还提供与各种类型和身份的来宾打交道和进行社交的机会，这些是会展参与者参加会展得到的衍生收益。例如，迪拜世博会推出“世博护照”集章活动，结合主题馆打卡与文化演出，增强观众参与感，以及如杭州云栖大会推出“数字经济夜游西湖”活动，将技术论坛与城市文化体验结合。

三、我国会展产品趋势与特色

根据《中国展览经济发展报告2024》，我国会展客体市场发展活跃，展会举办数量和规模均稳步增长、品牌建设力度大、国际化水平不断提升，具体主要呈现以下几个特点。

（一）品牌化建设向高质量发展

品牌化是会展活动的三大鲜明特征之一，衡量会展项目的品牌化建设水平主要包括其品牌定位与形象的强化树立、规模与整体服务水平，市场竞争力水平、知名度和美誉度以及顾客忠诚度等。

2024年国内经贸类展览项目数量行业分布如图4-2所示。

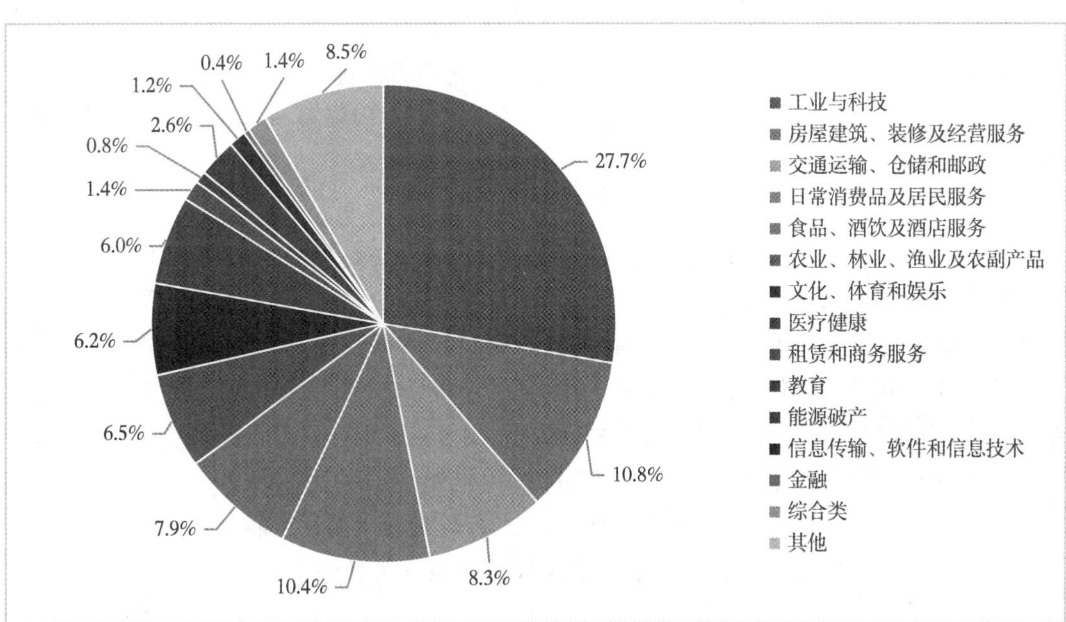

图4-2　2024年国内经贸类展览项目数量行业分布

（来源：中国贸促会《中国展览经济发展报告2024》）

各地结合重点产业特色产业积极策划专业展会，充分发挥展会平台作用，打造展会与产业融合发展格局。如深圳围绕战略性新兴产业和未来产业打造的“一集群、一展会（论坛）”

体系已基本成形；广州市出台《广州市现代会展产业链高质量发展三年行动计划（2024—2026年）》，围绕全市重点产业链构建“一产业链一专业展会”；鄂尔多斯市围绕构筑世界级羊绒产业，持续扩大中国（鄂尔多斯）国际羊绒羊毛展览会综合效益；台州市贸促会以四大品牌展会为主线，充分彰显台州主导产业集群的优势，在推动台州企业转型升级方面发挥了重要作用。

以中国（鄂尔多斯）国际羊绒羊毛展览会为例，以“世界绒都·质胜未来”为主题的第七届中国（鄂尔多斯）国际羊绒羊毛展览会（以下简称“羊博会”）于2024年7月19日至21日在鄂尔多斯市东胜区举办。羊博会作为中国羊绒羊毛制品行业在供应链资源对接、产业高端化转型、市场国际化供给等方面具有较大影响力的大型交流合作盛会，已成功举办六届，已发展成为具有“鄂尔多斯风格、中国特色、世界水平”的专业展会品牌，先后荣膺“2019年中国最具影响力品牌展会”“2020年中国品牌展览会优秀奖”等荣誉称号。第七届羊博会展品范围包括原料与成品、动物绒类、机械及软件等。展区设置包括会务服务区、羊绒羊毛原料展区、面料纱线展区、成品展区、丝路国际合作展区、装备与科技展区、配套产业展区、开幕式舞台（走秀区）、论坛区、商务洽谈区。第七届羊博会参展企业数量较上届增长超55%，头部企业数量较上届增长50%，产业集群较上年增长达150%；展览面积超过2万平方米，较上届增长0.5万平方米，增幅超33%。

（二）国际化水平不断提高

衡量会展产品发展的国际化水平可主要从以下三个方面进行。一是通过国际会展业权威机构认证，彰显国际竞争力；二是展会举办过程中吸引的国际展商和观众数量比重；三是出国办展项目的拓展。

2024年，我国重大展会的境外参展商比重不断提升，国际展商客商参加中国展会的积极性高，以进博会、链博会、服贸会等为代表的重大展会是推进中国高水平对外开放的重要平台，境外参展商的比重不断提升彰显中国市场的强大吸引力。其中，第七届进博会共有129个国家和地区的3496家参展商参加，国别（地区）数和企业数均超过上届，参展的世界500强和行业龙头企业达297家，创历史新高。第二届链博会境外参展商比例达到32%，超过去年，其中欧美参展商占境外参展商比重的50%。2024年服贸会国际化参与度再创新高，线下参展企业整体国际化率超过20%，吸引了460余家世界500强和行业龙头企业，共有85个国家和国际组织设展办会，其中13个首次独立设展，数量均超过上届。

2024年，中国贸促会审批通过并实际执行出国展览项目1166项，涉及60个国家或地区，出国参展1067项，出国办展99项，展览面积70.37万平方米，参展企业5.01万家，出国展实际执行项目数量、组织企业数量、展出面积同比2023年分别增长29.4%、26.3%、23%。

（三）创新发展向数字化转型

科技创新能够催生新产业、新模式、新动能，是发展新质生产力的核心要素，展览业发展新质生产力要加快推动产业数字化，以新动能推动新发展。展览业与数字经济加速融合，

"数智化"为展览业创造新需求、新模式和新增长点。2024年,我国各地鼓励顺应大数据、云计算、人工智能等发展趋势,利用人机交互、人工智能、大数据可视化、元宇宙等新技术,推动"数字+会展+体验"等新场景加快发展。

(四)低碳发展向绿色化转型

绿色会展是一种现代会展业的创新实践,将环保理念渗透到会展的方方面面,从选材、设计到服务流程都考虑节约和环保的效果,它不仅在推动环保意识普及方面起到了积极的作用,还有助于促进经济的可持续发展。绿色会展理念的追求与实践,是会展高质量发展的重要途径之一。

(五)文旅融合下会展产品的整合

早在2009年,我国文化部、国家旅游局联合发布了《关于促进文化与旅游结合发展的指导意见》。2018年文化和旅游部宣布成立,实现了文化与旅游的统一规划、统一协调和统一管理,为文化与旅游产业融合发展提供有力的体制机制保障,并推动了相关政策的有效制定和实施。例如,党的二十大报告强调指出"推进文化和旅游深度融合发展";《"十四五"文化产业发展规划》提出:坚持"以文塑旅、以旅彰文",推动文化产业和旅游产业深度融合发展,推进"文化+"战略,促进文化产业与实体经济深度融合,为国民经济和社会发展注入文化活力;《"十四五"文化和旅游发展规划》还提出:对"十四五"期间我国文旅行业发展重点工作做出了具体部署,坚持以文塑旅、以旅彰文,推动文化和旅游深度融合、创新发展,不断巩固优势叠加、双生共赢的良好局面等等一系列政策的出台为我国文旅融合发展提供了坚实的政策基础和保障。

此外,文化与旅游两大产业具备高度关联性和互补性。文化内容及人文吸引物为旅游活动提供了丰富的内涵和吸引力;反之,旅游活动为文化的发展和消费提供了广阔的市场和传播渠道。可见,文化与旅游二者相互融合能够充分实现产业在一定区域空间内的资源共享与优势互补,促进文化产业和旅游产业的协同发展,提升产业整体竞争力。

章节案例
2025上海旅游产业博览会

在文旅融合发展背景下,"文化搭台、旅游唱戏、会展服务"的局面成为文旅会展产业融合的一大亮点。例如旅游业通过主办大型会展活动进行旅游目的地形象推介,旅游产业链集聚一堂共同展示旅游产品,营销旅游文化,刺激旅游消费,打造了"会展+旅游""旅游+百业"的新局面。

第三节　会展市场介体

一、会展市场介体的定义

市场介体,是指在市场经济活动中,位于生产者和消费者之间,通过提供各种服务来促进交易、降低交易成本、提高市场效率的组织或个人。市场介体的主要职责是连接市场供需双方，帮助他们更有效地进行交易。

会展市场介体是指在会展市场中起到中介作用的组织或机构，它们在会展活动的策划、组织、运营和推广等各个环节中提供专业服务，促进交易的顺利进行，并提高市场效率。主要体现形式是会展场馆。

二、会展场馆及相关概念

（一）会展场馆的定义

会展场馆是指从事会议、展览以及节事活动的主体建筑和附属建筑，以及相关配套的设施设备和服务，它由硬件和软件两部分组成。场馆中的“场”，是场地，一般指室外区域；“馆”，即馆所，一般指室内区域。因此，会展场馆可以分成室内的会展和展览中心以及露天的会议和展览场地等。

按照用途划分，会展场馆包括：博物馆、展览馆、美术馆、纪念馆、陈列馆、会议中心、展览中心、体育馆、文化广场、城市规划展示馆、剧院、剧场。1按照规模，把会展场馆总结为小型、中型、大型和临时的会展场馆。

大型会展场馆是指场馆规模庞大，多数举办大型的综合性的展览活动和国际性会议的会展场馆。上海会展研究院在其2016年度报告中将展馆分为超大型场馆、大型场馆、上规模场馆和普通场馆四个层次，室内可供展览面积分别是：10万平方米、5万平方米、2万平方米、0.5万平方米。UFI将展览馆按照室内可租用面积5000至2万（不含）平方米、2万至5万（不含）平方米、5万至10万（不含）平方米和10万平方米及以上，分为小、中、大和超大型四种规模。中国建筑标准指出，大规模的公共聚集场所包含建筑面积大于5万平方米的体育场馆、会堂、公共展览馆和博物馆的展示厅。可见，大型会展场馆一般指室内展览面积大于5万平方米的会展建筑综合体。

（二）会展综合体

我国会展综合体是随着中国会展经济和会展产业需求应运而生的，是富有很强衍生性的一种会展场馆模式。演变形式从单一的展馆和会场到会展中心、展览贸易中心，再到会展综合体，在此基础上，“会展商圈”也逐渐形成，有学者认为“会展商圈”里的“核心业务圈层”就是会展综合体。并且随着“会展综合体”的发展壮大，渐渐扩展成会展城，甚至是会展聚集区等新兴概念模式。詹雅婷将会展综合体定义为大型会展综合性建筑体，它需要能满足城市大型活动的需要。同时具备商务、居住、餐饮和办公等配套功能，其主要特点是“一体化”“大体量”“多业态”。林颖认为会展综合体既是多产业功能的组合，更是在互相激发的情况下更深层次地整合关系，同样聚焦于人类活动。所以综合体不仅是简单的会展建筑的聚集，更是人类活动与会展建筑功能形成的统一的公共活动场所。国内外成熟的会展综合体往往巩固了综合性会展大型项目的发展模式。德国著名的会展公司旗下场馆建筑多是会展综合体，且更为成熟的有汉诺威、法兰克福、莱比锡、慕尼黑、柏林、杜塞尔多夫等多个国际公认的会展城市。综上，会展综合体是城市规划中起到城市影响力助燃剂的重要组成部分，城市规划中的基建和其他建筑都会抽象或直接地与之产生关系。因此，会展建筑本身应该充分背靠城市实力，展现城市文化，提高城市影响力。

（三）绿色会展场馆

2015年国务院出台的有关文件提出，要坚持以低碳、绿色可持续的发展理念，加速会展产业的转型，表明我国向绿色会展场馆的转型升级势在必行。绿色会展场馆属于绿色建筑，而绿色建设指的是在建筑的全寿命周期内，最大限度地节约资源、保护环境和减少污染，为人们提供健康、适用和高效的使用空间，与自然和谐共生的建筑。刘秀丽认为，绿色会展中的“绿色”是指以“可持续发展”为目标，注重环境保护，促进会展业实现环保、低碳、安全、效率、节约、和谐的发展模式，绿色会展场馆是实现绿色会展的必要基础。国际上，实现绿色会展建筑一般遵循“一大目标，一大标准”。“一大目标”指的是联合国17项可持续发展目标，即2015年联合国峰会上，各国领导人共同通过并宣布的《2030年可持续发展议程》中提出的一系列围绕社会、经济和环境三维度的全球发展目标。“一大标准”，指的是2012年由国际标准化组织(ISO)颁布的ISO20121标准，即ISO 20121:2012《活动可持续性管理体系—要求和使用指南(Event sustainability management systems - Requirements with guidance for use)》，是针对大型赛事、会展等活动举办制定的可持续性管理体系标准，旨在通过系统化框架减少活动举办对环境、社会和经济的负面影响；我国同样采用ISO20121这一国际标准，将其转化为国家标准《大型活动可持续性管理体系 要求及使用指南》(GB/T 31598—2015)。2022年，北京冬奥会即参照此标准进行了场馆、组织、运营等多方面的可持续化管理。

由以上可见，绿色会展场馆指的是会展场馆的规划设计、建筑与建设、活动举办期间的运营和管理等各环节，均应充分考虑对环境的保护、资源的节约和能源效率等多元因素，以实现绿色化、低碳化和可持续发展为目标的会展建筑综合体。

（四）建筑三要素

奥古斯都时期的建筑师兼工程师维特鲁威在其经典著作《建筑十书》中给出了三个建筑标准：实用、坚固、美观。直到现在，无论世界建筑学的发展内涵多么庞大，这三个原则仍作为评价建筑的标准。当今建筑学公认的建筑三要素是指建筑功能、物质技术条件和建筑形象。建筑功能是指建筑在物质和精神方面必须满足的使用要求；建筑技术包括建筑结构技术、材料技术、施工技术；建筑形象是建筑内外感官的具体体现，包括建筑形体、空间、线条、色彩、质感、细部等方面。在会展场馆建筑上，建筑三要素具体可做以下解析。

1. 会展建筑功能

建筑功能即会展场馆必须包含会展举行全过程所需的场所，以及场所内部所提供的所有物资和服务，如表4-4所示。

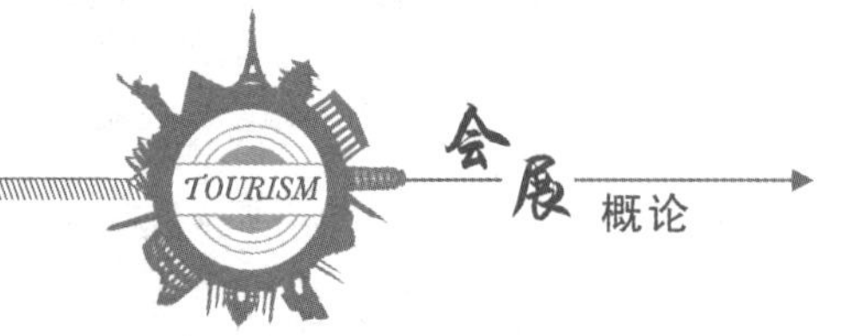

表 4-4　会展建筑功能场所

功能场所	涵盖内容
展览空间	室内展厅和室外展示区
会议空间	大小型会议室、演播厅、多功能厅
公共服务空间	交通服务空间即停车场、登录区、楼梯通道、电梯和生活服务空间即休闲场所、餐饮场所、BTM、医疗区域、酒店等
辅助空间	行政办公用房、设备区域、物流区域、临时办公区域、洽谈区等

2. 会展建筑技术

建筑技术既要满足智能、科技的需求又要满足绿色低碳节能的设计思想。首先建筑材料要保证人类的身体健康，考虑材料的性能，以高信息、低耗能、可循环和可持续的设计理念构造材料系统。建筑构造要保障馆内“人和物”的基础需求，例如调节场馆的室内温度达到人类参展的体感温度和展品的展览温度等。其次是建筑材料的维修更换，展馆的耗材不仅体现在建筑材料上，还体现在建成后办展和日常维护所消耗的能源需求。如展览馆面积庞大，顶层的设计一般利用太阳能的动力来获取电力；还有设计利用雨水的展览馆屋面自动降温器等。

3. 会展建筑形象

托伯特·哈姆林是美国现代建筑学家，他提出了现代建筑技术美的十大法则：统一、均衡、尺度、比例、韵律、布局中的序列、规则和不规则的序列设计、性格、风格、色彩。十大法则基本诠释了建筑美学的要素。建筑的审美活动是在具体的社会历史条件下进行的，基于会展建筑的利益相关者十分广泛，往往参展的观众和本地的居民对场馆的建筑形象颇为在意。建筑的形象审美活动是动态的、复杂的、多元的心理变化的过程，而且大型会展场馆属于一级建筑，建筑年限在100年以上，但是展馆时常翻新和扩建，所以展馆的形象要符合当时的普通大众的审美，还要能够突出地域文化的传承与超越。结合地域的环境要素，如城市的气候、地形特征等显性因素，结合当地的社会人文、风俗习惯、文化传统等隐性要素，构造出符合场馆受众审美的建筑形象。

三、会展场馆在会展市场要素中的地位与作用

会展场馆以及配套设施的建设一般具有成本投入大、回收周期长等特点，因此绝大多数国家会展场馆的建设都有政府的财政投入或政策支持，具有公共产品的属性；但场馆又是会展活动得以开展的基本物质基础和设施条件，具有产业市场化属性。会展场馆的规划建设、运营与管理是会展市场发展的重要内容。

（一）会展场馆是会展市场中的“纽带”和“桥梁”

无论是传统古老的集市还是具备现代特色的会展活动，都离不开一定的有形和无形场

所。会展场馆为现代会展活动的举办提供了必要的场地空间和设备条件,尤其是为高水平、大规模的会展活动的举办提供了设施保障。作为会展市场的介体,会展场馆是会展活动举办的必要场所,更是整个会展产业链的核心环节,其将会展市场主体和会展市场客体连接在一起,是会展客流、物流、资源流、信息流的价值枢纽;也是衔接会展上下游产业链产业接口,通过会展场馆,参展商、观众、服务商等得以聚集在这一特定空间内,完成市场的对接,实现商贸洽谈与交易以及促成其他市场行为和目标的达成。

(二)会展场馆是会展市场发展的核心资源

会展场馆的建筑面积规模、服务设施设备条件、服务质量和水平等是提升展会吸引力和竞争力、提高参展商和观众服务体验的重要元素,对会展主办质量和效果具有重要的影响。会展场馆能够提供先进设施设备、良好的软硬件服务,顺应时代发展特征提供数字化、智能化与绿色化服务理念和手段,是现代会展主办方做出选择的主要依据,是能否吸引知名展会和大型活动举办的关键因素。

(三)会展场馆是会展市场经济效益的主要创造者

会展场馆是会展市场的重要组成部分,是会展市场产业联动引擎的重要螺丝钉,不仅可以直接产生一定的经济效益,还可以通过间接经济辐射,带动交通、住宿、旅游等关联产业的发展。通过举办各种大型会展活动,会展场馆一方面可以通过场地租赁、提供配套服务等方式从主办方获得租金收入、搭建收入、广告收入、餐饮收入等;另一方面,基于展会举办期间积累的大量展商和观众,他们在目的地城市的消费可激发会展场馆及周边配套设施相关产业的活力,如促进物流、酒店、餐饮、交通、旅游、零售等行业的就业机会和经济收入等。

(四)会展场馆助力产业生态圈的形成与创新发展

会展场馆是促成某一行业和领域会展活动成功举办的重要一环,为该行业和领域的全产业链企业提供了集中进行产品展示、销售、交易和信息交流的平台。尽管时间有限,但全行业企业可以了解和洞察行业最新动态、前沿科技和市场发展趋势,全行业产业链上、中、下游企业可以集聚一起开展业务洽谈、达成合作、产生交易,从而促进全产业链的协同、创新升级和优化发展。例如,德国汉诺威展览中心,拥有27个展馆和一个具备35个功能厅的会议中心,其总面积达到100万平方米,可同时容纳约2.6万个参展商和230万名观众,每年德国汉诺威工业博览会均在此举办,吸引了来自世界各地的客户和合作伙伴,促进了全球工业技术的交流与合作,推动了工业行业的技术创新和产业升级,促成了工业展产业生态圈的形成。

(五)会展场馆的服务质量可有效实现价值共创

价值共创的思想最早由国外学者Norman和Ramirez提出,Norman认为价值创造的基础是供应商和消费者之间的互动。1999年,他进一步提出了价值共同生产(Value Co-production)的概念,认为生产者和消费者双方将共同参与价值创造和再创造。价值共创认为企业应该关注消费者消费体验,倡导以用户为中心、用互动方式共同创造价值。

会展场馆同参展商与观众间既是物理空间的主客关系,又是服务生态上的供需关系,主办方、参展商和观众从某种程度上都是会展场馆的客户和服务对象。会展活动举办期间,会展场馆为参展商和观众提供的优质服务,最终影响着会展活动的价值共创结果。例如,场馆是人群活动的物理容器,决定客户参展的行为路径与体验边界,客户通过自身对材质、光线、尺寸等空间感知,对场馆形成第一印象,并跟随场馆的动线设计、设施触点(如展位设置、卫生间密度)进行活动。场馆也可以通过观众反哺数据,洞察客户参展效果,改善环线设计,优化人群管理、参展效率,或通过无障碍通道、母婴室、数字导览系统、多语言标牌、避雨/遮阳设施、增强"第三空间"属性、赠送IP周边等人性化措施,构建"场馆-人群"的深度连接。在数字经济背景下,会展场馆正在依托大数据、人工智能等数智化技术不断提高服务能级,满足参展商和观众在展览现场多个场景中的服务要求,提升服务体验感知水平和效果,不断从单纯的"场地租赁"迈向会展活动举办的"价值共创"。

(六)会展场馆是展示城市形象的重要窗口

会展场馆的建设是时代经济发展的产物,是体现城市会展经济发展水平的窗口。会展场馆作为城市的重要公共建筑之一,其建设规模、设计风格和运营管理水平往往代表着城市的形象和实力。早在1851年,世界上首届世博会即"万国工业博览会"举办期间,它的举办场馆"水晶宫"不仅标志着世界生产力发展的水平,更为英国伦敦的城市形象增姿添彩。现代会展业发展过程中,一个现代化、国际化的会展场馆不仅可以助力会展业的发展,吸引更多市场和资源,还可以成为城市的地标性建筑彰显城市的整体形象,通过承办各类会展活动提升城市的知名度和美誉度,展示城市的产业优势、文化底蕴和创新活力。例如,上海的国家会展中心以其宏大的规模和先进的设施,成为上海会展业的一张名片,也是目前上海的地标性建筑之一,助力提升了上海的整体城市形象。

四、中国会展场馆的规划与建设

(一)中国展览场馆建设及使用整体状态

依据中国会展经济研究会《2023年度中国展览数据统计报告》,截至2023年12月31日,全国正在使用的展览馆有366座,正在建设的展馆有13座,已经立项待建展馆有6座,综合全国在用、在建和立项待建的展馆情况,未来全国展馆总数将达385座。具体如表4-5所示。

表4-5 2014—2023年全国展览场馆建设情况(单位:座)

状态	2014	2015	2016	2017	2018	2019	2020	2021	2022	2023
在用	226	286	316	348	286	292	298	291	356	366
在建	16	21	19	20	23	24	24	24	27	13
待建	4	5	5	8	14	16	6	6	8	6

其中，2023年在用的366座展馆的室内可供展览总面积为1626.63万平方米，比2022年增加101.17万平方米，增幅为6.63%；全国14座在建展馆的室内可供展览总面积为167.23万平方米，比2022年减少161.64万平方米，降幅为49.15%；全国立项待建的6座展览馆可供展览总面积为65.8万平方米，比2022年增加14.2万平方米，增幅为27.52%。因此，综合全国在用、在建和立项待建的展馆可供展览办展面积可以预测未来全国可供使用的办展总面积达1859.66万平方米，具体数据可参照表4-6。

表4-6　2014—2023年全国展览场馆室内可供展览面积比较(单位:万平方米)

	2014	2015	2016	2017	2018	2019	2020	2021	2022	2023
在用	830.69	892.89	1000.7	1187.99	1129.8	1196.6	1229	1224.42	1525.46	1626.63
在建	114.24	186.82	107.81	202	245.7	227.4	359	307.65	328.87	167.23
待建	19.2	41.5	41.5	84	161.6	170.6	57	57	51.6	65.8

从全国投入使用的展览场馆数量来看，山东省展览场馆达50座，为全国各省(区、市)最多，占比达13.70%。广东省43座，江苏省36座，位居全国第二、第三，占比分别达11.78%和9.86%。在各省(区、市)中，按投入使用展览场馆的室内可供展览总面积，山东省达269.59万平方米，广东省达204.73万平方米，浙江省达102.67万平方米，江苏省达100.48万平方米，上海市达90.88万平方米，分列全国前五位，具体参照表4-7。

表4-7　2023年全国各省(区、市)展览场馆数量、展览面积比较

序号	展馆数量/座	展览面积/万平方米	省(区、市)
1	50	269.59	山东省
2	43	204.73	广东省
3	25	102.67	浙江省
4	36	100.48	江苏省
5	8	90.88	上海市
6	14	89.69	福建省
7	26	79.76	湖南省
8	26	68.34	河北省
9	15	61.3	四川省
10	10	56.97	内蒙古自治区
11	9	53.68	湖北省
12	16	48.72	江西省
13	2	47	天津市
14	7	38.38	北京市
15	11	35.65	安徽省

续表

序号	展馆数量/座	展览面积/万平方米	省(区、市)
16	11	32.6	陕西省
17	1	30	云南省
18	12	29.26	辽宁省
19	4	29.05	重庆市
20	6	27.5	广西壮族自治区
21	7	19.76	河南省
22	5	17.67	吉林省
23	1	15.9	宁夏回族自治区
24	3	15.6	黑龙江省
25	4	15.03	山西省
26	5	13.63	海南省
27	1	10	新疆维吾尔自治区
28	3	8.68	贵州省
29	3	7.18	甘肃省
30	1	3.93	青海省
31	1	3	西藏自治区

从全国范围看,在全国149个城市建设有会展场馆,其中单个城市在用展馆数量排名前四的城市分别为佛山市、乐山市、长沙市、广州市,具体参见表4-8。

表4-8　2023年城市展览场馆数量比较(单位:座)

城市展馆数量	城市名称						
13	佛山市	乐山市					
9	长沙市	广州市					
8	临沂市	南京市	上海市	苏州市	武汉市	杭州市	
7	北京市	邢台市	西安市				
6	济南市	青岛市	泉州市				
5	成都市	宁波市	深圳市	沈阳市	潍坊市	郑州市	中山市
4	大连市	赣州市	合肥市	南昌市	三亚市	厦门市	汕头市
	无锡市	徐州市	宜春市	长春市	重庆市	济宁市	东营市
	邯郸市	株洲市	石家庄市				
3	滨州市	沧州市	东莞市	贵阳市	呼和浩特市	温州市	

续表

城市展馆数量	城市名称						
2	常州市	福州市	桂林市	哈尔滨市	呼伦贝尔市	湖州市	嘉兴市
	九江市	聊城市	南宁市	南通市	上饶市	绍兴市	张家界市
	太原市	唐山市	天津市	威海市	烟台市	盐城市	舟山市
	雄安新区	衡水市	锦州市	晋中市	张掖市	湘潭市	
1	安庆市	包头市	宝鸡市	保定市	郴州市	池州市	赤峰市
	鄂尔多斯市	海口市	菏泽市	怀化市	淮安市	惠州市	吉安市
	江门市	景德镇市	昆明市	拉萨市	兰州市	廊坊市	连云港市
	柳州市	漯河市	通化市	宁德市	盘锦市	萍乡市	莆田市
	齐齐哈尔市	日照市	十堰市	台州市	泰州市	乌海市	乌鲁木齐市
	芜湖市	西宁市	咸阳市	湘西土家族苗族自治州	信阳市	扬州市	阳江市
	鹰潭市	永州市	榆林市	玉林市	岳阳市	枣庄市	镇江市
	驻马店市	淄博市	银川市	云浮市	湛江市	常德市	衡阳市
	邵阳市	娄底市	蚌埠市	亳州市	阜阳市	六安市	马鞍山市
	锡林郭勒盟	通辽市	乌兰察布市	渭南市	延安市	辽源市	

全国有53个城市展览场馆室内可供展览总面积超过10万平方米。其中,深圳市以105.51万平方米居首,上海市以90.88万平方米居次,济南市以85.51万平方米位居第三,具体参见表4-9。

表4-9　拥有10万平方米以上专业场馆的城市分布情况(单位:万平方米)

序号	城市	展馆面积(万平方米)	序号	城市	展馆面积(万平方米)
1	深圳市	105.51	28	宁波市	19.71
2	上海市	90.88	29	义乌市	19.2
3	济南市	85.51	30	泉州市	18.77
4	广州市	73.35	31	临沂市	18.06
5	杭州市	52.38	32	沈阳市	16.16
6	武汉市	52.24	33	银川市	15.9
7	厦门市	51.7	34	株洲市	15.4
8	青岛市	50	35	温州市	15.38
9	合肥市	48.1	36	金华市	15.12
10	天津市	47	37	石家庄市	15

续表

序号	城市	展馆面积(万平方米)	序号	城市	展馆面积(万平方米)
11	乐山市	43.98	38	东莞市	14.94
12	北京市	38.38	39	福州市	14.92
13	长沙市	35.7	40	赣州市	14.1
14	成都市	35.62	41	珠海市	13.75
15	佛山市	35.32	42	东营市	13.2
16	潍坊市	32.7	43	呼伦贝尔市	12.85
17	昆明市	30	44	绍兴市	12
18	重庆市	29.05	45	锡林郭勒盟	11.57
19	南昌市	28.8	46	太原市	11.5
20	苏州市	28.52	47	常德市	11.18
21	郑州市	27.5	48	南宁市	10.7
22	邢台市	26.21	49	海口市	10.63
23	滨州市	26.2	50	无锡市	10.6
24	长春市	23.9	51	哈尔滨市	10.6
25	南京市	23.5	52	徐州市	10.5
26	呼和浩特市	22.7	53	乌鲁木齐市	10
27	西安市	22.2			

全国单个展览场馆室内可供展览面积1万以上展馆有286个，其中排名前三的展馆分别为济南黄河国际会展中心、中国进出口商品交易会展馆、深圳国际会展中心，详见表4-10。

表4-10　2023年全国室内可供展览面积1万平方米以上展览场馆情况(单位:万平方米)

序号	展馆名称	所在省	所在城市	室内展览面积(万平方米)
1	济南黄河国际会展中心	山东省	济南市	51
2	中国进出口商品交易会展馆	广东省	广州市	50.4
3	国家会展中心(上海)	上海市	上海市	50
4	国家会展中心(天津)	天津市	天津市	40
5	深圳国际会展中心	广东省	深圳市	40
6	昆明滇池国际会展中心	云南省	昆明市	30
7	厦门国际博览中心	福建省	厦门市	30
8	中国厨都国际会展中心	山东省	滨州市	23
9	中国西部国际博览城展馆	四川省	成都市	20.5

续表

序号	展馆名称	所在省	所在城市	室内展览面积（万平方米）
10	重庆国际博览中心	重庆市	重庆市	20.4
11	新国际博览中心	上海市	上海市	20
12	敕勒川国际会展中心	内蒙古自治区	呼和浩特市	19
13	厦门国际会议展览中心	福建省	厦门市	18
14	银川国际会展中心	宁夏回族自治区	银川市	15.9
15	红岛国际会展中心	山东省	青岛市	15
16	武汉国际博览中心	湖北省	武汉市	15
17	寿光市蔬菜高科技示范园展馆	山东省	潍坊市	15
18	南昌绿地国际博览中心	江西省	南昌市	14
19	合肥滨湖国际会展中心	安徽省	合肥市	13.1
20	广东现代国际展览中心	广东省	东莞市	13
21	南京国际博览中心	江苏省	南京市	12.4
22	福州海峡国际会展中心	福建省	福州市	12
23	青岛世博城	山东省	青岛市	12
24	青岛国际博览中心	山东省	青岛市	12
25	二连浩特国际会展中心	内蒙古自治区	锡林郭勒盟	11.57
26	长沙国际会展中心	湖南省	长沙市	11.4
27	常德特产会展中心	湖南省	常德市	11.18
28	世纪城新国际会展中心	四川省	成都市	11
29	山东国际会展中心	山东省	济南市	11
30	中国国际展览中心(新馆)	北京市	北京市	10.68
31	海南国际会展中心	海南省	海口市	10.63
32	沈阳国际展览中心	辽宁省	沈阳市	10.56
33	深圳会展中心	广东省	深圳市	10.5
34	长沙北辰国际会议中心	湖南省	长沙市	10.4
35	潇河国际会展中心	山西省	太原市	10
36	江西国际汽车会展中心	江西省	南昌市	10
37	新疆国际会展中心	新疆维吾尔自治区	乌鲁木齐市	10
38	济南国际会展中心	山东省	济南市	10
39	花桥国际博览中心	江苏省	苏州市	10
40	潭洲国际会展中心	广东省	佛山市	10

续表

序号	展馆名称	所在省	所在城市	室内展览面积（万平方米）
41	广元国际会展中心	四川省	乐山市	10
42	绍兴国际会展中心	浙江省	绍兴市	10
43	珠海国际航展中心	广东省	珠海市	10
44	义乌国际博览中心	浙江省	义乌市	9.6
45	长春国际会展中心	吉林省	长春市	9.4
46	北京首钢会展中心	北京市	北京市	9.4
47	南宁国际会展中心	广西壮族自治区	南宁市	9.2
48	杭州国际博览中心	浙江省	杭州市	9
49	乌兰察布会展中心	内蒙古自治区	乌兰察布市	8.4
50	上海展览中心	上海市	上海市	8
51	苏州国际博览中心	江苏省	苏州市	7.8
52	保利世贸博览馆	广东省	广州市	7.78
53	贵阳国际会议展览中心	贵州省	贵阳市	7.58
54	永康国际会展中心	浙江省	金华市	7.56
55	西安国际会展中心一期展馆	陕西省	西安市	7.2
56	石家庄国际会展中心	河北省	石家庄市	7
57	天津梅江会展中心	天津市	天津市	7
58	上海世博展览馆	上海市	上海市	7
59	哈尔滨国际会展体育中心	黑龙江省	哈尔滨市	7
60	柳州国际会展中心	广西壮族自治区	柳州市	6.8
61	无锡太湖国际博览中心	江苏省	无锡市	6.72
62	郑州国际会展中心	河南省	郑州市	6.5
63	杭州白马湖国际会展中心	浙江省	杭州市	6.5
64	杨凌国际会展中心	陕西省	咸阳市	6.5
65	郴州市国际会展中心	湖南省	郴州市	6
66	青岛国际会展中心	山东省	青岛市	6
67	临沂国际会展中心	山东省	临沂市	6
68	佛山中国陶瓷城	广东省	佛山市	6
69	中国国际展览中心(老馆)	北京市	北京市	6
70	南安市石材产业展示中心展馆	福建省	泉州市	6
71	株洲国际会展中心	湖南省	株洲市	6

续表

序号	展馆名称	所在省	所在城市	室内展览面积（万平方米）
72	通辽市会展中心	内蒙古自治区	通辽市	6
73	桂林国际会展中心	广西壮族自治区	桂林市	5.8
74	烟台八角湾国际会展中心	山东省	烟台市	5.6
75	威海国际经贸交流中心	山东省	威海市	5.6
76	平乡县国际会展中心	河北省	邢台市	5.6
77	临朐国际会展中心	山东省	潍坊市	5.2
78	潍坊鲁台世贸会展馆	山东省	潍坊市	5.2
79	宁波国际会议中心	浙江省	宁波市	5.17
80	武汉国际会展中心	湖北省	武汉市	5
81	榆林会展中心	陕西省	榆林市	5
82	湖南国际会展中心	湖南省	长沙市	5
83	齐齐哈尔国际会展中心	黑龙江省	齐齐哈尔市	5
84	昆山国际会展中心	江苏省	苏州市	4.8
85	广饶国际博览中心	山东省	东营市	4.8
86	驻马店国际会展中心	河南省	驻马店市	4.76
87	农综区国际博览馆	山东省	潍坊市	4.6
88	重庆国际展览中心	重庆市	重庆市	4.5
89	余姚市中塑国际会展中心	浙江省	宁波市	4.2
90	邢台太行国际会展中心	河北省	邢台市	4.01
91	中国医药城会展中心	江苏省	泰州市	4
92	菏泽国际会展中心	山东省	菏泽市	4
93	连云港工业展览中心	江苏省	连云港市	4
94	信阳百花会展中心	河南省	信阳市	4
95	邢台国际会展中心	河北省	邢台市	4
96	芜湖宜居国际博览中心	安徽省	芜湖市	4
97	中国文化博览中心	湖北省	武汉市	4
98	晋江国际会展中心	福建省	泉州市	4
99	北京国家会议中心	北京市	北京市	4
100	北京亦创国际会展中心	北京市	北京市	4
101	广州国际采购中心	广东省	广州市	4
102	慈溪会展中心	浙江省	宁波市	4

续表

序号	展馆名称	所在省	所在城市	室内展览面积（万平方米）
103	粤东博览中心	广东省	汕头市	4
104	青海国际会展中心	青海省	西宁市	3.93
105	中国(安义)建材门窗博览中心	江西省	南昌市	3.8
106	德清国际展览中心	浙江省	湖州市	3.76
107	珠海国际会展中心	广东省	珠海市	3.75
108	宜宾国际会展中心	四川省	乐山市	3.73
109	烟台国际博览中心	山东省	烟台市	3.72
110	哈尔滨国际会展中心	黑龙江省	哈尔滨市	3.6
111	长沙红星国际会展中心	湖南省	长沙市	3.6
112	梁山国际会展中心	山东省	济宁市	3.5
113	广阳岛国际会议中心	重庆市	重庆市	3.5
114	南京国际展览中心	江苏省	南京市	3.5
115	国贸城会展中心	吉林省	辽源市	3.5
116	汇春博览中心	河北省	石家庄市	3.5
117	武林之星博览中心	浙江省	杭州市	3.4
118	温州国际会议展览中心	浙江省	温州市	3.38
119	绿地国际会展淮海国际博览中心	江苏省	徐州市	3.3
120	东光包装机械会展中心	河北省	沧州市	3.3
121	灵感创新展馆	广东省	广州市	3.27
122	绵阳会展中心	四川省	乐山市	3.2
123	甘肃国际会展中心	甘肃省	兰州市	3.18
124	石狮服装城展览艺术中心	福建省	泉州市	3.1
125	长春农业博览园	吉林省	长春市	3
126	廊坊国际会展中心	河北省	廊坊市	3
127	临沂国际博览中心	山东省	临沂市	3
128	丰县国际会展中心	江苏省	徐州市	3
129	安庆会展中心	安徽省	安庆市	3
130	常州西太湖国际博览中心	江苏省	常州市	3
131	西安临空会展中心	陕西省	西安市	3
132	中国中部花木城	安徽省	合肥市	3
133	中国陶瓷谷国际会展中心	湖南省	株洲市	3

续表

序号	展馆名称	所在省	所在城市	室内展览面积（万平方米）
134	西藏自治区会展中心	西藏自治区	拉萨市	3
135	青岛华秀会展中心	山东省	青岛市	3
136	桂林甲天下会展中心	广西壮族自治区	桂林市	3
137	景德镇陶博城国际会展中心	江西省	景德镇市	3
138	樟树岐黄健康小镇会展中心	江西省	宜春市	3
139	福州数字中国会展中心	福建省	福州市	2.92
140	安国市国际会展中心	河北省	保定市	2.9
141	南通国际会展中心	江苏省	南通市	2.8
142	沈阳新世界博览馆	辽宁省	沈阳市	2.8
143	上海汽车会展中心	上海市	上海市	2.8
144	宁德会展中心	福建省	宁德市	2.8
145	盘锦国际会展中心	辽宁省	盘锦市	2.8
146	永州国际汽车会展中心	湖南省	永州市	2.8
147	潍坊富华国际展览中心	山东省	潍坊市	2.7
148	平邑石材展览中心	山东省	临沂市	2.7
149	威海国际展览中心	山东省	威海市	2.7
150	大连自贸区国际会展中心	辽宁省	大连市	2.7
151	于都会展中心	江西省	赣州市	2.7
152	大连世界博览广场	辽宁省	大连市	2.7
153	灯都古镇会议展览中心	广东省	中山市	2.7
154	包头国际会展中心	内蒙古自治区	包头市	2.6
155	淄博会展中心	山东省	淄博市	2.6
156	淮安国际博览中心	江苏省	淮安市	2.5
157	宿迁国际体育会展中心	江苏省	宿迁市	2.5
158	内蒙古国际会展中心	内蒙古自治区	呼和浩特市	2.5
159	泸州国际会展中心	四川省	乐山市	2.5
160	泰山国际会展中心	山东省	泰安市	2.5
161	宿迁国际会展中心	江苏省	宿迁市	2.5
162	顺德前进汇展中心	广东省	佛山市	2.5
163	佛山国际会议展览中心	广东省	佛山市	2.5
164	广东珠西国际会展中心	广东省	江门市	2.42

续表

序号	展馆名称	所在省	所在城市	室内展览面积（万平方米）
165	黄河三角洲交易服务中心	山东省	滨州市	2.4
166	惠州会展中心	广东省	惠州市	2.4
167	嘉兴国际会展中心	浙江省	嘉兴市	2.31
168	厦门佰翔会展中心	福建省	厦门市	2.3
169	满洲里国际会展中心	内蒙古自治区	呼伦贝尔市	2.3
170	福建成功国际会展中心	福建省	泉州市	2.3
171	北京展览馆	北京市	北京市	2.2
172	广州白云国际会议中心	广东省	广州市	2.2
173	唐山国际会展中心	河北省	唐山市	2.2
174	惠安雕艺文创园会展中心	福建省	泉州市	2.17
175	中国光谷科技会展中心	湖北省	武汉市	2.12
176	全国农业展览馆	北京市	北京市	2.1
177	张家界国际会展中心	湖南省	张家界市	2.1
178	遂宁国际会展中心	四川省	乐山市	2.1
179	坪山燕子湖国际会展中心	广东省	深圳市	2.01
180	西安国际会展中心会议楼	陕西省	西安市	2
181	南通体育会展中心	江苏省	南通市	2
182	安徽国际会展中心	安徽省	合肥市	2
183	日照国际博览中心	山东省	日照市	2
184	常熟国际展览中心	江苏省	苏州市	2
185	盐城国际会议展览中心	江苏省	盐城市	2
186	张掖国际展览中心	甘肃省	张掖市	2
187	青竹湖国际会展中心	湖南省	长沙市	2
188	临沂农展馆	山东省	临沂市	2
189	池州国际会展中心	安徽省	池州市	2
190	宝鸡国际会展中心	陕西省	宝鸡市	2
191	唐山南湖国际会展中心	河北省	唐山市	2
192	邯郸国际会展中心	河北省	邯郸市	2
193	四川国际旅游交易博览中心	四川省	乐山市	2
194	任丘市会展中心	河北省	沧州市	2
195	南丰国际会展中心	广东省	广州市	2

续表

序号	展馆名称	所在省	所在城市	室内展览面积（万平方米）
196	青岛·上合之珠国际博览中心	山东省	青岛市	2
197	嵊州市国际会展中心	浙江省	绍兴市	2
198	亳州康美中药城会展中心	安徽省	亳州市	2
199	金太阳国际会展中心	安徽省	六安市	2
200	马鞍山国本会展中心	安徽省	马鞍山市	2
201	南京上秦淮国际文化交流中心	江苏省	南京市	1.93
202	海宁会展中心	浙江省	嘉兴市	1.93
203	黄河国际会展中心	山东省	东营市	1.8
204	赤峰国际会展中心	内蒙古自治区	赤峰市	1.8
205	沧州国际会展中心	河北省	沧州市	1.8
206	广州空港博览中心	广东省	广州市	1.8
207	山西省农产品国际交易中心	山西省	晋中市	1.76
208	常州国际会展中心	江苏省	常州市	1.7
209	南康家居小镇会展中心	江西省	赣州市	1.7
210	高安国际会展中心	江西省	宜春市	1.7
211	宜兴窑湖小镇国际会展中心	江苏省	无锡市	1.68
212	淮州国际会展中心	四川省	成都市	1.62
213	鄂尔多斯(康巴什)国际会展中心	内蒙古自治区	鄂尔多斯市	1.6
214	申华国际展览中心	陕西省	渭南市	1.6
215	岳阳文化艺术会展中心	湖南省	岳阳市	1.6
216	跨采会展中心	上海市	上海市	1.6
217	富力环球时尚博览中心	广东省	广州市	1.6
218	中山博览中心	广东省	中山市	1.6
219	樵山文化中心	广东省	佛山市	1.51
220	漯河市科教文化艺术中心	河南省	漯河市	1.5
221	潮汕历史文化博览中心	广东省	汕头市	1.5
222	吴江盛泽国际展览中心	江苏省	苏州市	1.5
223	保利国际博览中心	海南省	三亚市	1.5
224	山西省展览馆	山西省	太原市	1.5
225	扬州国际展览中心	江苏省	扬州市	1.5
226	湖南省展览馆	湖南省	长沙市	1.5

续表

序号	展馆名称	所在省	所在城市	室内展览面积（万平方米）
227	莆田市会展中心	福建省	莆田市	1.5
228	江西建陶会展中心	江西省	宜春市	1.5
229	新世界国际会展中心	广东省	中山市	1.5
230	华南机械城展览馆	广东省	佛山市	1.5
231	清河国际会展中心	河北省	邢台市	1.5
232	中国永年紧固件博览中心	河北省	邯郸市	1.5
233	西安曲江国际会议中心	陕西省	西安市	1.5
234	国际非遗博览园五洲情会展中心	四川省	成都市	1.5
235	广西农业会展中心	广西壮族自治区	南宁市	1.5
236	上饶市广丰区木雕城会展中心	江西省	上饶市	1.5
237	杭州云栖小镇国际会展中心二期	浙江省	杭州市	1.45
238	十堰国际会展中心	湖北省	十堰市	1.44
239	Omni广场	浙江省	杭州市	1.42
240	济南舜耕国际会展中心	山东省	济南市	1.41
241	阜阳市会展中心	安徽省	阜阳市	1.4
242	大连星海会展中心	辽宁省	大连市	1.4
243	集美新城市民广场展览馆	福建省	厦门市	1.4
244	九江国际会展中心	江西省	九江市	1.4
245	宁海国际会展中心	浙江省	宁波市	1.35
246	昆山科技博览中心	江苏省	苏州市	1.32
247	无锡国际会议中心	江苏省	无锡市	1.3
248	中原国际博览中心	河南省	郑州市	1.3
249	延安新区会展中心	陕西省	延安市	1.3
250	吉林梅河国际会议会展中心	吉林省	通化市	1.27
251	内蒙古自治区展览馆	内蒙古自治区	呼和浩特市	1.2
252	徐州国际会展中心	江苏省	徐州市	1.2
253	德化会展中心	福建省	泉州市	1.2
254	三亚天涯海角国际会展中心	海南省	三亚市	1.2
255	辽宁工业展览馆	辽宁省	沈阳市	1.2
256	锦州国际会展中心	辽宁省	锦州市	1.2
257	玉林国际会展中心	广西壮族自治区	玉林市	1.2

续表

序号	展馆名称	所在省	所在城市	室内展览面积（万平方米）
258	蚌埠市会展中心	安徽省	蚌埠市	1.15
259	镇江体育会展中心	江苏省	镇江市	1.1
260	莱芜国际会展中心	山东省	济南市	1.1
261	大连国际会议中心	辽宁省	大连市	1.1
262	济宁高新区展览馆	山东省	济宁市	1.1
263	中山火炬国际会展中心	广东省	中山市	1.06
264	赣州毅德城会展中心	江西省	赣州市	1.02
265	湘潭昭山国际会展中心	湖南省	湘潭市	1
266	江苏白马农业国际博览中心	江苏省	南京市	1
267	潮汕博览中心	广东省	汕头市	1
268	德阳国际会展中心	四川省	乐山市	1
269	温州奥体(会展)中心	浙江省	温州市	1
270	枣庄会展中心	山东省	枣庄市	1
271	湘潭国际会展中心	湖南省	湘潭市	1
272	吉安国际会展中心	江西省	吉安市	1
273	临沂商城国际会展中心	山东省	临沂市	1
274	安平会展中心	河北省	衡水市	1
275	天府农博会主展馆	四川省	成都市	1
276	石家庄国际博览中心	河北省	石家庄市	1
277	西安家世界博览中心	陕西省	西安市	1
278	湘才国际会展中心	湖南省	长沙市	1
279	虎门国际会展中心	广东省	东莞市	1
280	怀化国际会展中心	湖南省	怀化市	1
281	聊城国际会展中心	山东省	聊城市	1
282	蓝海展览馆	江西省	南昌市	1
283	亚洲国际家具材料博览馆	广东省	佛山市	1
284	陈村花卉世界展览中心	广东省	佛山市	1
285	中山(黄圃)国际会展中心	广东省	中山市	1
286	广东佛山陈村展览中心	广东省	佛山市	1

全国13座正在建设的展览场馆工程项目中,在建展览场馆室内可供展览总面积预计达167.23万平方米,如表4-11所示。

表 4-11　2023 年全国在建展览场馆室内可供展览面积　（单位：万平方米）

展馆名称	所在城市	室内展览面积	建设状态
佛山西站枢纽新城会展中心	佛山市	7	在建
赣州会展中心	赣州市	8.68	在建
杭州大会展中心（一期）	杭州市	30	在建
呼伦贝尔国际会展中心	呼伦贝尔市	10.55	在建
南充国际会展中心	乐山市	10.5	在建
金堂通用航空展览中心	乐山市	5	在建
深圳国际交流中心（二期）	深圳市	4	在建
温州国际博览中心	温州市	11	在建
乌海市会展中心	乌海市	0.5	在建
西安国际会展中心二期展馆	西安市	6	在建
中铁博览城	长春市	11	在建
中原国际会展中心	郑州市	18	在建
中国（浙江）自贸试验区小干岛国际会展中心	舟山市	6	在建

全国 6 座已立项待建的展览场馆中，室内可供展览总面积预计达 65.80 万平方米，如表 4-12 所示。

表 4-12　2023 年全国待建展览场馆室内可供展览面积　（单位：万平方米）

展馆名称	所在城市	室内展览面积	建设状态
合肥新站会展中心	合肥市	30	待建
乐山冠英国际会展中心	乐山市	2.80	待建
萍乡市会展中心	萍乡市	8	待建
上饶国际会展中心	上饶市	8.00	待建
深圳国际会展中心二期	深圳市	10	待建
鹰潭市会展中心	鹰潭市	7	待建

在统计的全国展览馆中，选择出租率[（∑展会面积×实际租用天数）/（展览馆可租用面积×365 天）]超过 15% 的展览馆进行排名，其中浙江省有两个展览馆出租率超过 50%，2023 年杭州国际博览中心出租率为 52.24%，排名全国第一，如表 4-13 所示。

表 4-13　2023 年出租率 15% 以上的展览馆一览表

省（区、市）	展览馆	排名	出租率
浙江省	杭州国际博览中心	1	52.24%
重庆市	重庆国际博览中心	2	51.51%
广东省	中国进出口商品交易会展馆	3	50.65%

续表

省(区、市)	展览馆	排名	出租率
浙江省	宁波国际会议中心	4	50.04%
北京市	中国国际展览中心(老馆)	5	42.52%
辽宁省	大连星海会展中心	6	42.42%
广东省	保利世贸博览馆	7	42.12%
上海市	上海世博展览馆	8	40.26%
浙江省	宁波国际会展中心	9	37.55%
辽宁省	辽宁工业展览馆	10	36.93%
浙江省	浙江展览馆	11	36.67%
广西壮族自治区	南宁国际会展中心	12	35.06%
四川省	德阳国际会展中心	13	32.67%
北京市	中国国际展览中心(新馆)	14	32.35%
广东省	深圳会展中心	15	31.06%
北京市	北京国家会议中心	16	30.96%
福建省	厦门国际会议展览中心	17	29.70%
福建省	福建成功国际会展中心	18	29.47%
陕西省	西安国际会展中心	19	28.85%
上海市	新国际博览中心	20	28.45%
江苏省	南京国际展览中心	21	28.21%
河南省	郑州国际会展中心	22	26.60%
内蒙古自治区	内蒙古国际会展中心	23	25.93%
重庆市	陈家坪展览中心	24	25.10%
四川省	世纪城新国际会展中心	25	23.63%
湖南省	郴州市国际会展中心	26	23.47%
山东省	青岛国际会展中心	27	23.43%
河北省	唐山国际会展中心	28	22.50%
广东省	陈村花卉世界展览中心	29	22.47%
广东省	潮汕博览中心	30	21.64%
湖南省	湖南省展览馆	31	21.15%
河北省	石家庄国际博览中心	32	21.08%
广东省	南丰国际会展中心	33	20.96%
吉林省	农博园	34	20.26%

续表

省(区、市)	展览馆	排名	出租率
浙江省	温州国际会展中心	35	19.99%
广东省	广东现代国际展览中心	36	19.83%
江苏省	无锡市体育会展中心	37	19.54%
山东省	临沂国际博览中心	38	19.46%
河南省	中原国际博览中心	39	18.48%
山东省	济南舜耕国际会展中心	40	18.42%
广东省	佛山中国陶瓷城	41	18.26%
四川省	中国西部国际博览城展馆	42	17.80%
山西省	山西省展览馆	43	17.52%
浙江省	德清国际会议中心	44	17.25%
湖南省	长沙国际会展中心	45	17.24%
上海市	国家会展中心(上海)	46	16.75%
上海市	世贸商城	47	15.94%
广东省	潭洲国际会展中心	48	15.74%
重庆市	重庆国际展览中心	49	15.51%
天津市	国家会展中心(天津)	50	15.50%
浙江省	国际博览中心	51	15.23%
广东省	深圳国际会展中心	52	15.21%

2023年收集到数据的展览馆中,按展览馆出租率进行省内对比,筛查排名前三的展览馆,如表4-14所示。

表4-14 2023年全国展览馆出租率省内排名(前三)

省(区、市)	城市	展览馆	排名	出租率
北京市	北京	中国国际展览中心(老馆)	1	42.52%
		中国国际展览中心(新馆)	2	32.35%
		北京国家会议中心	3	30.96%
上海市	上海	上海世博展览馆	1	40.26%
		新国际博览中心	2	28.45%
		国家会展中心(上海)	3	16.75%
天津市	天津	国家会展中心(天津)	1	15.50%
		天津梅江会展中心	2	9.67%
重庆市	重庆	重庆国际博览中心	1	51.51%

续表

省(区、市)	城市	展览馆	排名	出租率
重庆市	重庆	陈家坪展览中心	2	25.10%
		重庆国际展览中心	3	15.51%
广东省	广州	中国进出口商品交易会展馆	1	50.65%
	广州	保利世贸博览馆	2	42.12%
	深圳	深圳会展中心	3	31.06%
江苏省	南京	南京国际展览中心	1	28.21%
	无锡	无锡市体育会展中心	2	19.54%
	南京	南京国际博览中心	3	14.80%
山东省	青岛	青岛国际会展中心	1	23.43%
	临沂	临沂国际博览中心	2	19.46%
	济南	济南舜耕国际会展中心	3	18.42%
浙江省	杭州	杭州国际博览中心	1	52.24%
	宁波	宁波国际会议中心	2	39.37%
	宁波	宁波国际会展中心	3	37.55%
河北省	唐山	唐山国际会展中心	1	22.50%
	石家庄	石家庄国际博览中心	2	21.08%
	石家庄	石家庄国际会展中心	3	10.83%
福建省	厦门	厦门国际会议展览中心	1	29.70%
	南安	福建成功国际会展中心	2	29.47%
	福州	福州海峡国际会展中心	3	12.12%
四川省	德阳	德阳国际会展中心	1	32.67%
	成都	世纪城新国际会展中心	2	23.63%
	成都	中国西部国际博览城展馆	3	17.80%
辽宁省	大连	大连星海会展中心	1	42.42%
	沈阳	辽宁工业展览馆	2	36.93%
	沈阳	沈阳新世界博览馆	3	12.86%
江西省	南昌	南昌绿地国际博览中心	1	8.03%
	赣州	南康家居小镇	2	6.66%
	景德镇	景德镇陶博城国际会展中心	3	4.76%
湖南省	郴州	郴州市国际会展中心	1	23.47%
	长沙	湖南省展览馆	2	21.15%

续表

省(区、市)	城市	展览馆	排名	出租率
湖南省	长沙	长沙国际会展中心	3	17.24%
河南省	郑州	郑州国际会展中心	1	26.60%
	郑州	中原国际博览中心	2	18.48%
	驻马店	驻马店国际会展中心	3	9.50%
广西壮族自治区	南宁	南宁国际会展中心	1	35.06%
	柳州	柳州国际会展中心	2	14.50%
	桂林	桂林甲天下会展中心	3	11.62%
陕西省	西安	西安国际会展中心	1	28.85%
	西安	西安临空会展中心	2	13.05%
安徽省	合肥	合肥滨湖国际会展中心	1	10.75%
	安庆	安庆会展中心	2	7.70%
湖北省	武汉	武汉国际博览中心	1	13.86%
	武汉	中国光谷科技会展中心	2	11.68%
吉林省	长春	农博园	1	20.26%
	长春	长春国际会展中心	2	14.29%
海南省	海口	海南国际会展中心	1	11.03%
	三亚	三亚湾红树林国际会展中心	2	9.54%
山西省	太原	山西省展览馆	1	17.52%
	太原	山西潇河国际会展中心	2	2.39%
贵州省	贵阳	孔学堂	1	12.05%
	贵阳	贵阳国际会议展览中心	2	8.71%
黑龙江省	哈尔滨	哈尔滨国际会展中心	1	13.92%
	哈尔滨	哈尔滨国际会展体育中心	2	5.29%
内蒙古自治区	呼和浩特	内蒙古国际会展中心	1	25.93%
	鄂尔多斯	鄂尔多斯国际会展中心	2	5.91%
甘肃省	兰州	甘肃国际会展中心	1	14.97%
新疆维吾尔自治区	乌鲁木齐	新疆国际会展中心	1	14.79%
青海省	西宁	青海国际会展中心	1	9.37%
宁夏回族自治区	银川	银川国际会展中心	1	5.96%
云南省	昆明	昆明滇池国际会展中心	1	4.04%
西藏自治区	拉萨	西藏自治区会展中心	1	2.11%

(表4-6至表4-14数据来源:中国会展经济研究《2023年度中国展览数据统计报告》)

（二）我国会展场馆建筑建设指标构建与典型案例

综合我国大型会展场馆建筑实践，结合建筑学知识、会展场馆和会展相关的专业知识，并依据相关文献学术观点，以建筑三要素（功能层面，技术层面，形象层面）为一级维度，提取文献中的有关会展场馆建筑建设相关关键词内容分别对应一级维度三个层面（见表4-15）。经指标合并与排除，最终构建有关场馆建筑建设的相关指标体系，其中场馆功能（Venue Function）维度包含场馆展厅设计、场馆会议室设计等7个指标，场馆技术（Venue Technology）维度包含场馆生态建筑材料设计、场馆温度调节和节能设计等7个指标，场馆形象（Venue Image）维度包含场馆规模设计、场馆陈列（平面、室内）设计等7个指标，总体包含三个一级维度，21个二级指标，如表4-16所示。

表4-15　文献关键词筛选

维度	建筑功能	建筑技术	建筑形象
指标	展厅设计	生态建筑材料设计	规模设计
	会议室设计	温度调节和节能设计	陈列（平面、室内）设计
	多功能场所设计	自然采光和照明系统设 计	主题设计
	服务设施功能设计	降噪设计	外观设计
	组织模式设计	空气循环系统设计	周边设计
	智能管理系统设计	高科技材料设计	场馆与城市的融合设计
	交通功能设计	安全防范设计	场馆整体可视化设计

表4-16　大型会展场馆建筑建设指标解释

维度	指标	指标内涵
场馆功能（Venue Function）	F1场馆展厅设计	展厅即展览活动的主要载体，是展品陈列、参展商与观众进行会展活动的主要场所，展馆的设计主要考虑空间设计、展台布局、展馆的面积、体积、数量等建筑设计，其功能以适应各种展览活动为主
	F2场馆会议室设计	会议室指会议功能房间区，包括大型会议厅、剧场式会议厅、中小会议室、宴会厅、报告厅、新闻中心等满足参会和与会人员开会、商谈、新闻发布等功能的房间
	F3场馆多功能场所设计	多功能场所包括场馆的虚拟场馆，高科技展示厅，影音展示厅，体育多功能场所等具备特殊功能的体验场馆
	F4场馆服务设施功能设计	服务设施具体指一个场馆所需配套的基础设施，如展馆通信与网络，展馆周边餐饮，卫生间、展馆停车场，展馆医疗设施，展馆金融服务场所等

续表

维度	指标	指标内涵
场馆功能(Venue Function)	F5场馆组织模式设计	会展场馆建筑形式众多,总体布局对观展的影响非常大。场馆建筑组合类型一般有鱼骨状集中式、半鱼骨状集中式、组团式、围合状集中式、半围合状集中式,及并联式、复合式、层叠式等组织模式
	F6场馆智能管理系统设计	场馆智能化管理平台是指将新兴科技与先进会展管理理论结合的系统,它与场馆建设场所融合,充分考虑建筑的使用功能和管理特点,合理配置智能化系统,优化会展场馆运营管理使之更加简洁、高效、安全
	F7场馆交通功能设计	场馆交通指城市到达场馆的可达性、展馆内部观展路线设计,展馆代步交通工具等设计建筑技术
场馆技术(Venue Technology)	T1场馆生态建筑材料设计	展馆选择生态材料建设是符合国家"双碳"政策且有益于未来场馆发展的设计,它的主要特点是:节约资源、能源、环保、易于回收和再利用。在材料的生产,使用,废弃和再生循环过程中,与生态环境相协调
	T2场馆温度调节和节能设计	展览建筑的空调系统形成往往影响处在展馆里的人的体验感与舒适度,也会影响展品储存或设备的运行。温度系统的设计应该根据会展场馆所在地区的气候条件、室内的温湿度等要求,结合建筑的通风设计,材料设计等建筑技术来构建温度调节系统并尽可能达到节能
	T3场馆自然采光和照明系统设计	场馆的照明系统能够很大程度上影响观展效果,自然采光的亮度和照明系统的结合很大程度上影响场馆的展览效果
	T4场馆降噪设计	场馆降噪包括搭建展台噪声的降低与观展时展台之间噪声的相互影响,降噪设计需符合参展商与观众的观展需求。同时,需要降低对周边的影响
	T5场馆空气循环系统设计	空气循环是指对于展馆有害气体的排出,新鲜空气的循环进入。观展时常常受展台新材料气味的毒害与人口密集时空气含氧量不足的烦闷,都影响了人的观感
	T6场馆高科技材料设计	新型高科技材料的运用能够避免传统建筑材料所带来的弊端,同时加强原传统材料的性能,可以加快建筑的进程,满足更多的建筑需求
	T7场馆安全防范设计	安全防范设计是指应对在场馆内所发生的一切危害人身或物品的建筑设计,如防震,防火灾、漏电、洪涝等

续表

维度	指标	指标内涵
场馆外观（Venue Image）	I1场馆规模设计	场馆规模指场馆总建筑面积，室外建筑面积，可展览建筑面积，场馆容积率与建筑密度等相关指数
	I2场馆陈列（平面、室内）设计	场馆陈列的布置形式包括展馆的形状设计，室内设计，整体平面设计，展馆的布置和各种室内功能的设计
	I3场馆主题设计	场馆主题设计指不同类型的大型会展场馆所要表达的功能需求或者文化需求所创造的主题含义
	I4场馆外观设计	指整体外形的形象设计，外观是我们感知大型会展场馆的最直观的形象。展馆的外观设计往往体现城市的发展特征和形象等
	I5场馆周边设计	周边设计包括周围产业集群和多元的展览商圈的规划设计，周边绿化设计，周围交通道路设计等
	I6场馆与城市的融合设计	场馆建筑设计应该融入城市的整体性设计观念，利用会展建筑与城市建筑有机整合，通过交通和广场的设计，与市区的联系更加紧密，从而形成了一个城市的经济和信息交换中心
	I7场馆整体可视化设计	建筑可视化是指设计时期设计与完成后的场馆对比程度，也是展馆建成后整体的感知满意程度的表示。可视化设计是建筑完工后检验完成度的主要感知因素

我国会展场馆建筑发展日新月异，伴随绿色低碳等各种理念的提出，许多大型会展场馆的设计、规划和建设都开始注重绿色设计，并结合其功能在外观造型上越来越注重美观和实用性。以我国室内可供展览面积排名前十的大型会展场馆为例，这些场馆依据建筑三要素开展建设，展现了会展建筑实力，很好地解决了多数场馆的建设难题，特点突出，具体以深圳国际会展中心等4个场馆为例。

1. 深圳国际会展中心

无论是建筑功能配套设施，还是高超的建筑技术和先进的绿色建筑理念，抑或是恢宏的外形设计，深圳国际会展中心都展现了它超前的会展建筑地位。

(1) 功能层面。

展馆一期总建筑面积约达156万平方米，其中包含了11栋建筑单体。共建设19个展厅，基本建有16个2万平方米的标准展厅。一个5万平方米超大型展厅和两个2万平方米的多功能展厅。功能性建筑场所以展览为主导，所有展厅采用大跨度空间的单层设计。建筑结构采用先进的鱼骨式布局,可单独使用也可灵活组合进行布展。配备了约64万平方米的会议空间、办公空间、仓储空间以及餐饮场所。周围遍布14家四星级酒店和5家五星级酒店,包括商业区和公寓住宅。五大硬核功能“展、会、赛、娱、餐”配置齐全。

(2) 技术层面。

深圳国际会展中心的建成融合了我国先进的建筑技术与绿色的建筑理念。“黑科技”BIM技术建模快速完成模型分解,大大缩短工期,减少高空作业时间,助力高效施工。绿色设计驱动功能、技术与形象三者融合,近4万套高端节能的LED泛光灯具和景观照明灯具采用嵌入式和各类型投光灯嵌入幕墙外立面和屋面金属格栅,使建筑的照明与建筑美化完美融合。此外,建筑采用防火分隔水幕系统,很好地代替了防火墙的分隔功能,又避免了防火墙对会展建筑的不适用性。所有标准展厅均应用宽100米、高25米的防火分隔水幕系统,这是国内第一次在会展场馆应用超高超宽的水幕系统。

场馆共采用52项绿色建筑技术护航绿色展馆,其中14项为整体设计技术,包括太阳能系统建筑一体化、雨水收集和处理、场馆噪声污染、光污染防治等。11项建筑本体设计的技术,包括围护结构节能分析、高强度钢材利用、结构体系优化等。15项是室内环境的设计,如室内空调气流组织分析、室内污染物控制、采光优化设计等。12项为建造运营技术,包括BIM技术、太阳能+LED照明、自动分项计量技术等。具体见图4-3。

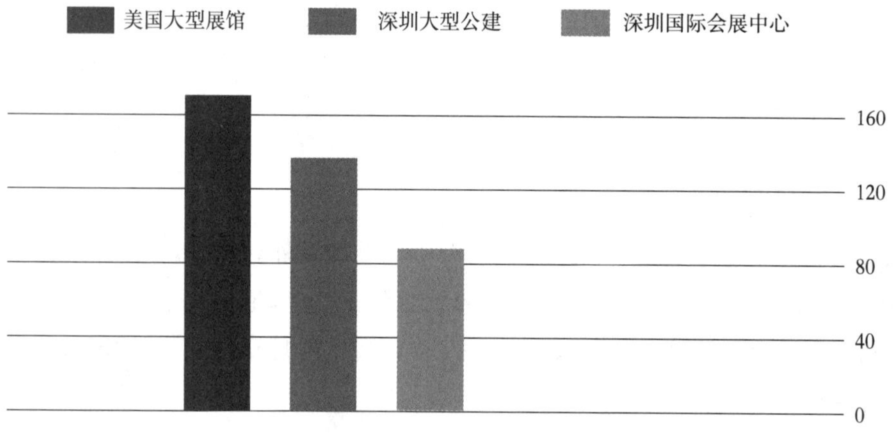

图4-3　建筑单位面积能耗对比

(来源:深圳国际会展中心官网)

(3) 形象层面。

图4-4为深圳国际会展中心外观,深圳国际会展中心的彩色丝带花纹屋面是“海上丝绸之路”的象征,又似起伏的波浪,中间南北延伸的廊道宛如乘风破浪的巨龙,巨龙恢宏的气势展现出经济蓬勃发展的深圳的领航地位,也象征着深圳超然的国际影响力。

图 4-4　深圳国际会展中心外观

（来源：深圳国际会展中心官网）

2. 中国进出口商品交易会展馆

中国进出口商品交易会展馆（又称广交会展馆）位于广州市海珠区琶洲岛，是目前全球规模最大的会展综合体，集场馆、会议、酒店、餐饮、工程搭建、物业、广告、旅游等综合服务功能于一体。作为国家级会展平台，广交会展馆不仅是“中国第一展”——中国进出口商品交易会（广交会）的举办地，也是品牌展会和多元活动的优质展示平台，以及国际国内高端会议的首选之地。琶洲展馆在建筑功能上展馆布局灵活，展现出设计的优势，运用了高超的建筑外结构材料，达到了从建筑技术上满足节能的要求，同时它的主题设计更是展现了城市的魅力，提升了城市的形象。

(1) 功能层面。

图 4-5 为中国进出口商品交易会琶洲展馆无柱展厅，琶洲展馆总建筑面积超 162 万平方米，展览面积 62 万平方米，其中室内展览面积 50.4 万平方米，室外展览面积 11.6 万平方米。现有 16 个展厅，分布于首层、二层和架空层，其中一二层的展厅长 130 米，宽 90 米，设有 10200 个国际标准展位。A 区 2 层内有 5 个 1 万平方米的超阔无柱展厅。（如图）展馆配套多种功能性设施，能满足 3 万人同时进餐。整个建筑群多达 100 来个出入口，在馆内 8 米标高处，珠江散步道贯通场馆东西，是行人在馆内畅通无阻的人流集散通道。展馆之间互动灵活，由卷闸分隔成独立的单体，遇到大型会展时则可连通构成一体化的空间。

(2) 技术层面。

图 4-6 为中国进出口商品交易会展馆侧面幕墙结构，针对广州常年的偏高的温度，展馆温控方面通过建筑技术来起到节能的效果。通过控制东西两侧玻璃幕墙可见光透过率，外侧使用钢板遮阳结构来降低光照处的室内温度。屋面采用基层、面层和装饰层构造体系，涵盖各层的性能优点，把承重、防水、隔热、美观这几种功能设计进去，展现出高性能架构。其次，新型材料的运用节省了展馆的能耗，做到真正的绿色可持续发展。

图4-5　中国进出口商品交易会琶洲展馆无柱展厅

（来源：中国进出口商品交易会展馆官网）

图4-6　中国进出口商品交易会展馆侧面幕墙结构

（来源：中国进出口商品交易会展馆官网）

(3)形象层面。

图4-7为中国进出口商品交易会展馆。广交会展馆地理位置优越，交通便利，与珠江新城、琶洲电商区、广州科学城、广州大学城等城市重要发展区相邻，展馆将人性理念、绿色生态与高科技、智能化完美结合，如同璀璨的明珠闪耀在世界舞台。从外观形象设计上，琶洲展馆的造型主题是"飘"，它的设计理念源自珠江美丽的江面上徐徐的清风吹过琶洲岛，让这座承载着高科技与世界贸易之窗的场馆飘然坐落在珠江的南岸。各期展馆统一采用波浪起伏的屋顶使会展中心宛若自珠江飘扬而至，以优美的姿态融于周边环境之中，从高处俯瞰宛如一朵在江畔飘动的白云，从东面侧看形似一条奋起跃上珠江南岸的鲤鱼，始于自然，融于自然，其飘逸的形态与珠江周边环境相互协调，空间格局舒展大气。似浪潮一般高低起伏，承载着广州先进的文化与科学技术，飘向八大出海口，流传至世界各地。

图4-7 中国进出口商品交易会展馆

(来源:中国进出口商品交易会展馆官网)

3. 国家会展中心(上海)

国家会展中心(上海)是2011年中华人民共和国商务部和上海市人民政府合作共建的国家级超大型会展项目,由国家会展中心(上海)有限责任公司运营,于2011年12月26日动工兴建,2014年9月28日竣工,2016年12月1日全面运营,是我国国家级展会“中国国际进口博览会”的永久举办场馆。其规模、功能和技术均处于国际领先水平,目前已获UFI认证,是UFI董事会成员单位,连续多年位列“全球十大展览中心”前三。其“四叶草”外观形象更是深入人心,完美展现上海的会展业发展实力。

(1) 功能层面。

图4-8所示为国家会展中心(上海)平面图。国家会展中心(上海)总建筑面积超过150万平方米,由综合体、会展场馆、商业广场、办公楼宇、会议中心、洲际酒店等组成,是集展览、会议、办公及商业服务等功能于一体的会展综合体。其中可展示面积近60万平方米,拥有近50万平方米室内展厅和10万平方米室外展场,共建设有17个展厅,其中15个面积为3万平方米的展厅分别位于8个展馆,镶嵌分布于四个“页片”,1至3号馆是单层无柱结构,4至8号馆是双层大展厅,货车可直达各个展厅。商业广场位于整个建筑的中心环形处,连通0米,8米,16米层,便于满足在馆人员的观展需求。办公楼宇、洲际酒店、派出所与医疗处等配套场所位于四叶草的端部,场馆观众能够清晰便捷地熟悉整个场所的布局。2019年,场馆全面开启5G网络全覆盖建设,为场馆的软实力筑起高墙。

(2) 技术层面。

如今,国家会展中心(上海)已成为上海新十大地标建筑之一,并荣获国家绿色建筑运行三星标识认证,达成设计、运行三星双认证,成为国内首家大型会展类三星级绿色建筑,同时也是国内体量最大的绿色建筑。技术创新是解决场馆体量超大、工期紧、施工复杂等建设难题的核心思想。该场馆在绿色建筑方面的主要创新技术包括:世界首个全部使用LED照明和“合同能源管理”的场馆;施工期间,团队研发出“递推流水施工技术”解决超长混凝土结构

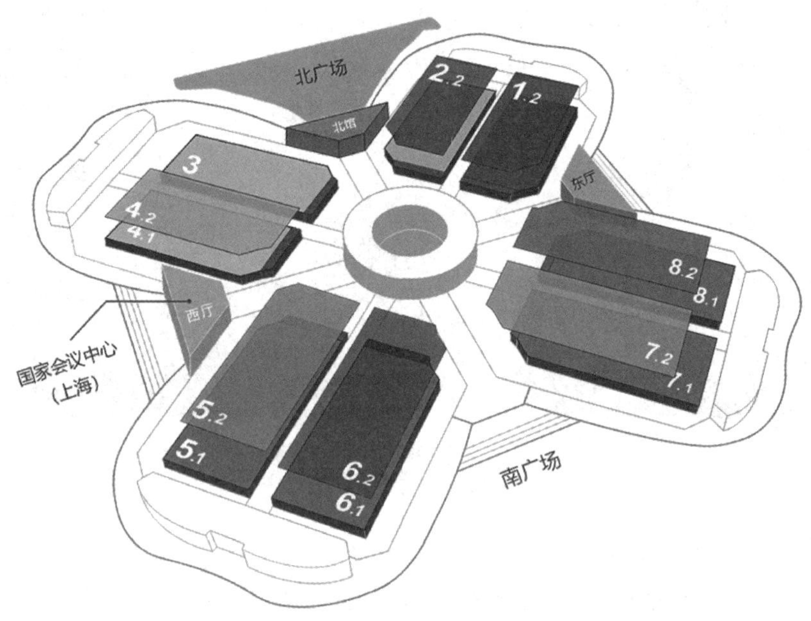

图 4-8　国家会展中心(上海)平面图

(来源:国家会展中心(上海)官方网站)

施工难的问题;提出了基于“目标函数满意度法”的“最小弯矩准则”;研发了横隐竖明幕墙系统,解决了幕墙超高跨度的板块安装难题;全面运用BIM技术,精简了施工流程,降低了生产成本等。

为践行国家“双碳”发展战略,实现碳达峰、碳中和目标,稳妥推进塑料污染治理,从第五届进博会开始,将贯彻“绿色、环保、可持续”办展理念,践行绿色办展,打造零碳进博:全面推广零塑标准,文创产品外包装及手提袋均使用可降解、可循环利用材料;物流运输包装杜绝使用不可降解编织袋和塑料黏胶带;实施绿色搭建,形成设计、搭建、施工、固废回收等全流程绿色搭建服务能力提升,增设绿色展台设计类奖项,强化源头引导,创新展示形式,进一步提高参展企业、搭建企业的参与度、积极性、获得感,拓展绿色服务的内涵与外延,引领推动“绿色展会”可持续发展。

(3) 形象层面。

作为上海市的标志性建筑之一,国家会展中心(上海)的建筑设计体现了诸多中国元素。其设计以“七彩聚虹,梦想筑桥”为主题,主体建筑采用“四叶草”为造型原型,以中央广场为花心,采用轴线对称设计理念,向四个方向伸展出四片脉络分明的叶片状主体。将十五个不同类型的展厅桥面镶嵌于四个“叶片”之下,达到形式与功能的完美统一。场地入口通过三角形的雨篷覆盖主入口,将四叶草叶形单元布置于雨篷下部,形成有生机活力的空间序列开端。立体的“米”字形成道,如同叶脉般伸展至各个功能空间,参观人群通过室内广场进入轴线两侧的展厅和会议场所,“叶脉”成为整个空间序列的纽带。在建筑形体的正中心,斜交网状钢结构成为建筑形态的内在起源,“四叶草之蕊”在此汇聚。鸟瞰国家会展中心(上海),整体外观“四叶草”形态优美，240根柱子犹如“生长的根茎”生机蓬勃，与周边环境交相辉映，景观犹如一幅幅绚烂缤纷的“中国画”。国家会展中心（上海）“四叶草”造型闻名遐迩，详见图4-9、图4-10。

图4-9　国家会展中心（上海）“四叶草”外观

（来源：国家会展中心（上海）官方网站）

图4-10　国家会展中心（上海）夜景

（来源：国家会展中心微信公众号）

4. 昆明滇池国际会展中心

昆明滇池国际会展中心是昆明一座“网红”会展中心，凭着过硬的建筑基底赢得了云南“国际经贸与文化交流”中心的地位，发展了周围的交通脉络，建成了独特的建筑构造，更是以“孔雀开屏”的形象展现了美丽云南的风俗，是中国—南亚博览会（简称南博会）的举办场馆。昆明滇池国际会展中心按照“国内一流、国际领先”的目标定位，以打造“世纪精品、传世之作"为宗旨而建成,是联动昆明经济发展,推进服务业整合,发扬昆明城市文化的"加速器"。昆明滇池国际会展中心目前是昆明打造会展文旅综合体的重要目标和内容,并不断增强其辐射功能,努力推进昆明面向南亚东南亚辐射中心建设,在进一步深化中国与南亚国家在经贸、科技、教育、文化等领域的交流合作中发挥着重要作用。

(1) 功能层面。

昆明滇池国际会展中心位于昆明滇池北岸福保半岛环湖东路两侧,处于新昆明重点规划"一湖四环·一湖四片"的中心区域,总建筑面积约540万平方米,地上建筑面积约404.8万平方米、地下建筑面积约103.8万平方米。横跨东西1000米,纵贯南北2600米,平地架空14米,是多层次、广布局、大体量的大型城市综合体建筑群,详见图4-11。展馆室内可供展览面积达30万平方米,设有23个展厅,其中13个是无柱架构,可提供1.2万个国际标准展位。

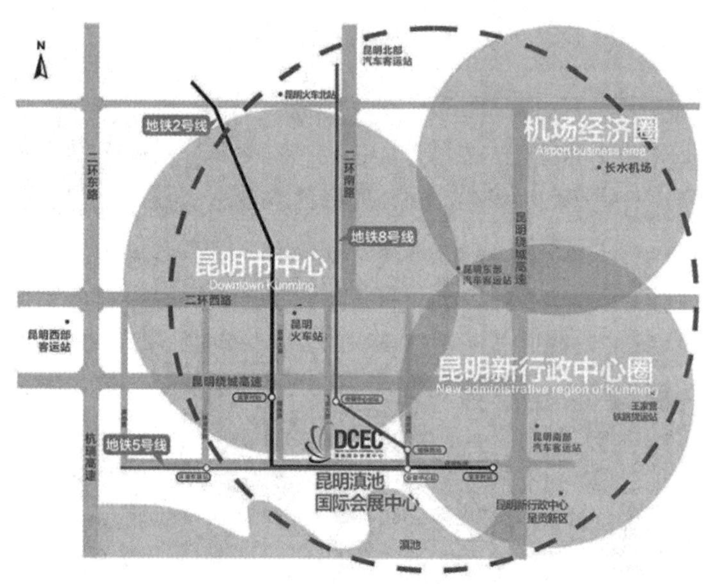

图4-11　昆明滇池国际会展中心

(来源:东方环球(昆明)国际会展运营管理有限公司官网)

肩负南博会重任,承担打开中国面向东南亚等国际商贸平台任务的昆明滇池国际会展中心,政府赋予高度重视,且地理位置十分优越,对内联系国内各大经济区,对外发展国际经贸与文化交流。云南正在打造"八入滇,四出境"铁路运输体系和"七出省,四出境"的公路运输体系,为四方疏通文化脉络和经济脉络。

(2) 技术层面。

第一,昆明滇池国际会展中心在建筑技术上进行了多项创新。首创将"变截面薄壁异形空间弯扭全焊接结构"用于主体建筑中:整个钢网格结构由1.1万余吨的钢材构成,其中包含4100余件弯扭构件,每件构件的弯扭角度和方向都不同,施工难度极大,精确度极高。第二,采用"大跨度构件精确安装技术",主要用于施工过程,采用箱型弯扭大跨度构件精确安装技术，确保结构的稳定性和安全性。第三，在设计和施工过程中广泛应用了建筑信息模型(BIM)技术，实现信息的无障碍交流，优化了管线综合设计，提高了空间利用率。第四，在内部设计上，针对万人展厅的会场人群集聚特点，通过精湛的设计和精准的安装解决了扩声系统无法清晰传播的难题。第五，展厅内的两个花瓶柱网格式设计从细节展现了“孔雀”的优雅姿态等，这些精准设计都体现了场馆的高超建筑技术。此外，建筑在设计和施工中充分考虑了生态环保，如屋顶绿化、雨水回收系统等，体现了绿色建筑的理念；钢结构是回收率高的环保建材，放弃对一次性能源的使用，大量采用环保建材，实现可持续发展理念；采用楼顶镂空设计，利用自然资源实现采光和通风则大大降低了能源消耗。

(3) 形象层面。

昆明滇池国际会展中心已成为昆明市的标志性建筑之一。其主体建筑区域以“孔雀开屏、祥瑞春城”为设计理念，从整体到细节处处展示“孔雀”风情，它展翅开屏，热情地迎接海内外的宾客，展现着云南的民族魅力，彰显出云南特色文化与国际地标风范。13个展馆外形宛如13支蓝里透绿、长着鱼鳞花纹的孔雀翎羽，仿佛“芳情雀艳若翠仙，飞凤玉凰下凡来”，不仅展现了云南的自然美景，也寓意着开放、兼容与并蓄，象征着昆明成为面向南亚、东南亚的国际商务平台，如图4-12所示。昆明滇池国际会展中心正因这一不同凡响的场馆样貌，成为现代年轻人追捧的“网红打卡点”。

图4-12 昆明滇池国际会展中心

（来源：昆明国际会展中心有限公司官网）

（三）大型会展场馆建筑设计启示

基于以上会展场馆建筑设计三要素以及指标体系的构建，结合我国大型会展场馆近年来在规划、设计、建设等方面的实践及优势，以及会展场馆在展厅空间设计及服务效果、建筑体量及使用率、绿色技术及运用、设计文化与理念等方面存在的困境与不足，归纳并总结大型会展场馆建筑设计及建设的经验启示如图4-13所示，具体包括以下几点。

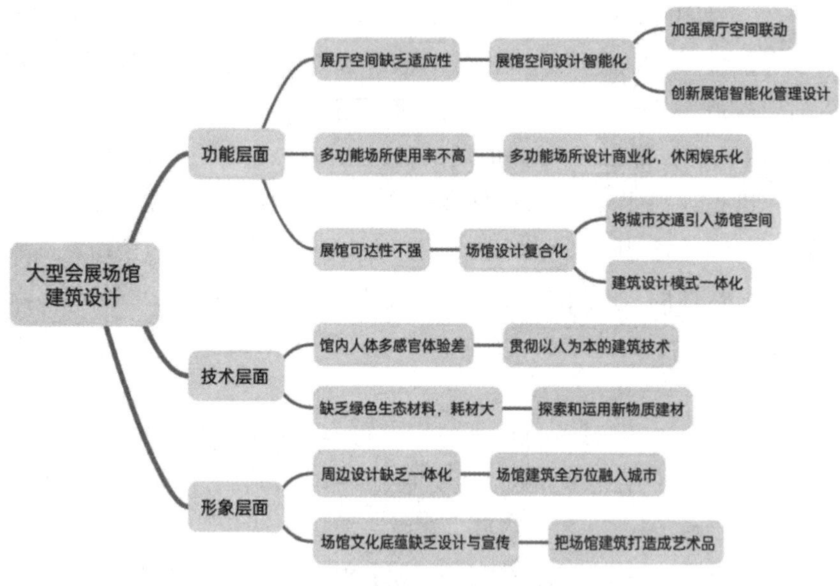

图4-13 大型会展建筑设计评价思维导图

1. 注重大型会展场馆建筑的功能设计

秉持高效、弹性与融合三大原则。高效是指强调功能设计的便捷性与智能化，确保最优性能；弹性是指展厅的灵活组合与多功能效用的兼容设计；融合是指内外各部分的设计衔接自然，相辅相成，能够发挥各部分组合后的最大优势。

(1) 加强展厅空间联动。

大型会展场馆的建筑布局一般分为单元式、集中式、混合式和分散式。总体来说，单元式是目前展览的主流设计，这种布局施工方便，较为灵活。例如米兰新国际展览中心(见图4-14)、重庆国际展览中心(见图4-15)、西部国际展览城、浦东新国际博览中心等大型会展场馆都是这类布局的典型代表，它们多以单层为主，这种布局便于识别方向，找到想要去的展馆展位，且这种模式比较适合扩展展馆的二、三期建筑。

集中式的建筑布局紧凑非常适用于大型会展建筑，它的建筑体量完整，一般是立体叠加的场馆设置，例如国家会展中心(上海)(见图4-16)、昆明滇池国际会展中心(见图4-17)等就是集中式布局，聚集焦点往往是馆内交通交界处，能够缩小路程便于参观。这类场馆能耗相对较小，提高了资源利用率，减少建筑能耗，但是不方便以后扩建。混合式建筑布局与分散式建筑布局较多见于国外会展中心，其中混合式是行列式和集中式的结合，例如德国杜塞尔多夫会展中心(见图4-18)、巴黎北郊维勒班展览中心(见图4-19)。分散式也称为自由式布局，各个展馆衔接自由又互不影响，与城市的商业区相辅相成，融入城市中心建设中，更容易打造自由、繁荣的城市形象。但缺点是各个展馆衔接性相对较弱，参观路线比较复杂。美国的高点家具展览中心就是典型代表。

空间布局只是空间联动强化的重要因素，参展商和观众到达场馆的次数少，对于展馆的熟悉程度只能凭借地图导航和现场探索，所以展馆的布局应该足够简便灵动，让大型会展场馆内的人能够有足够清晰的逻辑去往自己想要的目的地，加强展馆的可达性。

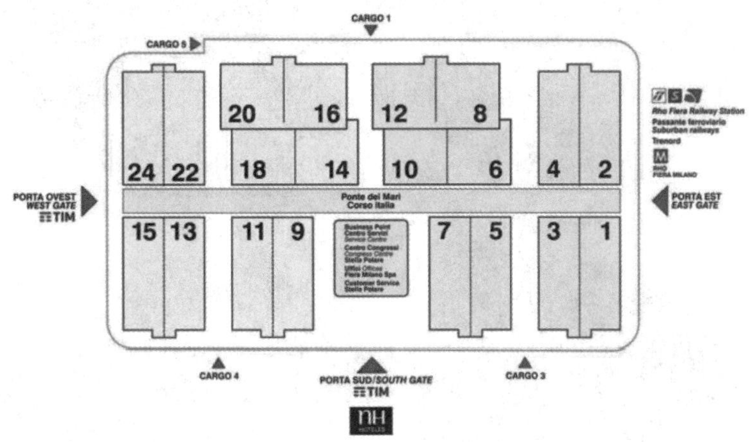

图 4-14　米兰新国际展览中心的单元式布局

（来源：新米兰新国际展览中心官网）

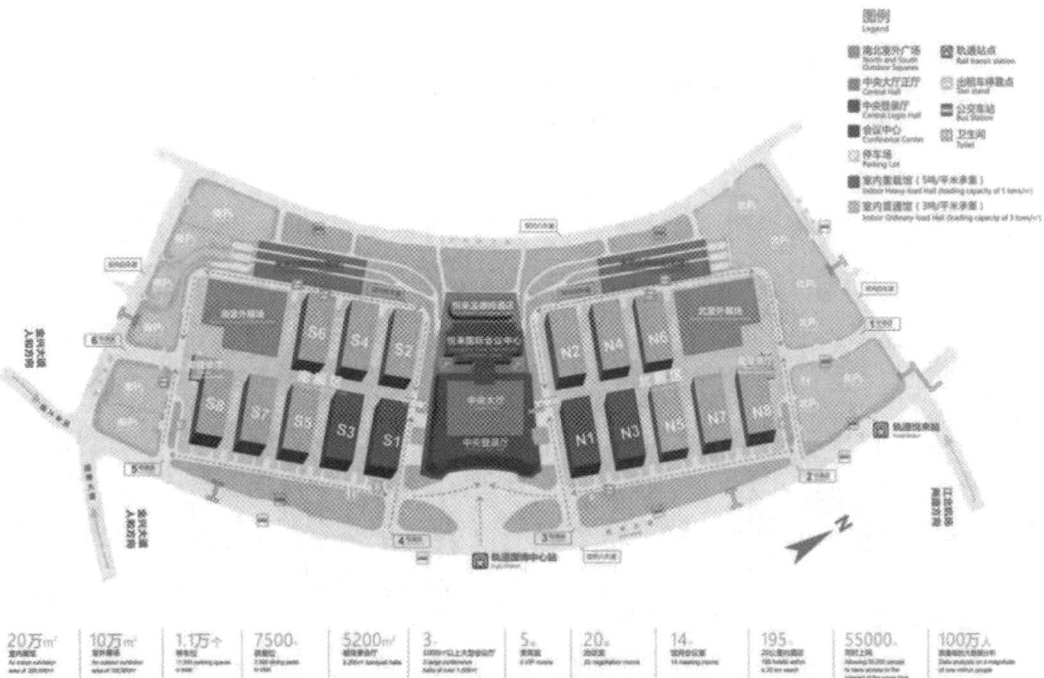

图 4-15　重庆国际博览中心的单元式布局

（来源：重庆国际博览中心官网）

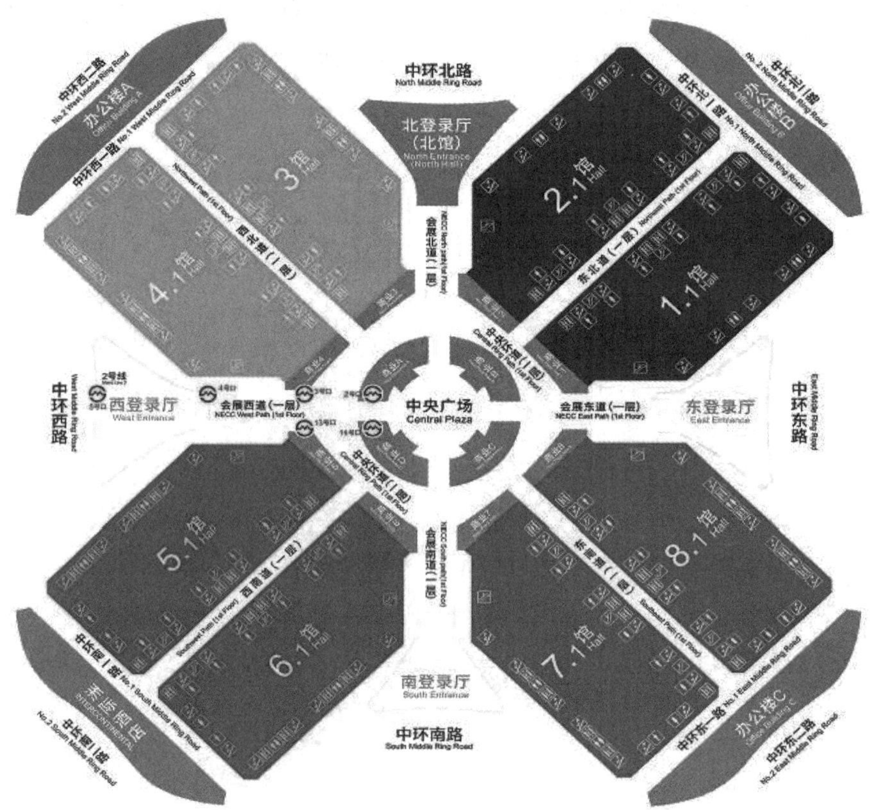

图4-16　国家会展中心（上海）的集中式布局

（来源：国家会展中心网站导览图）

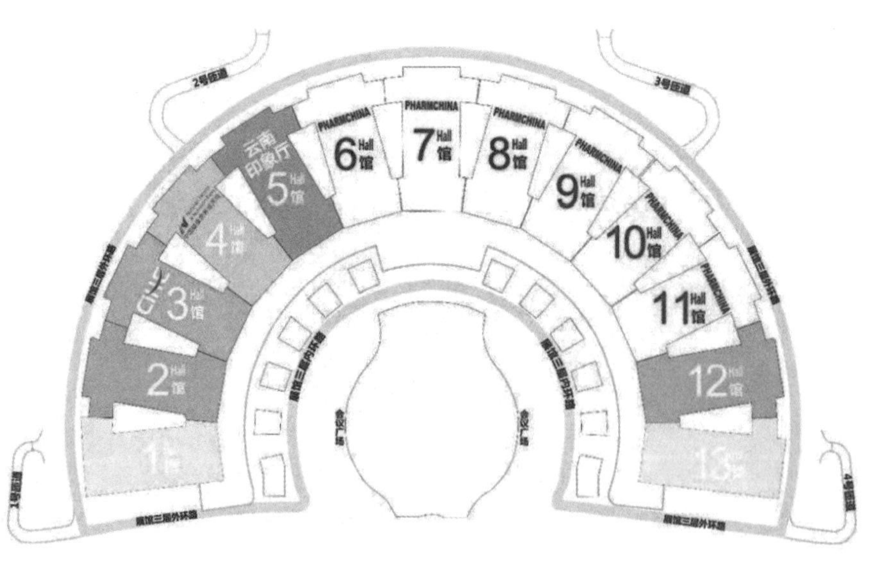

图4-17　昆明滇池国际会展中心的集中式布局

（来源：昆明滇池国际会展中心微信公众号）

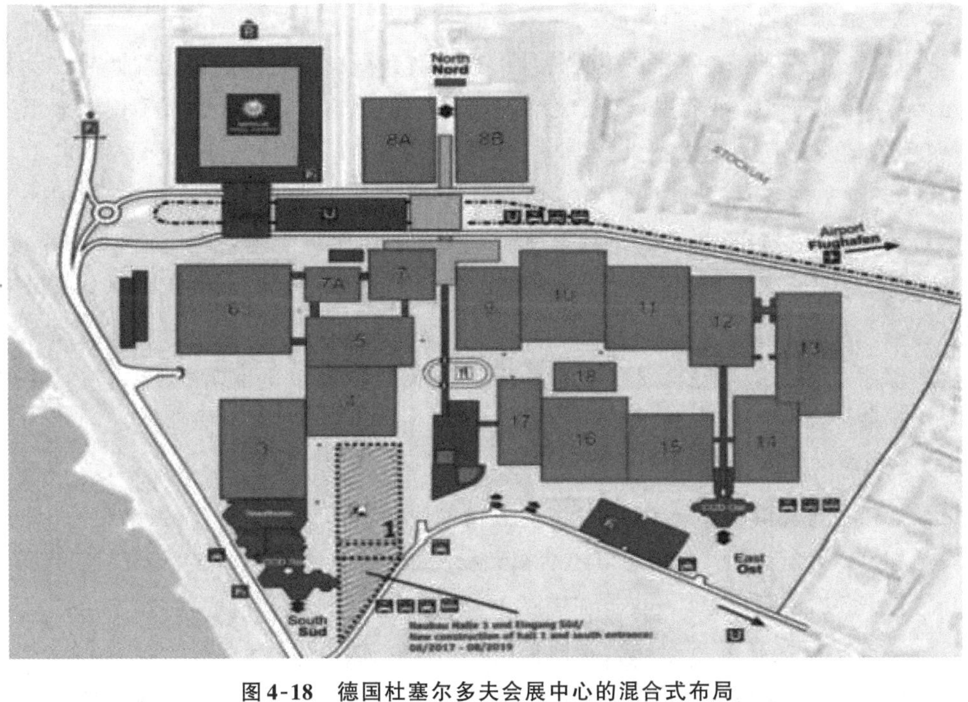

图 4-18　德国杜塞尔多夫会展中心的混合式布局

（来源:德国杜塞尔多夫会展中心官网）

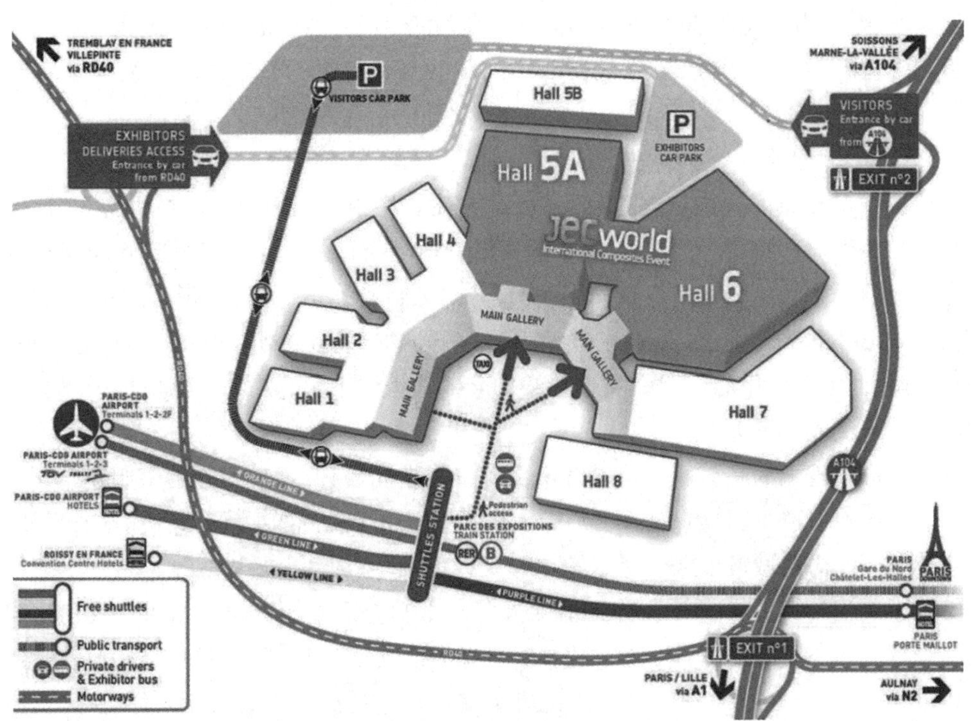

图 4-19　巴黎北郊维勒班展览中心的混合式布局

（来源:巴黎北郊维勒班展览中心官网）

(2) 创新展馆的智能化设计。

顺应时代发展趋势,融合和运用多种前沿技术对会展场馆进行数智化设计与建设,实现数智化运营、管理与服务是会展场馆的必然选择。会展场馆的智能化升级不仅要采用先进、成熟、实用的智能化系统集成技术,还要在现实中满足功能实用、经济合理、安全可靠、施工维修方便、环保节能、以人为本等原则。在设计与规划阶段,可利用大数据、人工智能、BIM等技术对场馆建设进行智能规划与科学评估。避免不切实际的规划设计,减少设计验证阶段的返工,缩短建设周期,降低成本。如国家会议中心二期在建设中借助数字孪生技术,对每一台设备及部件的安装进行预先评估。除设计规划阶段的数智化行动之外,目前各种新型智慧管理系统等也运用到会展展馆的建设中,会展场馆数智化正在不断向运营、管理、服务等各方面推进。

(3) 多功能场所设计商业化、休闲娱乐化。

随着科技与时代的进步,会展建筑主体的功能空间不断拓展出新,不再拘泥于传统的商贸型展览和会议功能,大型会展场馆还承担着科技推广、文化展示、国际交流与合作等创新功能。同时,多功能场所的建设也迫在眉睫,丰富休闲娱乐区域,建设高科技展示区,不仅要举办与展会相关的活动,也要开拓公司商务活动和市民休闲活动的板块。

将大型会展场馆的会议、餐饮、商业、演艺和影视等多功能场所尽可能开放给城市使用,将会展场馆营造成适合广大受众生活娱乐休闲的特色会展商务空间,同时打造日臻完善的综合配套设施,提升商务服务。以西部国际博览城为例,它不仅能够举办超大型国际展览、高级国际峰会、高端商务会议等展览、会议活动,还能够举办马术超级大奖赛等国家级赛事和大小型演艺等活动。

(4) 场馆设计复合化。

一是将城市交通引入场馆空间,增强可进入性。将城市交通引入场馆内部可分为地下城市交通和地上城市街道两个方面。地下城市交通是指地铁线路设计直穿场馆建筑地下,通过地铁站的公共服务空间的建筑设计,实现各出入口直通会展场馆的各大登录厅,这样增强了观展交通路线的便捷性,也能通过舒适的地下建筑环境减少观展路上各种恶劣环境的影响。例如,国家会展中心(上海)位于地铁二号线地铁站上方,多个口可通往场馆的商业中心、东西登录厅、停车场等地。

地上城市交通指的是会展场馆融合所在城市街道的设计,不设置外围限制建筑,将各展厅自然地分布在街道中,打破场馆与城市的壁垒,融入市民的生活圈。这种场馆布局设计一般在欧美地区的会展城市出现。

二是建筑设计模式一体化。为了消除人们心中和交通上的会展场馆可达性的阻碍,一体化的“建设、运营和综合开发”设计很重要。深圳市欧博工程设计顾问有限公司总经理林建军提出“建设、运营+综合开发”一体化运作模式。这是深圳市政府规划的以会展带动城市经济与活力的创新建设开发模式,将深圳国际会展中心的场馆建设、配套开发和后期运营综合统筹考虑,达到会展建设提升城市影响力的效果。该模式要求展馆在会展场馆全生命周期内应做好服务人、服务城市、服务经济的一体化设计，在交通上注重场馆的可达性，在使用上拓宽场馆功能的服务范围，在宣传上打破与市民的“隔阂”，真正做到会展建设联动城市发展。

2. 加强大型会展场馆建筑技术运用

(1) 贯彻以人为本的建筑技术。

满足人体感知就要完善对温度、光照和噪声的控制。场馆建筑围护结构(包括门窗、屋顶、外墙、地基、隔热与密封材料，以及遮阳设施等)的设计，会直接影响场馆受众所处的视觉、味觉及热舒适环境。同时这些结构也是决定会展场馆建筑能耗、环境舒适度、室内空气质量的重要因素。良好的设计不仅能够形成舒适的感官体验，还能够在运营中节约资源。其次是温度调控设施和照明设施的实时控制，现代展览离不开智能化的机器设备，整个场馆安装机器的位置选择与整体布局十分重要。

(2) 探索和运用新型材料。

会展场馆绿色化发展是推进会展业遵循绿色发展核心理念，向低碳、节约、环保、高效、和谐方向发展的重要一环。会展场馆的绿色低碳化举措首先体现在建筑设计建造上对低碳、环保、再生材料的使用上注重节能减耗。

在降低能量消耗的前提下，理想的节能绿色建筑要达到以下三个层面：一是能够在四季变换下，在各个区域控制接收或阻止太阳辐射；二是在不同季节保持人在建筑物内的舒适性；三是保障建筑物内空气的流通。因此需要三个高新技术来整改和调节：一是尽量减少使用不可再生能源，提高可循环使用能源的建筑覆盖；二是降低建筑围护结构的能量损耗；三是减少建筑设施投入使用后运行的耗能。具体体现在国内会展场馆注重对节能材料与可再生能源的利用、环保建材的应用、智能控制系统的设计上。

例如，场馆对一系列节能材料与可再生能源的利用措施，包括综合运用建筑自遮阳、虹吸排水、雨水回用、分层分时段多模态空调送风等多项主被动协同节能技术措施；利用高性能保温隔热玻璃外墙材料能有效减少场馆内外热量交换，降低空调和暖气的使用频率；使用包括LED灯、智能感应节能灯等节能照明系统以降低能耗；使用低碳、节能、环保太阳能光伏板装置为场馆提供部分甚至全部电力需求，降低碳排放；利用地源热泵系统，将地下浅层地热资源转化成既能供热又能制冷的高效节能环保型空调系统，实现高效节能的供冷和供热等等。对环保建材的应用主要包括：在会展场馆建设与装饰上，使用低挥发性有机化合物(VOC)涂料和黏合剂，减少有害气体的释放提升场馆室内空气质量，以及防水、防污功能的面料便于清洁维护保持场馆内整洁度与环保度；使用木材、竹材、再生钢材等再生材料，在建筑上减少对自然资源的消耗，有效降低碳排放，实现绿色建筑目标等。智能控制系统设计与建设主要包括：利用智能照明控制系统，对场馆内不同区域的照明进行智能控制，根据自然光的强度和活动的需求自动调节照明亮度和开关，以节约能源实现节能效果；采用变频技术打造智能空调控制系统，根据室内外温度和人员活动情况自动调节运行状态，实现更高效的

温度控制和节能效果等等。

(3) 打造数智化运营与管理场景,实现绿色低碳化。

会展数智化发展是推进会展绿色低碳发展的有效手段之一。

在会展场馆的运营与管理阶段,可利用数智化技术实现场馆能耗管理精细化、环境管理自动化、空间管理高效化以及安全管理强化升级等。例如,可借助物联网技术将场馆设备连接,对设备进行实时监测和远程控制,实现设备管理智能化;可运用大数据和智能算法对场馆的能耗数据进行实时监测和分析,实现能耗的精细化管理,通过智慧运营中心预测多场景能源需求,动态监测负荷异常,自动触发告警,以达到降低场馆能耗,实现绿色低碳;可通过传感器对场馆内的温湿度、客流、空气质量等环境指标进行实时监测,实现环境管理自动化,通过设置环境自动警告系统,工作人员可及时调整场馆暖通设备参数,确保为参展观众和设备提供舒适的环境;可通过场馆预订系统实时查看展厅租赁状态和空间利用率,并通过空间利用率与能耗数据综合分析实现空间管理高效化,及时调整租赁方式实现节能降耗;可设置安保、消防、门禁联动响应系统,利用"视频+AI"算法,达到异常告警秒级上报、缩短安全事件响应时间,提升处置效率,从而实现安全管理强化升级。

此外,在会展活动举办期间的对客服务场景中,可通过智慧导览与导航系统,为参展商和观众提供智慧导航服务。通过实时平面导航、AR实景导航、地图服务管理、位置定位服务等,为客户提供移动化、自助化、智能化的室内外一体化智慧导航服务,减少纸质导览地图等材料的印制,实现资源节约与环保效能;可通过微信小程序等为客户提供包括智慧停车、信息导览、餐饮等展会现场一站式配套服务,提高服务体验;可通过元宇宙、人工智能,以及VR、AR等技术打造全景式会展导览应用系统、在线展览展示系统,增强互动体验;还可以通过蓝牙定位系统采集观众、参展商线下行为轨迹信息,通过大数据分析动态监测参观轨迹、行业属性、地域属性、喜好展品等,实现服务的快速响应和个性化推送等,提升展会效果。

此外,会展活动举办过程中所提倡的"绿色搭建"理念也促进了会展场馆的低碳绿色化发展。

3. 提升大型会展场馆建筑形象

(1) 将大型会展场馆建筑全方位融入城市环境。

城市环境是现代大型会展场馆生长的土壤,两者共建了更大范围的"系统"。会展建筑应该尊重、维护和利用城市的地域特征,以达到进一步的融合,实现利益最大化。研究分析大型会展场馆周围具体的环境气候特征,利用天然的环境优势来打造一个与之相适应的优良的建筑内环境微气候,由此减少对建筑设备的过度依赖。大型会展场馆和周边商业板块在功能上应该互补和融合,同时为城市的未来发展以及周边配套的开发和改造升级统筹规划,让城市发展成为会展建筑的有效动力,让会展建筑打通城市的发展脉络。

(2) 把场馆建筑打造成艺术品,提升城市品牌形象。

大型会展场馆规划与设计专业性非常强,其工作量庞大且复杂。让大型会展场馆在优化空间布局的基础上，形成既满足视觉感官的艺术性，又满足大型会展场馆空间功能的效果，让场馆有着得天独厚的艺术美感，是非常困难的。在外形设计上，应注重“点”“线”“面”元素的交融与相辅相成，结合空间色彩的组合形式，与大型会展场馆空间布局相结合，来实现独特美观的视觉效果。当前，外观设计被多数人称赞和牢记的大型会展场馆有许多，以国家会展中心（上海）的“四叶草”造型为例，它的设计气势恢宏，向世界传达着“和谐、生长、欢迎、开放”的理念；而昆明滇池国际会展中心则以“孔雀开屏，祥瑞春城”的设计理念，展现云南的文化魅力。让会展场馆成为使人感官愉悦又富含文化的建筑艺术品，传播城市的理念与发展成效。

思考题

1. 结合章前上海博华国际展览公司的案例，分析会展主办方如何通过“跨领域布局＋并购整合”策略构建市场主体核心竞争力。请从供给方协同、资源整合、品牌建设三个维度展开论述。

2. 以中国国际家具展为例，探讨会展产品从“基础产品-延伸产品-派生产品”的开发逻辑。如何通过“服务价值链”设计实现展会从“物理空间”到“产业生态枢纽”的升级？请结合信息增值、资源对接、品牌赋能三个层面进行说明。

3. 课后查询国家会展中心（上海）相关数据，分析大型会展场馆如何通过“1＋N”产业链布局（如展、会、赛、演、商联动）实现乘数效应。结合表4-14的出租率数据，探讨如何平衡场馆公共属性与市场化运营的关系？

4. 根据素质目标要求，探讨会展企业在可持续发展中的角色定位。请结合绿色搭建、低碳运营、社区赋能等方面，提出三项具体实施路径，并说明如何通过KPI体系进行效果评估。

5. 对比国家会展中心（上海）与中国进出口商品交易会琶洲展馆的发展路径，分析中国会展场馆在全球竞争中的优劣势。结合“双循环”战略，提出提升国际话语权的三项关键策略。

第五章

会展组织与管理

章节概述

会展的组织与管理是指以会议、展览、节事活动、大型赛事等会展项目为对象，通过系统化的策划、资源整合、流程控制及协调运营，实现活动目标的专业性管理过程。其核心在于围绕展示交流、商贸合作、品牌推广、信息共享等中心需求，通过前期策划与筹备、中期服务与管理、后期评估与关系管理，统筹协调主办方、参展商、观众等多方利益相关者，确保活动在既定时间、预算和质量标准下顺利实施，实现社会效益与经济效益的有机统一。

学习目标

1. 掌握会展项目在策划筹备、服务管理上的特殊性，熟知会展组织管理基本流程。
2. 了解会展效果评估的内容和方法，认识客户管理维护的重要性。
3. 把握会展组织与管理各环节联系，形成一定的系统性、整体性、创新思维。

素质目标

1. 在“双碳”目标推动下，绿色搭建模式正重塑会展业发展路径。这种模式既减少了对原生资源的依赖，又构建起资源高效利用的可持续发展框架。学生应树立、践行绿色理念，并在未来职业生涯中助力行业的低碳转型。
2. 科技创新是驱动社会进步的核心力量，不断赋予展会新的内涵与魅力。当今时代，迫切需要提升全民科学素养，为建设科技强国筑牢坚实根基。学生应增强对科技创新的信心，坚定科技文化发展方向，推动我国会展业的创新发展，助力全民科学素养的稳步提升与科学文化的繁荣兴盛。

章前引例
2024年上海博物馆埃及特展

3. 在新时代背景下，深入推进文旅会展项目的品牌建设，是积极响应“绿水青山就是金山银山”理念的创新实践。学生应巩固生态文化自信，坚定生态优先、绿色发展的文旅会展项目品牌建设方向，推动文旅会展产业的可持续发展，为美丽中国建设增添新的活力与动力，助力实现人与自然和谐共生的美好愿景。

第一节　会展组织与管理流程

从全球瞩目的国际展会，到各领域专业会议，再到独具特色的节庆赛事，会展以其独特的魅力和强大的影响力，成为经济交流、文化传播、技术创新的重要平台，这些都离不开严谨、专业的组织与管理体系。无论会展活动的类型如何变化，组织者始终是这场盛会的核心推动者，需要精心构建一套贯穿前期策划筹备、中期现场执行、后期总结反馈的全方位管理流程。这一体系不仅是会展活动顺利开展的坚实保障，更是实现活动目标、创造多元价值的关键所在。

一般，会展的组织与管理工作可基于主办方视角进行梳理。

一、前期策划与筹备阶段

万事开头难，会展筹备阶段作为整个项目的起始与奠基环节，其重要性不言而喻，执行质量也直接影响后续环节的推进效果。此阶段的核心任务是将脑海中抽象的概念性构想，如同搭建积木一般，逐步转化为切实可行、能够落地实施的具体方案。这个阶段的主要工作包括深入细致的市场调查与目标群体分析、策划与设计展示方案、风险预判与应急预案以及营销推广等。

（一）市场调查与目标群体分析

深入细致的市场调研与目标群体分析是大型会展活动策划的根基所在。市场调研需系统收集行业动态、参与群体特征等关键信息，旨在为策划团队提供决策依据。有了坚实的市场调研与目标群体分析作为铺垫，需求分析便成为项目定位的重要支撑。首先，要收集和分析政府、行业、企业等各方对会展中心的需求，包括展览面积、会议设施、活动空间等具体要求。其次，了解目标客户的实际需求，确保项目设计符合用户期望。最后，结合项目定位和需求分析结果，制定详细的需求规格说明书，为后续的设计和施工提供明确指导。同时，对市场上同类竞品进行全面剖析，借鉴其成功经验，找出自身的差异化竞争优势，以此明确活动的独特定位和可行性。

（二）策划与设计展示方案

在明确方向之后，即进入策展阶段，需要进行展示方案的策划与设计。项目方案设计包含两大核心要素：一是创意设计，二是主题定位。创意设计需要策划人员打破常规思维的枷锁，综合活动目标与市场趋势，碰撞出创新的火花，形成别具一格的方案。而主题定位则应像响亮的口号一样，准确传递活动价值，并且便于传播，让更多人能够快速理解活动的核心要义。策展方案的设计是一切行动方案的指南，指导资源统筹与团队组建等多个重要环节的开展与执行。需注意的是，策展并不等同于纯粹的学术研究，而是一项研究与实践并重的系统性工作。策展工作强调理论与实践结合，要求从业者既具备专业知识，又能有效协调资金管理、展品运输、空间设计等实务环节。资源整合涉及人力与物力两大系统，需组建涵盖策划、执行、宣传等职能的复合型团队，统筹场地、设备、物流等核心资源。

（三）风险预判与应急预案

风险预判与应急预案也不容忽视。会展活动是一项复杂且充满不确定性的工程，从前期策划到后期收尾，活动涉及面广、环节众多，难免会遇到各种潜在风险，如安全事故、法律纠纷、财务风险等。风险管理需建立预防机制。全面识别安全隐患、合同纠纷等常见风险，制定应急预案，如制定极端天气应对方案，以及预设备用场地及流程调整措施。

（四）营销推广

会展营销的关键策略为整合线上线下渠道，其中线上渠道有低成本、互动性强且传播范围广泛等显著优势，线下渠道能提供面对面交流、真实体验和强烈的信任感，将线上与线下相结合能提高营销质量。线上通过社交媒体发布活动亮点，线下举办推介会精准邀约；重点结合数字传播的高效性与线下沟通的信任感，完成参展商招募与观众引流。

二、中期服务与管理阶段

中期服务与管理阶段是会展活动的核心执行期，也是最考验组织者协调能力和应变能力的关键时期。在这个阶段，组织者需要将前期的策划方案转化为实际行动，确保活动能够按照预定计划顺利进行，同时为参与者提供优质的服务体验。

现场运营管理是这一阶段的重中之重。所有计划和措施最终都要在现场得到落实。通过作业管控、到岗到位和现场督查，确保现场作业安全有序进行。现场管理是确保作业安全最直接、最有效的手段，能够直接体现会展活动的普遍性特点。

组织者需要统筹场地布置、动线规划、设备调试及人员分工等各项工作，确保各个环节紧密衔接、高效运转。如在场地布置方面，要根据活动的主题和形式，精心设计展位布局、舞台搭建、展示区域等，营造良好的活动氛围。

同时，中期的服务与管理还需注重利益相关方的协调。从严格意义上来讲，会展不是企业组织，而是会展企业的产品，展览会涉及组展商、中介机构、参展商及产业支持系统等方面。组织者需要平衡各方需求，维护良好的合作关系，推动活动的顺利进行。

三、后期评估与客户关系维系

后期评估与客户关系维系是会展活动的收官阶段，也是实现活动价值闭环和可持续发展的重要环节。在这个阶段，组织者需要对活动进行全面总结和反思，评估活动的成效和不足，同时加强与客户的沟通和联系，挖掘潜在需求，为下一次活动的改进提供依据。

为实现展会可持续发展的目标，在展会落下帷幕后，要对展会开展的具体情况和实际效益开展全面评估，涉及具体的交易量和金额、报名途径、关注的产品和活动、观众来源地区、观众和参展商的数量、满意度及展会的整体影响力等多个方面。可以通过定量指标和定性反馈全面衡量活动成效。定量指标包括客流量、成交额、媒体曝光量等，通过对这些数据的分析，可以直观地了解活动的规模和影响力。定性反馈则通过问卷调查、访谈、在线评论等方式收集，了解参展商、观众、嘉宾等对活动的满意度和意见建议。例如，分析展会的参展人数、交易额等数据，评估活动的商业价值；同时收集参展商和观众的意见和建议，了解他们对活动组织、服务质量、展示内容等方面的评价，找出存在的问题和不足之处。如我国CIIF、CIIE、FC等大型展会，都会在每届展会后出具相应的展后报告，及时对参展商满意度、观众参与度、成交额、展览宣传推广效果等关键指标进行量化评估，确定展览是否达到了预期的商业目标和品牌传播目标。

完成财务清算与档案管理工作。对活动的财务收支进行详细审计，确保财务清晰、账目准确。同时，将策划案、执行记录、合同文件、照片、视频等重要文档进行分类归档，建立完善的档案管理体系，便于后续查阅和参考。这些文档不仅是活动的历史记录，也是总结经验教训、提升组织管理水平的重要依据。

会展结束后，企业可以通过发送个性化的感谢邮件或致电客户，表达对其参与展会的感激，并进一步详细介绍公司的产品或服务特点，强化会展期间所建立的初步联系和影响。同时应建立长效沟通机制，加强客户关系维护，可通过邮件回访、会员社群、电话沟通等方式，与参展商、观众、嘉宾等保持定期沟通和联系。分析客户满意度调查结果，挖掘潜在需求，为客户提供个性化的服务和解决方案，如定期回访参展商，了解他们的业务发展情况和参展需求，为他们提供下一次参展的优惠政策和个性化服务；建立会员社群，分享行业动态、活动信息、优惠政策等，增强客户的黏性和忠诚度。

最后，总结执行过程中的问题与创新点，为同类活动提供标准化模板或改进建议。对活动执行过程中遇到的问题进行深入分析，找出问题的根源和解决方案，将成功经验和创新做法进行总结归纳，形成可复制、可推广的标准化模板或操作流程。同时，不断关注行业发展动态和新技术应用，积极探索创新的组织管理模式和服务方式，为提升会展活动的组织管理水平贡献智慧和力量。

会展活动的组织与管理是一项全生命周期的系统工程，需要组织者具备全面的知识、丰富的经验和卓越的能力。前期策划以市场为导向，精心搭建活动的基本框架；中期执行依靠专业协同和动态调控，确保活动顺利进行；后期评估注重数据驱动和关系深化，实现活动价值最大化。掌握这一共性流程，不仅有助于会展从业者在不同细分领域中快速迁移核心能力，提升资源整合与价值创造效率，为推动会展行业的持续发展贡献力量。

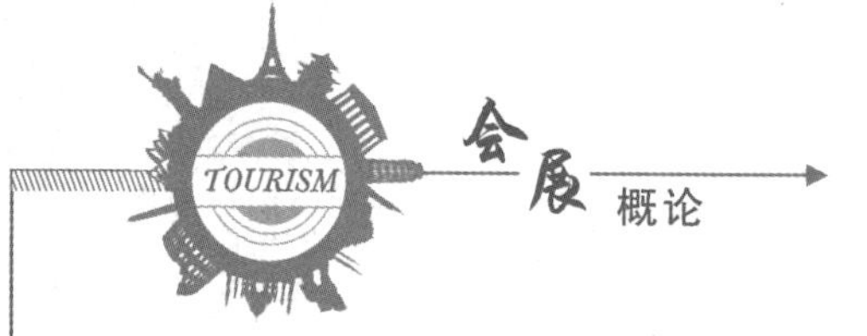

第二节　前期策划与筹备

会展活动的前期策划与筹备阶段是一个复杂的系统工程，其成效直接关乎活动的成败，在整个会展项目的生命周期中占据着举足轻重的地位。这一阶段涵盖了多个关键要素，既包括基础性的策划要素与执行方案制定，又涉及具体的筹备事项，同时还需考虑会议、展览、节事活动等不同类型会展的独特筹备要点。

一、策划的基本要素与执行方案

会展策划的对象和目的即构建会展企业可以推向会展市场交易的商品和服务，包括会展主办机构推向市场的会展品、牌参展商展出的商品，以及围绕该会展品牌所开展的各项专业服务和配套服务等，是有形产品和无形服务的有机组合。在策划环节可注重多重理论综合运用。

（一）会展策划的底层理论框架

科学的目标设定体系是会展项目成功的关键要素，一般在会展项目策划时首先要明确项目的目标，可运用项目管理的知识进行科学管理。例如，会展项目通常包含多个阶段和子系统，可运用工作分解结构（WBS）和甘特图等工具进行任务拆解，将抽象的战略目标转化为可执行的具体指标。例如，通过WBS可将会展筹备划分为招商、宣传、布展等模块，再通过甘特图明确各阶段的时间节点与交付标准，从而形成有序推进的管理闭环。

会展主题的定位本质上是价值主张的凝练表达。崔丹妮（2023）指出，主题不仅是活动的指导纲领，更是贯穿全流程的核心线索。主题定位是会展活动的核心价值体现，需紧密结合行业趋势、市场需求以及主办方的战略意图。

项目可行性分析通过对波特五力模型等战略分析工具的运用，深入洞察行业竞争态势与市场机遇，确定具有独特性与吸引力的主题。通过对供应商的讨价还价能力、购买者的讨价还价能力、潜在竞争者进入的能力、替代品的替代能力、行业内竞争者现在的竞争能力五种力量的不同组合变化的判断，可以有效分析当下的竞争环境。

对于项目目标受众分析，可运用市场细分理论建立多维画像体系，对目标受众进行深入分析。从地理、人口统计学、心理和行为等多个维度，精准描绘目标受众画像。例如，一场专业学术会议的目标受众可能是特定学术领域内，具有中高级职称、发表过一定数量高质量学术成果，且关注前沿研究动态的学者与研究人员。通过分析他们的学术偏好、参会习惯和信息获取渠道，为后续的宣传推广与活动设计提供依据。

（二）执行方案的三大核心维度

在会展项目管理中，科学的执行方案有着统筹时间、预算和团队三大核心要素。美国项目管理协会(PMI)所提出PMBOK(项目管理知识体系指南)定义的十大知识领域(范围、时间、成本、质量、资源、沟通、风险、采购、相关方、整合管理)和五大过程组(启动、规划、执行、监控、收尾),强调结构化管理和最佳实践。温斯顿·罗伊斯(Winston Royce)提出的“瀑布模型”同样适用于会展项目的管理。

1. 时间管理的动态优化

(1) 界定和确认会展项目中各项活动及活动内容。

会展项目中的各项活动是工期估算、编制进度计划以及后面各项工作的基础。

(2) 对该项目活动的具体内容进行排序。

识别会展项目各项活动并记录整个活动间逻辑关系的过程,一般可采用箭线图法、网络模板等。

(3) 估算工期(活动持续时间)。

估计会展各项活动所需要的持续时间,在估算中也要考虑风险因素的影响。

(4) 拟订项目进度计划。

明确该项目活动的开始日期、结束日期,并依据项目重要事项确定相应的里程碑。

2. 预算编制的精细化实践

项目预算是会展项目管理中非常关键的内容,一个好的会展项目预算,既是翔实的项目规划与资源安排,也是项目控制与监督的关键工具。收支预算应尽量做细做实,将总预算按项目类别、项目明细、具体内容等进行分解。

收入预算包括财政拨款(政府采购项目)、市场化招展收入、广告收入等;支出预算包括展馆租赁费、展厅搭建费、物资费(包括证卡费用、地毯铺设等)、宣传费(包括设计费、视频制作费、摄影摄像录播费、媒体费用等)、保障费(包括审批费、安保费、车辆保障费、人员餐费、保险费等)、咨询费、志愿者费用、管理费(包括交通、差旅、招待、公杂费等)、不可预见费用等。

总之,将预算按数量、单价、质量要求,尽可能做到翔实、明晰。根据项目总成本,运用量本利分析法,计算出盈亏平衡点。对会展产生的社会效益、经济效益进行评估,做好立项审批工作。

3. 团队协作的角色赋能

高效的项目团队需要进行多元角色配置,其中创意先锋、执行骨干与协调枢纽是关键组成部分。创意先锋往往拥有发散性思维,擅长从非常规视角切入问题。在项目启动初期,这类突破性思路能为团队提供关键的创意支持。执行骨干则以高效著称,他们充满工作热忱且具备强大韧性,面对挑战时展现出迎难而上的决心,同时对新兴事物保持开放心态,善于接纳创新理念。协调枢纽则以理性沉稳为特质,凭借独特的人格魅力凝聚团队,在复杂的利益关系中精准把握平衡,有效促进跨部门协作。

除此之外,项目团队从上至下均须具备高效的沟通能力。一方面,项目是否能够争取到主办方和领导的支持,可能直接影响到项目的成败;另一方面,会展项目管理人员需具备较强的领导力,一个被团队认可的领导才能有效激励团队实现既定目标。此外,他们还需要具备良好的谈判技巧与冲突管理策略,协同平衡好与展会项目相关方的关系。

二、策划与筹备的具体事项

会展项目涵盖赛事、节庆、会议、展览等多种形式,尽管具体内容和形式不同,但核心筹备流程和管理逻辑具有高度普遍性。

(一)项目的启动与定义

无论是重在知识分享的会议、商贸对接的展览、竞技体验的赛事还是文化传播的节庆,会展项目在立项筹备时,通常坚持"5W+1H"的策划要素原则,逐一回答WHY(为什么而办)、WHEN(什么时候办)、WHERE(在哪里办)、WHO(服务谁)、WHAT(什么内容)、HOW(如何办)的问题。同时,应明确利益相关方,如主办方(政府/企业/协会)、承办方(执行团队)、参与方(参展商/参赛者/演讲嘉宾)、受众(观众/消费者)、支持方(赞助商/媒体/供应商),根据会展项目自身同其他社会性事项的区别,以及会展自身内部的结构性,识别出相关的利益相关方,以利益相关方的不同目标为依托展开项目策划。

无论哪类会展项目,参与者数量(如参展商数、参赛者数、观众数、与会者数等)、举办质量(如专业观众占比、媒体覆盖率等)、成果预期(如贸易成交额、客户满意度)等都是会展项目的特定目标,对这些特定目标的筹划在一定程度上取决于会展项目的属性差异、类型优势和底层逻辑(见表5-1),可以指导会展项目策划的主体方向。

表5-1 会展项目四大基本类型的"底层逻辑"

项目类型	核心连接对象	价值载体
会议	知识/观点的供需双方(演讲者→听众)	议程设计、内容干货度
展览	供需产业链(参展商→采购商/消费者)	展位匹配、商贸对接效率
赛事	竞技资源(选手→观众/赞助商)	规则公平性、观赏体验
节庆	文化认同(主办方→公众)	主题沉浸感、互动参与度

(二)团队组建与权责划分

团队协作上,会展项目离不开组织架构的设计和构建,项目团队在项目经理的领导下,通过WBS对项目具体工作进行拆解,明确任务并制定团队成员权责,从而进行精细分工、团队协同。具体而言,策划组负责主题设计以及流程规划;招商组则负责赛事参与者、赞助商等的邀约、招募;宣传组主要职责为品牌营销,以及商务渠道对接;资源组职能作用为"人、物、事"的沟通协调;财务组则负责项目周期中的预算管理与成本控制等。

(三) 会展项目的设计

会展项目的好与坏,主观上极大程度受限于项目执行团队的运营水平,而在项目运营团队水平稳定的前提下,会展项目设计成为检验团队整体水平的核心元素。

成功的会展项目设计首先要有一个良好的创意主题。主题的创意策划一方面是基于大量市场调研、专业人才设计等科学和理性力量作用的结果;但另一方面,有创意的会展主题往往离不开人的感性思维,是头脑风暴的结果。主题设计是会展项目概念化运作的核心环节,恰当的主题可以让受众了解和体会到会展项目的性质、时间或地域等限定元素。

除了一个好的主题来贯穿项目,一个好的表现形式更是重中之重。良好的会展项目表现形式往往令人印象深刻。会展设计者可运用诺贝尔经济学奖得主丹尼尔·卡尼曼(Daniel Kahneman)提出的"峰终定律"(Peak-End Rule)来进行会展项目设计。"峰终定律"是指人们对一段经历的记忆和评价,主要取决于这段经历中的高峰时刻(无论是好是坏)以及结束时的感受,而并非这段经历的平均质量或全部细节。在会展项目里则集中体现为策划师所设计的"记忆点场景",如赛事中的冠亚军对决最后的赛点时刻、节庆中的主舞台烟花秀、峰会中大咖的演讲金句、展览中的网红打卡点等,用于强化参与者正向情绪的环节。基于这一点,在会展项目设计时,可通过不同会展活动的差异化内容构建不同项目的特殊"记忆点",如表5-2所示。

表5-2　不同会展活动的部分差异化内容

项目类型	部分差异化内容
会议	议程逻辑性(如"问题-案例-解决方案"递进结构)、嘉宾邀约优先级
展览	展区规划(产业链上下游分区)、商贸对接机制(一对一洽谈预约系统)
赛事	规则公平性(裁判培训/设备检测)
节庆	文化元素植入、公众参与度(互动装置/免费体验活动)

三、会议策划与筹备内容

(一) 主题策划

会议主题策划是会议成功的基石,其核心在于精准把握行业动态,挖掘前沿价值。在聚焦行业热点、学术前沿与实际需求时,跨学科视角至关重要。

在会展项目的主题设置中,关键词提取的方法除了通过传统的文献综述全面梳理过往研究成果、借助专家访谈获取一手专业见解外,还可借助大数据分析技术深度洞察行业趋势。运用网络爬虫工具,从Web of Science、IEEE Xplore等学术数据库,以及知乎、Stack Overflow等专业论坛,还有微博等社交媒体平台,收集海量文本数据。利用自然语言处理技术,如Python中的NLTK、spaCy库,进行情感分析、主题模型构建,从而识别出新兴研究方向与热门话题。

以可持续发展跨学科会议为例，通过大数据分析，能清晰发现不同领域在可持续发展范畴下的紧密联系。在能源领域，随着分布式能源技术的快速发展，其与环境领域的碳排放控制关联愈发紧密，分布式能源的广泛应用能有效降低碳排放。在经济领域，绿色金融政策的出台，如绿色信贷、绿色债券等，又与社会治理领域的可持续发展目标相互影响，为可持续项目提供资金支持，推动社会可持续发展。结合文献综述中各领域最新研究成果，以及与能源专家、经济学家、环境学者的深度访谈，确定"可持续发展：跨学科融合与创新实践"主题后，可进一步细化议程。设置"能源转型与环境协同治理"专题讨论环节，邀请能源工程师、环境科学家共同探讨如何在能源转型过程中实现环境的有效保护；设置"绿色经济模式下的社会公平探讨"环节，邀请经济学家、社会学家分析绿色经济发展对不同社会阶层的影响，促进知识碰撞与合作。

（二）目的地选择

选择会议目的地需综合考量多方面因素，这直接关系到会议举办的效果与参会者的体验。与常规展览相比，国际会议尤其是国际性大型会议的成功举办很大程度上取决于硬件设施的完善程度，其对会议空间的配置提出了更高标准和要求。

以上海为例，上海是世界级国际会议中心城市，作为中国对外开放的窗口城市，上海已形成由高端酒店、特色空间以及专业场馆构成的多元化会议载体体系。从上海世博中心到东方滨江大酒店等标志性场馆，既具备先进的视听设备与智能管理系统，又能通过模块化设计灵活适配论坛、峰会等不同会议形态，其优越的地理位置与立体化交通网络，充分展现了承办国际会议的硬件实力。城市基础设施现代化是上海发展会议经济的重要支撑。作为全球地铁里程最长的城市，上海轨道交通系统可直达主要会议场馆。依托浦东、虹桥两大国际航空枢纽，年旅客吞吐量超1.2亿人次的航空网络，为国际参会者提供了高效便捷的出行保障。这种"双枢纽＋全网络"的交通布局，显著提升了上海作为国际会议目的地的可达性。政策环境与政务效能构成上海会议产业的核心竞争力。政府部门在国际会议申办、筹备过程中展现出高效的协同机制，特别是在重大会议保障期间，交通、安保、卫健等多部门建立专项工作小组，通过资源统筹与流程再造，实现从场馆布置到应急响应的全链条服务优化。这种"多中心协同治理"模式，既保障了会议活动的顺利开展，也塑造了上海专业、安全的国际会议品牌形象。

（三）与会者邀请

与会者邀请是会议前期工作的重要内容，当前在数字营销背景下，会议宣传和营销除仍较多依赖传统媒体进行宣传以外，越来越多的主办方认识到多样化营销在会议项目宣传和会议品牌形象传播中的重要性。从社群营销角度来看，大多会议主办方会在社交媒体平台创建会议专属话题标签，利用话题热度吸引目标受众关注；在专业论坛发布详细的会议预告与讨论主题，引导潜在参会者参与交流。从关系营销理论运用来看，大多学术性会议主办方多通过与行业协会、高校、科研机构建立深度合作关系的形式进行会议的宣传与推广。

此外,会议的各项筹备工作也离不开通过数字化营销手段吸引潜在客户,提高其参会意愿。一是可通过社交媒体平台的广告投放功能提高会议筹备效率以及营销效果。例如,微信广告等可根据用户兴趣、行为、地理位置等标签进行精准推送。二是可以针对关注数字营销的用户,推送会议亮点、嘉宾阵容等信息,如推送和展示知名专家的演讲片段,吸引用户报名参会等。三是可以通过举办线上预热活动,邀请行业知名专家进行主题讲座,设置问答环节,收集潜在参会者的问题与建议,据此优化会议内容与议程安排,提高参会者的参与意愿等。

(四)嘉宾的邀请

会议嘉宾的邀请是提升会议知名度和影响力、满足会议与会者需求的重点内容。一般会议嘉宾构成主要包括行业专家和学者、企业高管和企业家、政府官员和政策制定者、媒体人士和公众人物、国际组织代表和外国专家、合作伙伴和赞助商代表、演讲嘉宾等。

行业内知名企业战略顾问的引入,是为了汲取前沿知识与实践经验。在企业战略管理会议中,邀请嘉宾,应提前与其沟通会议目标与参会者背景,共同设计具有针对性的演讲内容与互动环节。如设置案例研讨环节,让嘉宾分享企业战略转型成功与失败案例,如诺基亚从手机业务转型到通信基础设施业务的案例,引导参会者共同分析,提升参会者的战略思维能力。

作为嘉宾之一,行业专家和学者是在特定领域具备丰厚知识和话语权威的人群,他们受邀参会,通过主题演讲、专题报告、多方对话等形式分享最新的学术观点、研究成果,通过专业的分析和见解洞察发展趋势,促进知识的传播和学术交流。企业高管和企业家受邀参会,对企业的管理经验、发展战略、市场洞察以及成功案例等进行分享,从商业和实践的角度为会议提供独特的视角,有助于促进企业间的交流合作,推动行业的发展。政府官员或政策制定者受邀参会,能将最新发展政策、行业监管等权威信息带入现场,通过参与政策讨论、产业引导、发展共话等环节,与企业界和学术界共同探讨促进产业健康发展的见解和对策,从而有助于与会者了解最新的政策法规和发展规划,更好地把握行业发展的方向。与会期间,媒体的到访和宣传报道可将会议的主题和重要内容传递给更广泛的受众群体,吸引更多人群关注;公众人物的参与可以为会议增添话题性和关注度,从而吸引更多的观众和与会者参与,扩大会议的知名度和影响力。在国际性会议中,国际组织代表和外国专家是重要的嘉宾构成之一,他们的参会能够带来不同国家和地区的经验和观点,有助于拓展会议的国际视野,推动全球范围内的知识共享和问题解决,促进国际交流与合作。合作伙伴和赞助商邀请是不可或缺的,他们为会议的成功举办提供了多项赞助和支持,他们的代表出席会议体现了对会议的重视和对合作关系的维护。

在众多会议嘉宾中,演讲嘉宾是会议的核心邀请对象,也是会议主题和内容的核心呈现者。他们通过精彩的演讲和分享来吸引与会者的注意力并获取重要的信息和观点。演讲嘉宾可以从上述提到的各类会议受邀嘉宾中产生。

作为品牌会议,可通过建立嘉宾库的形式加强对嘉宾的管理,详细记录嘉宾的专业领域、研究成果、演讲风格、合作经历等信息,方便在后续会议筹备中快速筛选合适嘉宾,并为嘉宾提供定制化服务,提升嘉宾的参与积极性。

（五）物料的准备

会议筹划中需要将会议全流程中的物料考虑周全,为后续筹备工作提供参考。一般会议物料包括这几类:一是场地布置类,包括背景板、指示牌、横幅、桌椅及装饰品等;二是会议资料类,包括会议手册、演讲稿及报告材料、会议议程表、签到表及签到笔等;三是会议用品类,包括麦克风、音响设备、投影仪及幕布、笔记本和笔等;四是宣传展示类,包括海报、展架、企业宣传资料等;五是餐饮茶歇类,包括茶歇点心、矿泉水/饮料、用餐安排等;六是证件票券类,包括参会证、嘉宾证/VIP证、工作证、餐券/入场券/抽奖券等;七是花艺装饰类,包括嘉宾胸花、餐桌花艺、贵宾花艺、圆桌桌花等;八是礼品纪念类,包括伴手礼、奖杯/奖牌/证书等;九是技术设备类,包括同声传译设备、投票设备/互动设备、网络设备等。有些会议策划还主张将与会者和与会嘉宾在目的地的各项餐饮、住宿、交通、旅游等活动一并进行策划安排,这一主张集中体现了会议周到细致的对客服务,是值得提倡的。

在会议数字化时代,会议物料准备提倡绿色化和低碳化,即物料的准备可采用数字化手段替代传统物料的安排,以减少资源浪费。例如,手册的印制,会议手册正从静态资料演变为动态交互载体,一方面可利用大数据、互联网和移动媒体等通过会议小程序以及其他数字化手段制作在线手册进行信息发布,与会者和嘉宾可随时随地查询会议动态,了解会议通知;另一方面可通过数字化的形式增加多元文化元素和设计,更能体现和彰显区域文化的特色和个性。例如,杭州亚运会期间,组委会将杭州地域文化作为传播维度,为赛事手册设计注入独特灵魂:宣传短视频《亚运Show杭州》将千幅刺绣作品融入动画制作之中,融当代体育运动与古风山水绣品于一体,从而将丝绸文化故事转化为可触控的互动长卷;并将刺绣手工艺制作过程制成视频二维码,受众群扫描二维码即可欣赏,从而实现了科技与人文相结合的叙事方式,既传承了传统文化精髓,又为参会者创造了沉浸式文化体验,使手册成为连接现代与传统的桥梁。

四、展览策划与筹备内容

目前,在展览数字化与绿色化发展背景下,展览的策划与筹备环节注重绿色理念的融入和数字化手段的运用,成为展览项目的关键考量因素,推进了展览品牌的高质量发展。

（一）展览项目选择

展览项目的选择是一项复杂且关键的决策过程,需要综合多方面因素进行考量。除了紧密关注市场需求、行业趋势、自身资源与竞争态势外,还应将宏观经济环境与产业生态纳入分析范畴。从产业经济学理论出发,运用波特五力模型,对潜在展览项目所处行业的新进入者威胁、替代品威胁、供应商议价能力、购买者议价能力以及现有竞争者的威胁展开深入评估。以举办新能源汽车展览为例，在分析市场需求时，依据需求弹性理论，考虑消费者对新能源汽车价格、性能、政策补贴等因素的敏感程度，预测市场需求的变化趋势。随着电池技术的不断进步，新能源汽车续航里程显著提升，消费者对续航里程的敏感程度逐渐降低，而对智能驾驶功能的关注度日益提高。同时，研究新能源汽车行业的竞争格局，特斯拉等行业巨头凭借品牌影响力、技术优势和规模经济，在市场上占据领先地位；众多新兴车企如蔚来、小鹏等不断涌入，它们以创新的商业模式和差异化的产品定位试图抢占市场份额；传统燃油车企业如大众、丰田等也在加快向新能源转型，加大研发投入和市场推广力度。通过波特五力模型分析，能够清晰地认识到举办该展览所面临的机遇与挑战。例如，新兴车企由于品牌知名度相对较低，可能更有参展意愿，期望通过展览提升品牌知名度和市场影响力；而行业巨头可能对展位位置、展示面积、服务质量等方面有更高要求，以彰显其品牌形象和行业地位。

（二）招展招商

招展招商工作是展览成功举办的核心环节，直接关系到展览的规模、质量和经济效益。可通过价格弹性理论、客户细分理论、客户关系管理等多视角进行招展招商工作的筹划与开展。

在制定招展政策时，可从价格弹性理论出发，深入研究不同类型和规模的企业对展位价格的敏感度。例如，中小企业通常预算有限，展位价格因素对其参展决策影响较大，因此对于价格弹性较大的中小企业来讲，应适当降低早期报名价格，给予较大幅度的优惠以吸引其参展。对于大型企业，参展的目的往往不仅是展示产品，而更注重品牌形象的塑造和市场拓展，对展位的品质和服务有更高要求，因此可通过客户细分理论向其提供定制化的展位套餐，除场地租赁外，还包括展位设计、搭建、现场活动策划等一站式服务，满足其多样化需求。

根据客户生命周期理论，可将参展商分为潜在客户、新客户、老客户和流失客户四类，根据客户关系阶段进行相应的营销。对于潜在客户，可通过电话、邮件、社交媒体等多种渠道进行积极沟通，运用有效的沟通技巧和策略，介绍展览的优势和特色，提高其参展意愿；对于新客户，在参展过程中可提供全程跟踪服务，及时解决其遇到的问题，依据服务营销理论，提高客户满意度，促使其再次参展；对于老客户，可通过定期回访了解其参展体验和需求，提供专属优惠和增值服务，如为连续参展三年以上的企业提供免费的展位升级服务，以增强客户黏性，从而得到老客户的认可，提高客户忠诚度，提高参展续签率。

（三）营销

展会营销是扩大展览影响力和吸引力的关键手段，旨在吸引更多的参展商和观众参与。展会营销首先要根据展会的特点和目标客户群体制定全面翔实的推广计划，包括确定推广的目标、渠道、方式和预算等，确保展会营销工作的顺利开展。

目前，展会营销和推广的手段多采用线上与线下融合的方式展开。线上渠道一般包括公司官方网站、小红书等社交媒体平台、行业论坛、电子邮件、搜索引擎优化（SEO）、在线广告等，构建多元媒体矩阵，以提高展会的曝光度。线下推广往往通过专业媒体、报纸、杂志等新闻、推介会、广告投放等方式进行，以扩大展会的影响力。此外，依据展会的主办机构利益相关者主体情况，可与行业协会、商会、媒体、相关企业等进行联合推广，以提高权威性，增强吸引力。

营销矩阵的构建遵循一个原则，即提高对观众个性化营销精准程度，尤其是线上数字化营销手段，更应基于大数据分析观众的兴趣、历史参展记录、社交媒体行为、搜索关键词等数据，精准预测观众需求，提高营销效果。

（四）布展与陈列

展会的布展与陈列包括两层含义：一是主办方对展场的空间布局、展位划分以及展场布置等工作，二是参展商基于展位的选择进行的展台搭建、展位布置和展品陈列等工作。布展与陈列设计是展览的视觉核心，直接影响观众的参观体验。

1. 主办方视角

主办方对展场的布局是基础工作，主要包括展位划分（展区分布）、通道设计、公共区域规划、服务设施布置等工作。展位划分主要是指主办方根据展会规模、参展商数量和类型以及展品特点等，对展会场地进行合理划分，确定不同类型、不同大小的展位数量和位置分布，再根据参展商的需求和展品特点对每个展区内的展位进行具体安排。设计合理的通道系统使参观者能够顺畅、安全地在展会现场流动，同时方便展品的运输和安装；对通道的宽度、走向以及与展位布局连接方式等进行精心规划，可以满足人群管理和人流疏散的需求，且能提升展览的整体展示效果和观众的观展体验。合理设置公共区域的位置和大小，要考虑到人流的分布和使用需求，避免过于拥挤或偏远。例如，休息区、洽谈区、餐饮区、卫生间等设施的合理布局直接影响参展商和参观者的参展体验。

在基础布局的基础上，主办方还需完成展场的装饰与氛围营造、标识与导视系统布置等工作。装饰与氛围营造主要包括整体装饰风格、主题元素运用、氛围营造道具等方面。主办方通过选择合适的色彩搭配、装饰材料、照明设备等对展会现场进行整体装饰设计，确定统一的装饰风格和主题，以营造出符合展会定位和主题的氛围，使整个展会现场看起来美观、协调；并根据展会的主题运用与主题相关的视觉和形象（如主题、口号、吉祥物等）元素进行装饰设计和布置，以增强展会的主题性和吸引力；还可以根据展会类型、主题选择花卉、绿植、气球、横幅、标语等道具进行氛围营造，增添展会现场的活力，使整个展会现场更加生动、有趣。

良好的标识与导视系统是提高观众参展效率的关键因素。主办方的标识与导视系统工作主要包括展位标识、导视牌设置以及信息指示屏幕等布置：为了方便参观者快速找到自己感兴趣的展位，主办方通常会依据展场布局情况进行展位标识设计，为每个展位制作清晰明确的标识，包括展位号、参展商名称等，标识设计应简洁明了、易于识别，安装位置要醒目、便于查看；展会完善的导视牌系统能为观众提供明确的方向指引和信息提示，帮助他们顺利地在展会现场观看展览，一般包括入场导视牌、展区导视牌、通道导视牌、公共设施导视牌等。

在数字化展览情况下，展会主办方一般会通过在线导览系统的形式为参展商和观众提供信息导览咨询和指示服务，如在线导览小程序会实时显示展会的时间、活动安排、展位地图、紧急疏散路线等信息，为参展商和参观者提供更加便捷的信息服务。

此外，主办方在场馆协同下还应完成展会服务设施布置，包括接待台设置、展示设备提供、仓储与物流服务等配套服务等。展场的规模、面积以及布局决定了接待台的设置方式，合理的接待台设置能够最大限度地满足参展商和观众的咨询等接待服务的需求；展示设备提供是指提供展示设备和办公工具，如电视、投影仪、音响设备等，以及桌、椅等租赁设备，以供参展商布展使用。考虑到展品的运输和存储需求，主办方会在展会现场附近设置仓储区域，并为参展商提供相应的物流服务，以便参展商进行展品的装卸、存储和管理。

2. 参展商视角

参展商的展位布置和陈列主要包括展台搭建、展品陈列、企业形象展示、互动体验设置等。

在展品陈列上，参展商会精心挑选符合企业产品特色和展示需求的产品，在分配的展位内进行展品陈列和布置，并采用合适的展示方式，如搭建展示架、使用道具、设置灯光效果等，以突出展品特点，吸引观众注意力。特装展台通常搭建在展位内展示企业的标志、宣传海报、宣传册等，打造独特的展位风格，体现企业的文化和价值观，以提升企业的品牌形象，提升企业知名度；参展商一般会在展位内通过互动体验设置，如产品演示区、试用区、游戏区等增加与观众的互动和交流，增加观众的体验感和趣味性。目前，在VR、AR等数字技术的加持下，展商可以设置更加生动和沉浸式的互动装置，让观众亲身参与到展品的展示过程中，进一步提升展示效果。

对于展台搭建，参展商一般可以选择以下几种方式：一是主办方推荐搭建服务供应商；二是参展商自行选择搭建商；三是由场馆方提供搭建商等。

（五）物流

物流是保障展品顺利参展的重要环节，直接关系到展览的顺利进行。在选择物流合作伙伴时，运用供应商评价指标体系，从物流企业的运输能力、服务质量、价格水平、信誉度等多个维度进行评估。从供应链管理理论出发，通过实地考察、客户评价调查等方式，全面了解物流企业的实际运营情况。例如，考察物流企业的运输设备是否先进、运输网络是否覆盖广泛、货物跟踪系统是否完善等。在筹备一场国际艺术品展览时，主办方对多家物流企业进行评估，最终选择了一家拥有专业艺术品运输经验、全球运输网络和先进货物跟踪系统的物流企业，确保了艺术品的安全运输。

对于大型、贵重展品的运输，应制订详细的运输计划，明确运输过程中的各个环节和责任人，从展品的拆卸、包装、装车、运输、卸车到最终的布展，进行全程监控。例如，在运输大型雕塑作品时，根据雕塑的形状和材质，定制专门的运输箱，采用减震、防碰撞材料进行包

装，确保运输过程中的安全。同时，与保险公司合作，依据风险管理理论制定合理的保险方案，以降低运输风险。在仓储环节，运用物联网技术，实时监控展品的存储环境，确保温度、湿度等条件符合要求，依据环境科学理论，保护展品的质量和安全。例如，在一场国际文物展览中，利用物联网设备实时监测文物存储环境的温湿度变化，一旦出现异常立即发出警报并自动调节，确保文物在存储期间的安全。

五、节事活动策划与筹备内容

相较于会议、展览等会展项目，节事活动策划与筹备工作重点也集中于主题策划、营销等，此外更注重目的地文旅融合、赞助邀请和媒体转播等层面，以达到对目的地的影响效应。

（一）节事活动策划

节事活动策划，尤其是文化节事活动的策划，关键在于对当地文化的深度挖掘与创新表达。除了应具备独特性、吸引力与文化内涵，还需深入剖析文化的深层结构和象征意义。不仅要识别当地具有代表性的文化符号，更要理解这些符号背后承载的文化意义和价值观念。例如，蒙古族的哈达不仅仅是一条简单的丝织品，更是蒙古族表达敬意、祝福与友好的象征，在主题策划中融入哈达元素时，就要充分展现其背后的文化寓意。在策划方法上，头脑风暴可通过线上线下相结合的方式开展，打破地域限制，吸引更多创意人才参与；线下则应组织创意工作坊，让参与者面对面交流，激发思维碰撞。例如，针对年轻群体，可探讨如何将现代科技元素融入传统那达慕项目，如利用无人机进行那达慕赛事的空中拍摄，制作精彩的赛事集锦；针对老年群体，应重点挖掘他们对传统仪式和文化传承的看法，比如邀请他们分享过去那达慕的传统流程和独特习俗，以此碰撞出更具创新性和文化深度的主题策划方案。

（二）节事营销

节事活动的举办能够有效吸引受众参与，从而提升目的地的影响力。因此，在开展节事营销时，应注重营销策略的优化：首先通过大数据分析精准定位目标客户群体，深入分析其消费决策过程及影响因素；其次充分利用社交媒体、旅游网站、旅游博主等多元化平台资源进行精准推广，同时要深度洞察不同受众群体的消费心理和行为特征，以提升营销效果。此外，还可引入体验营销理念，通过策划线上线下相结合的体验活动，进一步提高公众关注度。

（三）文旅融合

在“绿水青山就是金山银山”理念指引下，节事文旅融合品牌建设已成为生态文明建设与经济高质量发展的重要纽带。文化旅游项目可雕琢城市文化形象，塑造独特文化品牌，通过举办地方特色文化活动、打造特色文旅景区，城市得以脱颖而出，吸引更多游客，促进当地经济发展和提高收入水平。例如，成都熊猫主题文旅项目成功提高了城市知名度，带来可观的旅游收入，并增强了文化魅力。又如“淄博烧烤”以烤炉、小饼、大葱作为“灵魂三件套”打造独特的烧烤文化与体验，通过烟火气营造浓厚社交氛围，满足人们对于社交和情感交流的需求；通过精准定位与营销策略，为淄博烧烤的传播提供了有力支持；并借力网红流量，制造了诸多热门话题，吸引大量关注；同时打造“烧烤＋”旅游多元主题活动模式，为游客提供更丰富的体验。“淄博烧烤”的成功还有赖于全城参与营销，从当地政府、企业到市民，都化身为城市推介员，共同打造良好的城市形象。政府部门积极引导和服务，企业热情接待，市民主动推荐攻略、让座、免费接送等，形成了全民参与的良好氛围，提升了城市的美誉度。为方便游客前来品尝烧烤，淄博市政府开通了“淄博烧烤专列”，开通烧烤公交专线，还计划在夏季推出烧烤游船项目等，解决了游客的出行问题；“五一”期间举办淄博烧烤节，发放烧烤消费券，吸引了大量游客前来参与；同时政府加强对商家的监管，确保烧烤的品质和价格合理，维护了良好的市场秩序，让游客能够放心消费。可见“淄博烧烤”的成功模式突破了传统旅游业的单一发展路径，形成以文旅融合为核心的产业协同发展格局。

（四）赞助邀约

节事赞助是指某些企业或机构为了实现自己的目标而向节事活动组织者提供资金、实物、技术和服务支持，节事组织者则给予其冠名、广告、促销、专利等不同的回报形式的平等合作、互惠双赢的商业行为。

为提高企业知名度和影响力，为节事提供赞助往往是企业展开联合营销的手段之一。节事活动组织者在选择赞助商时应注重赞助形式与回报形式的筹划与设计。一般赞助商的利益诉求包括品牌曝光、产品推广、客户关系维护等，而节事活动方则希望获得资金、物资等方面的支持。基于此，一般节事赞助形式包括现金赞助、实物赞助、技术赞助、服务赞助、智力赞助、广告赞助、冠名赞助和指定赞助等方式。赞助的回报主要包括品牌曝光、品牌推广、市场拓展与销售增长、产品推广与测试、品牌合作与联盟，以及品牌忠诚度与客户关系管理等形式。

赞助商有级别之分。例如，举办一场国际体育赛事时，可邀请运动品牌、饮料品牌、汽车品牌等作为赞助商，根据赞助商的资金投入和赞助程度，设置赞助的不同等级，即顶级赞助商、中级赞助商、初级赞助商三类。顶级赞助商可获得赛事的独家冠名权、现场核心位置的广告展示、运动员代言合作机会等；中级赞助商可获得品牌植入赛事直播、现场产品展示等权益；初级赞助商可获得活动现场的品牌标识展示和线上宣传曝光机会。还可以为赞助商提供定制化的赞助方案，根据赞助商的特殊需求，设计独特的赞助权益。国际性综合大型节事赞助商依据赞助级别和程度一般命名为冠名权赞助商、钻石级赞助商、黄金级赞助商、白银级赞助商、青铜级赞助商、普通赞助商等。有些赞助商依据赞助的节事活动内容和项目分为单项赞助商、官方指定赞助商等。

（五）媒体传播

节事活动的传播媒体主要有电视台、网络媒体、直播平台等，节事活动主办方在选择时应关注媒体传播背后的文化影响。在运用媒体传播理论选择合适的媒体合作伙伴时，不仅要考虑其传播范围和影响力，还要分析其传播理念和价值观是否与节事活动的文化内涵相符。例如，在转播传统文化节事活动，如春节庙会时，应选择具有文化传播责任感的媒体平台，确保转播内容能够准确传达庙会的文化内涵，如传统民俗表演、民间手工艺展示等。在转播过程中，对转播内容进行批判性分析，避免过度商业化和低俗化的内容出现；可以邀请文化专家对转播内容进行审核，确保传播的准确性和文化价值。

第三节　中期服务与管理

会展活动的中期服务与管理是确保活动顺利开展、提升参与者体验的关键阶段。在这一阶段，各类服务与管理工作相互交织，共同营造出良好的活动氛围，直接影响着活动的成效与口碑。从目的地接待到现场各项服务，从后勤保障到相关活动组织，以及针对不同类型会展活动的特殊服务与管理，都需要精心策划与高效执行。

一、服务与管理的具体事项

（一）目的地接待服务与管理

会展项目和活动举办期间，对会展参与客户群体的服务首先是从目的地接待服务与管理开始的，即目的地接待服务与配套管理工作是会展中期管理的第一步。目的地接待服务与管理工作的内容主要包括：交通服务（包括市内交通可进入性、场馆交通、泊车等）、住宿服务（包括酒店预订、住宿安排等）、餐饮服务（包括展会现场餐饮、商务宴请等）、商务服务（包括翻译、会议等商务中心，票务预订服务等）、医疗服务、安保服务以及文化旅游服务（包括目的地景点和文化等）。对于会展活动目的地而言，交通服务拉开了对客服务的帷幕，从抵达目的地的第一刻起，系统化的服务体系便逐步展开。以第七届进口博览会为例，在其举办期间，上海地铁制定了专项安全服务保障方案，除了提升保驾等级外，全网各条地铁线路编制了进博会专项列车运行图：其中直接服务国家会展中心的2号线、10号线、17号线实施高配运力；而其他线路也精准匹配，延长早、晚高峰覆盖时段，并适当提升平峰时段运力水平，加强与2号线、10号线换乘线路的运力适配，如图5-1所示。

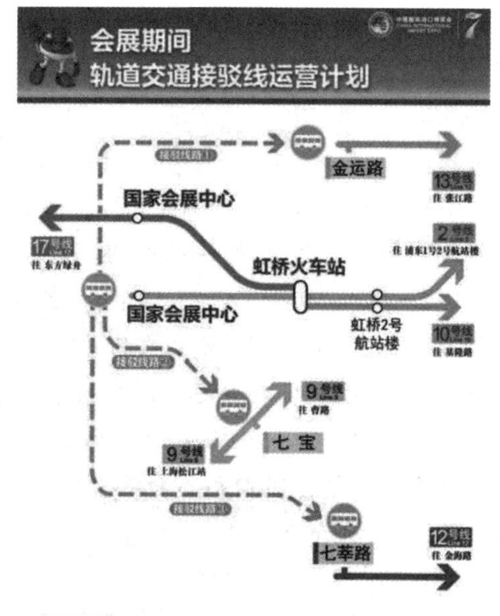

图 5-1　CIIE 接驳展示图

（来源：第七届进博会官方网站）

展会期间，2号线、10号线、17号线还将根据常态通勤客流需求，结合展会早高峰客流集中进场、晚高峰客流集中出场等特征调整行车组织，有效、快速疏散入、离场客流。这种“多枢纽联动＋智能调度”模式，既提升了展会效率又彰显了上海城市形象。

（二）现场服务管理流程及特征

在大型会展活动现场，现场接待服务流程和开展需遵循“以客为尊”的理念，通过传统人员对应服务和融合现代技术手段创新，实现对客服务效率、服务体验品质的提升。从流程上来讲，会展现场服务与接待管理工作主要包括会展现场服务管理是指在会展活动举办期间，为确保会展的顺利进行和为参展商、观众提供高质量服务而进行的一系列管理工作。以下是会展现场服务管理的主要流程：现场注册与签到、人员接待与引导、会展项目流程管理与控制、相关活动举办与管理、会展项目宣传与推广、现场设备维护与运转、安保、卫生、医疗等配套设施服务、人群管理及应急处理等。伴随会展数字化的发展，会展现场服务环节体现了以下四个重要特征。

1. 注册环节的流程优化

依托数字化系统和流程管理理论，将线上预注册与现场智能签到相结合。参会者可提前通过官方平台完成信息登记，现场通过人脸识别或二维码技术实现快速入场。系统会根据嘉宾、媒体、参展商等不同身份，自动引导至专属通道，有效缓解传统人工注册的排队压力。

2. 咨询服务的体系构建

基于客户服务理论构建多级响应体系，在展区核心位置设置主咨询台，并在各功能区配置流动服务站。工作人员需全面掌握活动流程、场地布局及周边资源信息，为参与者提供全方位指引，例如在科技展中可同步推荐同期行业活动及周边创新实验室参观路线。

3. 物资管理的动态调配

借助库存管理理论建立分类管理机制，对宣传品、纪念品等物资实施差异化管控。会展中心应建立应急物资管理制度，确保物资的质量安全、数量充足且易于取用。根据物资属性和使用场景，采用灵活调配策略，既保证高频需求物资的充足供应，又避免低频需求物资的积压浪费。

4. 信息传播的矩阵搭建

构建“场内＋场外”的多维度传播网络，在场馆各动线设置智能导览屏上实时更新活动信息，同时通过官方APP、社交媒体等渠道推送个性化通知。例如，在音乐节中，可通过地理围栏技术向特定区域观众推送舞台表演预告，实现精准信息触达。

二、会议服务与管理的特殊性

对于会议而言，会议举办期间的服务特点主要集中于通过提供与会者个性化服务接待以提升其参会体验。

会议主办方在会期应注重参会者的个性化需求，尽量提供个性化的服务，包括根据与会者饮食、住宿、信息、资料等方面的需求特点提供定制化服务；能结合参会目的，根据与会者的兴趣、关注点、专业领域等推送相关的分会主题、行业热点和嘉宾信息等，提升与会者的参会体验和质量。另外针对与会嘉宾，往往提供一对一个性化接待服务，实现嘉宾从机场接送、酒店入住到会议期间的全流程高效服务，确保嘉宾在优质服务中感受到尊重和关怀，提高嘉宾对会议的满意度。

（一）展览服务与管理的特殊性

对于展览而言，展览举办期间的服务焦点主要集中于通过向展商和观众提供优质服务以提升两大客户的参展体验和满意度。

展览主办方在展期应关注参展商和观众的参展体验，通过优化展览布局、便捷导览服务和数智化服务设置，增加参展商与观众的洽谈机会，提高参展商与观众的对接效率。针对参展商，提供全方位服务支持，包括展位搭建指导、展品运输协助、宣传与推广等。针对观众，通过多渠道和媒体进行邀约、参展商信息推介和服务导览，从而提高观众的参展效果。

（二）节事活动服务与管理的特殊性

节事活动的中期服务与管理也是一个复杂而系统的管理工程。由于节事举办对目的地形象具有重大影响，因此节事活动现场服务与管理的重中之重在于人群管理，需通过现场安全与风险评估与管理，保障人员安全，防止如踩踏等事件的发生；通过现场秩序的设计、维护与管理，确保活动顺利进行；通过合理的人流引导、控制和监管，提升参与者体验；通过现场活动服务与管理，提升人性化服务，提高满意度。

第四节　后期评估与关系管理

一、会展举办效果评估

会展项目举办效果评估主要包括经济效益评估、社会效益评估以及体验效果评估等。

（一）经济效益评估

总体而言，会展项目的经济效益主要包括直接经济效益、间接经济效益和综合经济效益。

获取一定的经济收益，实现会展项目的经济效益是会展主办方的主要目标之一。在会展项目管理中，良好的财务管理可以帮助企业建立合理的成本控制体系，明确各项成本的归属与责任，并通过成本效益分析评估项目的经济效益。对于展览项目而言，展览主办方通过举办展览可获得的直接收入来源包括展位费、门票收入、广告收入、会刊销售收入等;对于会议而言,会议主办方的主要收入来源于与会者的参会费、广告收入等;对于节事活动而言,节事主办方的主要收入为广告赞助收入。除项目收入外,会展项目需加强成本控制,将成本控制贯穿项目筹备与举办的全流程环节,确保获取一定的收益。

会展项目间接经济收益体现在活动举办期间大量人群集聚带来的消费刺激作用和目的地经济拉动效应,主要包括酒店、餐饮、交通、旅游等相关产业的发展。会展活动综合经济收益体现在给社会带来的宏观的、社会性的、间接的经济效益,如推动地区基础设施建设,改善城市面貌和投资环境等。

对展会而言,展会的经济效益还包括另外一层含义:展会举办期间参展商和专业观众之间通过商贸洽谈对接最终达成的交易订单金额,是会展业经济收益的重要内容,也是展览项目拉动作用的重要体现。

(二)社会效益评估

会展项目的社会效益主要指会展活动作为集体性社会活动对目的地带来的社会影响力,主要体现在以下几个方面:一是促进社会各界互动与交流、创造就业岗位和就业机会等;二是增强城市综合服务功能,提高当地居民的综合素质;三是提升主办国家或城市的形象、国际知名度和影响力;四是促进文化交流与传承、激发跨文化交流与传播;五是不断完善城市公共服务设施,提升公共服务水平;六是传递积极的社会价值观和文化理念,塑造良好的社会认知,提高公众社会参与意识、激发公众社会责任感,促进社会的共同进步等。

当前,在数字新媒体迅速发展阶段,展览数字化平台成为举办城市形象品牌传播的重要平台。不管是国家级展会、国际赛事还是国内区域性展会、地方性展会都建立了相对完善的数字社交媒体平台(见表5-3),集合展会多元化信息集中进行展览文化传播,树立良好品牌形象,促进地域文化的传播与传承,增强文化认同感。

表5-3　国内标志性展会数字社交媒体平台一览表

展会名称	官方网站	官方微博	微信公众号	App/微信小程序	抖音	FACE BOOK	X(TWITTER)
中国国际服务贸易交易会(北京)	有	有	有	有	无	有	无
中国国际进口博览会(上海)	有	有	有	有	有	有	有
中国国际消费品博览会(海南)	有	有	有	有	有	无	无
中国进出口商品交易会(广州)	有	有	有	有	有	有	有
义乌国际小商品博览会	有	有	有	有	无	有	有
四川国际茶叶博览会	有	有	有	有	有	无	无
成都国际汽车展览会	有	有	有	无	有	无	无

(来源:根据官方资料整理)

（三）参与者体验评估

会展活动结束后针对参与者进行满意度调查，收集参与者的体验和感知水平，有利于把握会展存在的优势与不足，采取有效措施加以改善，提升活动整体水平。以展会为例，通过参展商满意度调查可收集展商的参展体验和感知水平，有利于把握参展商对展区划分、现场服务、活动组织等方面的意见和建议；通过观众满意度调查可全面了解观众对展览内容、活动安排、现场设施与服务等方面的感知评价。对于会议而言，通过嘉宾、与会者满意度调查可以获得对会议策划、组织、服务和管理等各方面的细节感知水平，通过改善措施，提高嘉宾的参与度，巩固与嘉宾的合作关系，以及提高与会者满意度和重复参会率。

二、客户关系管理与维护

（一）客户信息管理

依据客户关系管理（CRM）理论，会展主办方需在会展活动各个阶段收集客户信息，包括参展商、观众、嘉宾等的基本信息、联系方式、参展或参会历史、消费习惯等，建立客户数据库。客户的信息收集可在注册报名阶段通过线上报名系统和线下登记表收集客户的基本信息，确保信息的准确性和完整性；在活动现场，可借助大数据采集技术，通过人脸识别注册系统、报名签到小程序、问卷调查等方式收集客户的参与行为信息，如展览会可了解观众在参展商展位的停留时间及观众的参观路线等，为后续的客户分析提供数据支持。另外需要对收集到的客户信息进行分类整理，运用数据挖掘和分析技术，从客户生命周期理论和客户价值理论的角度，对客户进行细分，从而了解不同客户群体的特点和需求，为精准营销和个性化服务提供依据。

（二）客户沟通与互动

与客户展开有效沟通，是会展活动后期管理的重要内容，定期客户回访发挥着承前启后的重要作用。例如，通过电话、邮件等多渠道系统化收集客户反馈，不仅能评估当前活动成效，更能为未来优化提供数据支撑。当前，数字化社交平台为会展活动的信息收集提供了更为高效的渠道，依托社群平台可以搭建线上社区，重塑会展行业的客户维系模式。2024年1月，会展圈发生了一件大事：英富曼集团与技术社区 Tech Target股份有限公司达成一项并购协议。根据该协议，英富曼集团将其数字业务部门 Informa Tech与 Tech Target合并，搭建了一个新的 B2B 数字化营销服务平台。Tech Target的核心资源是其在全球多个国家拥有的几百个技术社区。这些社区为技术采购人提供技术资讯、培训、服务支持以及采购和使用指南等专业信息，从而在供应商与行业用户之间建立沟通渠道。

（三）客户价值挖掘与拓展

在客户关系管理中，可通过建立客户价值评估表，设置如复购频次、合作深度

等维度进行评分，建立客户关系维护链条，通过数据驱动进行二次营销，打开会展营销

新局面。会展活动主办方通过分析客户参与信息,识别和分析客户喜好,挖掘客户诉求,从而进一步优化会展活动的全流程组织与管理,从而提升客户参与程度,提高会展活动质量。例如,展览会主办方可以通过观众往届参展记录了解他们特别关注的产品类别,通过参展商往届参展记录了解他们的展品信息和参展目标,从而提供精准配对服务,为参展商和观众搭建沟通与洽谈桥梁。此外还可根据新的参展动机,对反复参展企业进行试探性营销,提供新的有效服务。

案例分析

杭州亚运会作为亚洲规模最大的综合性体育赛事,涵盖40个竞赛大项、61个分项,吸引了45个国家和地区的1.2万名运动员参赛。赛事期间同步举办"智能亚运"主题展,展示数字火炬手、AR导航等科技应用;推出"江南忆"文创IP,联动西湖、良渚等文化遗产设计文旅动线;赛后将奥体中心改造为会展综合体,持续承接国际会议与商业展览。

1. 亚运会"赛前-赛中-赛后"全周期管理如何体现会展组织的基本流程?从"开幕式策划"与"赛后场馆转型"两个节点,说明节事活动在前期筹备与后期评估阶段的特殊性。

2. 亚运会通过"智能亚运主题展"实现科技企业与体育赛事的跨界联动:请列举3类招展目标企业类型及其核心展示内容,并分析这种"赛事+科技展"模式对杭州数字经济产业的催化作用。

3. 亚组委提出"场馆赛后利用率不低于90%"的目标,为此请你设计包含会展活动承接、市民服务、商业运营的多元化利用方案,从客户关系管理角度,说明如何将参赛运动员转化为会展场馆的长期资源。

第五节　会展数字化营销

会展营销是会展组织与管理的重要业务内容。伴随我国会展业数字化的发展,会展营销数字化转型是大势所趋。在数字经济发展背景下,传统会展营销模式已难以满足企业和市场发展的需要,会展企业尤其是主办方越来越注重创新以及科技的应用,不断向数字化营销转型。如何运用大数据、互联网、云计算等新技术构建营销数字化模式,推行社交媒体营销、全域营销、个性化营销等方法,通过联合自媒体、社交媒体等平台开展营销活动,满足客户需求，优化营销模式，实现更加精准的营销，是当下会展企业关注的焦点问题之一。

一、数字化营销的提出及相关概念

（一）数字化营销的提出

“数字化营销”一词最早可以追溯到互联网和数字技术发展的早期，即20世纪90年代中期，具有代表性的事件是在1995年，美国营销协会（AMA）举办了第一次关于“交互营销”的会议，探讨了数字技术对营销行业的潜在影响；而后在1997年，菲利普·科特勒在其著作《营销管理：分析、计划、执行和控制》中使用了“数字化营销”一词，指出数字化营销是利用数字技术来创造、沟通、交付和交换产品和服务的营销活动。

（二）数字化营销的发展进展

从发展进程上来看，数字营销主要经历了以下几个阶段：

1. 网络营销阶段（20世纪90年代初至2000年）

这一阶段的主要特征是单向传播。这个阶段主要使用电子邮件、网页、搜索引擎等工具进行品牌宣传和客户沟通，目标是提高品牌知名度和曝光度。

2. 搜索引擎营销阶段（2000—2005年）

这一阶段的主要特征也是单向传播。互联网开始普及，网络用户数量增加，搜索引擎成为用户获取信息的主要途径。这个阶段的数字营销主要集中在互联网广告和搜索引擎推广，依靠搜索引擎优化（SEO）和搜索引擎广告（SEM）、电子邮件营销、在线广告等方式，推广产品和服务，提高企业在搜索引擎中的排名和曝光度，以及如何通过在线广告吸引消费者的点击和访问。

3. 社交媒体营销阶段（2005—2010年）

这一阶段的主要特征是由单向传播转向互动传播。随着互联网的快速发展，社交媒体的兴起和普及，网络用户数量爆发式增长、用户需求的不断变化。这个阶段的数字化营销主要是运用微博、微信等社交媒体平台，依靠社交媒体优化（SMO）和社交媒体广告（SMA）与消费者互动和沟通来达到营销和推广产品的目的，强调用户生成的内容（UGC）和口碑营销。此外，企业还可以通过社交媒体平台广告和推广功能，即利用社交媒体平台上的用户关系、口碑、影响力等资源精准定位客户并向其推送产品和服务，来实现更精细化的营销。

4. 移动互联网阶段（2010—2020年）

这一阶段也称内容营销阶段，主要特征是互联网进入移动时代，智能手机、平板电脑等移动设备成为用户上网的主要工具，企业开始关注网络内容所呈现的实时化、智能化和场景化，通过文章、视频、图片、音频等自主创作或合力打造有趣故事、深度报道、有实用价值的知识等高质量内容，在多个平台上进行发布和传播。以引发和刺激消费者的兴趣和关注，建立与消费者的情感连接和互动，增加品牌认知和忠诚度。

5. 体验式营销阶段(2020年—2024年)

这一阶段的主要特征是伴随数字技术的创新发展，数字营销开始从双向互动转向全方位融合，为用户提供更便捷、更加个性化和场景化的营销体验，企业往往通过虚拟现实(VR)、增强现实(AR)、人工智能(AI)等数字技术和互联网工具增强用户参与、互动与感知体验。

6. 全渠道营销阶段(2024年至今)

这一阶段的主要特征是数字营销将实现全渠道整合营销，利用跨屏、跨媒、跨界等技术，将多元化数字营销渠道进行有效的协同和融合，从而实现跨渠道横向更加流畅、一致和全面的数字营销。

二、数字化营销的定义与主要形式

(一) 数字化营销的定义

数字化营销是企业凭借互联网技术，助力自身开拓市场，改善产品或者服务进而增添收益的营销形式，一旦解析了消费者的行为数据，企业就能很快察觉消费者需求的变动，及时调节营销策略和服务模式，这种以数据为指引的工作不但可改进用户感受，而且有益于优化品牌在市场中的影响力，扩大其知名度。

数字化营销通过利用多种数字化技术和互联网平台，基于大数据和网络渠道进行产品推广和销售、市场宣传的新型营销模式，以达成从互动沟通到营销转化的过程，即将营销精准投放至相关用户群体的营销方法。其核心为通过数据分析的方式，使用各种自动化工具实现在线渠道的精准营销目的。

(二) 数字化营销的形式

数字化营销的形式从搜索引擎到社交媒体的内容产出，再过渡到私域提效。数字化营销主要包括内容营销、社交媒体营销、搜索引擎营销、私域营销和互动体验。内容营销并非直接推销产品，而是通过产出有价值的内容吸引目标受众。社交媒体营销利用如抖音、微信等社交平台进行宣传、互动和转化。搜索引擎营销是通过百度等搜索引擎推广网站和内容，在付费广告和优化手段下实现精准数字营销。私域营销是指在如微信群等自有渠道沉淀用户，达到低成本反复转化。互动体验是通过AR等技术手段让用户加强主动参与和接收，提高其参与感，增强对产品的记忆。这些构建了完整的数字化营销闭环，组合式地让营销目标更快、更准地达成。

三、数字营销4R理论

与4P营销理论(即产品、价格、渠道、促销)和4C营销理论(即消费者需求、成本、便利、

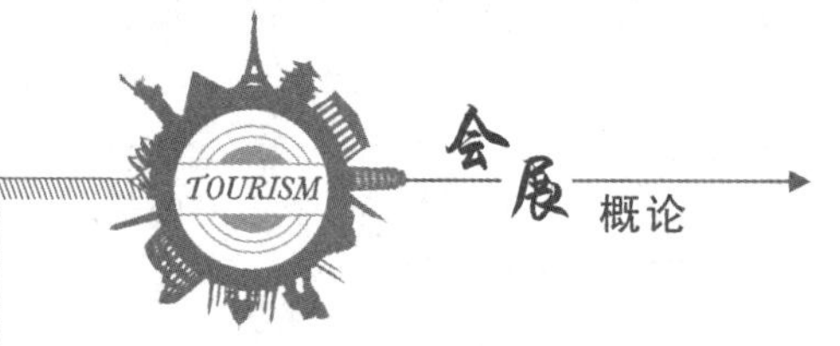

沟通)不同,4R营销理论是一种"数字营销实施系统",旨在实现企业和客户之间的动态平衡,构建用户的归属感,提高用户的忠诚度。即4R系统包括关联(Relevancy/Relevance)、反应(Reaction)、关系(Relationship/Relation)和回报(Reward/Retribution)。表5-4所示的营销理论的发展流程体现了市场的迭代变化。

表5-4　营销理论的发展流程

营销理论	提出者	内容
4P理论	杰罗姆·麦卡锡	产品、价格、渠道、促销
4C理论	罗伯特·劳特朋	消费者需求、成本、便利、沟通
4R理论	唐·舒尔茨	关联、反应、关系、回报

4R营销理论的核心在于通过深入研究市场和精准定位,以满足消费者需求为核心,采取一系列策略和手段打造客户忠诚度。强调企业要让产品和市场营销的行为结果与客户产生高匹配度,增强与客户的契合度与需求黏性;对客户的需求和要求进行高效和高质量的反馈,做到及时响应,能尽量解决客户问题;并采取有效措施与客户建立长期、稳定和相互信任的关系,提高客户的忠诚度与黏性;从而通过各种回馈机制留住客户,同时给予客户想要的收益与回报并提升自己的盈利与名声,实现互利共赢。

四、会展数字化营销

(一)会展数字化营销的定义

会展数字化营销是指会展企业在会展品牌营销中通过融合运用多元前沿技术和多渠道平台开展营销的模式,为展会活动的推广和服务打造多渠道"数据营销平台",平台通过多种数字媒体技术、整合多元渠道进行内容精准投放、增强场景化体验,开展社交互动智能化管理等,以实现精准化营销,满足客户的需求,增强客户黏性,提高客户忠诚度。

(二)数字化营销与会展行业的结合

数字化营销正在向会展行业不断渗透,会展通过各渠道平台可以在展前、展中、展后完善观众体验,使展会效果更持久,会展行业更加智能化、高效和高互动性。如表5-5所示,数字化技术的使用使会展营销效果不断改善和提升。

表5-5　数字化会展技术指标对比

数字化技术	指标
智能商务匹配	ROI提升49%
活动直播	观众停留时长提高50%
虚拟展位	点击率为70%
社交营销	KOC内容转化率比广告高200%

续表

数字化技术	指标
混合型展会	获得顾客成本降低32%

同时，数字化营销也带来了会展行业的线上展会占比、社交媒体引流占比和数字收入占比的提升，助力会展企业实现高质量的营销效果，如表5-6所示。

表5-6　数字化营销对会展行业的增长作用

指标	2019	2023	表现案例
线上展会占比	5%	65%	VR/直播技术降低60%参展成本
社交媒体引流占比	20%	78%	微信/抖音广告ROI达1:8
数字收入占比	8%	48%	Salesforce系统提升复购率

（三）会展数字化4R营销案例

将4R理论融入数字化会展行业，可以帮助主办方更好地为参展商和观众服务，提高其黏性和自身的商业价值。

1. 关联性

主办方利用大数据分析可以分别了解到参展商和观众的偏好，提高匹配的精准性。通过使用大数据可以分析参展商想要的展位，与其进行议程匹配和一系列的商务对接。例如，在2023年举办的HOTELEX展会吸引了24.5万观众，其中有119个国家和地区的采购商参展，实现了匹配供需的精准性。对于观众来说，可以收集观众的兴趣标签与往届数据等信息，自动推送个性化内容。2023年的HOTELEX展会用AI算法对参展商和观众的对接进行了优化，线上曝光量达2.13亿次，点击率也大大提升。另外，主办方还可以优化参展商与观众之间的联系。帮助参展商分析观众行为并进行匹配推送，助力交易转化率的提升。

2. 反应性

主办方可以实时监测参展商的流量与趋势预测，动态调整展会布局及活动安排。对于观众，可借助直播、AI客服、人工客服等，快速针对其疑问与建议提供适配的反馈。如广东邮政通过AI智能外呼技术，将客服的平均响应时间从5分钟降至30秒，减少了60%的人工处理量。同时，主办方也可以动态调整给观众的内容推送，同步收集观众意见，提高其参展热情和品牌忠诚度。另外，主办方可以用APP等平台助力参展商与观众进行实时沟通与交易，提高交互效率，提升他们的满意度。2023年，HOTELEX展会与116家媒体进行合作，达到275次报道和112605次的阅读量。

3. 关系性

主办方为参展商提供各种活动与论坛、行业报告等以满足他们的需求。同时通过社群交流和会员体系，给参展商提供一对一的洽谈服务，建立对其关怀和后续关系。对于观众，主办方输送差异化的展会新闻、独家内容、专属福利等信息，抓住其心理，延长其关注度，保持与其的黏性。通过各种维持关系的手段，2024年的HOTELEX展会吸引了28.3万观众，国外采购者增长了54.45%。

4. 回报性

主办方通过分析参展商的参展目的、想要的参展收获等行为数据，提供市场洞察报告，增加自身的收益，帮助参展商获得更多商业合作机会。对于观众，主办方提供了一个行业交流与交易的平台，收获行业现状、行业趋势等信息。另外，主办方可以通过赞助广告等增值服务，实现相关利益者的各自目的，提升了ROI(投资回报率)。2023年，HOTELEX展会促进了交易的大量成功，例如其咖啡设备展区吸引到瑞幸、Manner等龙头品牌，推动了行业合作。

4R理论为数字化会展提供了主办方、参展商与观众三者之间的关系营销框架，通过各种数字化工具实现精准推动、快速匹配、及时响应、深入沟通和价值共赢。以后结合更多的AI、元宇宙等技术，将会变得更加个性化和数智化。

章后案例

2025上海国际酒店及餐饮业博览会数字化服务与运营平台

思考题

1. 在会展项目的组织与管理工作中，管理者应该运用哪些相关学科知识和理论？

2. 作为会展的主要形式，会议、展览和节事活动的组织与管理工作都有什么共同点，又有什么不同之处和特殊性？

3. 在当前数字技术的支持下，会展数字化得到广泛关注与发展，为传统会展活动的组织与管理工作提出了哪些挑战？国内外会展企业都是如何运用数字化技术进行会展数字化组织、管理以及对客服务工作的？

4. 数字化营销经历了哪几个阶段？会展营销数字化是会展企业增强客户黏性的重要手段和方式，选取中国知名展会进行调查研究，分析应如何运用全域营销等理论对会展项目进行数字化营销？

参 考 文 献

[1] 许传宏.会展的学科定位问题探讨[J].教育与职业,2010(3).

[2] 王春雷,杨婕,LarryYu.会展经济与管理:是一门学科还是一个领域?[J].旅游论坛,2015(2).

[3] 龚雅莉.会展学科体系构建探讨[J].商展经济,2021(7).

[4] 俞华,仇薇.会展学科定位探究[C]//中国会展经济研究会.2007中国会展经济研究会学术年会论文集.2007.

[5] 俞华.会展学应属信息学的分支——探讨会展学的学科定位[J].中国会展,2003(17).

[6] 张敏.会展教育的学科定位[J].中国广告,2009(10).

[7] 赵伯艳,仲阳关.高校会展人才培养的需求、问题及改进[J].教书育人(高教论坛),2020(4).

[8] 庄惠阳.中国会展教育发展十年论坛综述、思考及启示[J].职业教育研究,2013(8).

[9] 俞华.建立会展学理论体系:繁荣幻象下的回归[J].中国会展,2003(14).

[10] 李昀怿.中国“会展学”的发展战略与学科构建[J].无锡职业技术学院学报,2024(2).

[11] 黄彬.会展教育如何对接市场需求?——浅析“项目驱动、以赛促教”的应用前景[J].中国会展,2011(17).

[12] 惠林彬.新文科背景下会展经济与管理专业人才培养研究[J].河南教育学院学报(哲学社会科学版),2023(2).

[13] 甘丽.基于全产业链的会展专业人才培养模式改革与研究[J].现代职业教育,2023(30).

[14] 李素梅.会展行业背景下的高职人才培养[J].山东开放大学学报,2024(1).

[15] 徐森.高校大学生教育与会展业的融合发展[J].中国会展,2024(23).

[16] 胡芳芳.中国会展业研究进展、热点和趋势——基于CiteSpace的可视化分析(2011—2021)[J].商展经济,2022(17).

[17] 闫海恒.新质生产力背景下会展经济高质量发展的机遇、挑战与对策[J].商展经济,2025(2).

[18] 黎菲,吴建设.职业教育会展专业“四维融合”人才培养模式构建与探索——以杭州科技职业技术学院为例[J].职业技术教育,2023(2).

[19] 全国旅游职业教育教学指导委员会.会展行业人才需求与职业院校专业设置匹配分析[J].中国职业技术教育,2020(29).

[20] 房欣.基于产业链的会展专业人才培养模式研究[J].商展经济,2025(1).

[21] 童锌彬,吕玉龙.“互联网+”背景下会展专业人才培养的应变策略探究——以浙江农

业商贸职业学院为例[J].职教论坛,2018(8).

[22] 顾伟."岗课赛证融通"培养会展高技能人才的探索——以苏州市职业大学为例[J].湖北开放职业学院学报,2023(2).

[23] 孙思玉,陈瀛.数字化赋能职业教育高质量发展的实践与创新——职业教育数字化转型发展论坛综述[J].中国职业技术教育,2022(28).

[24] 吴娜妹.会展数字化运营和管理人才培养模式研究[J].创新创业理论研究与实践,2024(17).

[25] 薛艳.数字会展背景下高职专业人才培养路径创新研究[J].现代职业教育,2023(29).

[26] 王雅洁.加快形成新质生产力:关键环节、风险挑战与实现路径[J].内蒙古社会科学,2024(2).

[27] 屈晓庆,蒲艳.新质生产力的研究与展望:一个文献综述[J].世界经济探索,2024(2).

[28] 刘松萍.会展教育二十年与创新人才需求缺口[N].中国贸易报,2022-11-24.

[29] 刘杰.基于扎根理论的会展专业人才能力素质模型构建[J].商展经济,2023(21).

[30] 王佩良,张茜,蔡梅良.论应用型会展人才的素养与能力培养[J].科技创新导报,2014(34).

[31] 张岩岩.高职会展学生职业素养提升路径探究[J].新疆职业教育研究,2021(2).

[32] 张津,王永囡,陈振.数字经济背景下会展专业应用型人才培养对策研究[J].太原城市职业技术学院学报,2023(8).

[33] 肖玲凤,裴向军.会展专业人才培养定位分析[J].浙江树人大学学报,2007(3).

[34] 陈天培,王东强.应用型高校会展专业人才培养探讨[J].职教论坛,2008(18).

[35] 许欣.我国会展人才需求与职业指导浅探[J].广东技术师范学院学报,2012(7).

[36] 蒋莉.关于会展专业人才培养模式[J].青年文学家,2013(19).

[37] 黄俊,王辉."一带一路"倡议背景下国际化传媒人才培养的创新机制研究[J].产业与科技论坛,2023(4).

[38] 黄玉妹,周浩,程保锐.大数据时代应用型技术大学会展人才产学研深度融合培养对策研究[J].中国会展,2023(7).

[39] 张静.数字经济时代会展业绿色发展的实践路径研究[J].商业经济,2023(10).

[40] 侯平平.绿色会展理念下的可持续发展实践研究[J].商展经济,2024(14).

[41] 程睿,李艳杰,刘伟.传承工匠精神研究会展专业产教融合的教学模式[J].中国多媒体与网络教学学报(中旬刊),2019(8).

[42] 刘兰星.会展经济:是"窗口",更是"风口"[N].青岛日报,2024-12-30.

[43] 魏杭杭.关于构建基地型展览机构管理人员领导力素质模型的思考[J].中小企业管理与科技,2024(19).

[44] 李玲.秘书工作中的会议管理研究[D].广州:暨南大学,2015.

[45] 田尧.会议室AV系统技术对策的研究[D].北京:北京工业大学,2017.

[46] 陆彦莹.奖励旅游活动的区域效益评价指标构成研究[J].现代商贸工业,2019(27).

[47] 保建云,徐梅.会展经济:一种蕴藏无限商机的新型经济[M].成都:西南财经大学出版社,2000.

[48] 马勇,冯玮.会展管理[M].北京:机械工业出版社,2006.

[49] 王军.会展经济与区域传媒结合的可能性分析[J].南方电视学刊,2009(4).

[50] 武星昊.海南会展旅游业发展研究[J].合作经济与科技(23).

[51] 刘惠.会展旅游市场的开发策略研究[J].商展经济,2023(20).

[52] 张朝枝,朱敏敏.文化和旅游融合:多层次关系内涵、挑战与践行路径[J].旅游学刊,2020(3).

[53] 缑少龙.会展营销在现代企业管理中的影响及策略研究[J].中国会展(中国会议),2024(14).

[54] 姜洪涛.会展视域下会展物流价值分析[J].企业科技与发展,2018(10).

[55] 姚翠玲.基于层次分析法的会展物流供应商选择研究[J].天津职业院校联合学报,2018(12).

[56] 魏雅莉,朱颖芳.低碳经济、绿色设计与会展业可持续发展探讨[J].商业时代,2013(23).

[57] 王燕.大型会展的全媒体传播策略研究[D].太原:山西大学,2020.

[58] 张雪.关于加强档案馆开放性展厅建设的思考[J].档案,2024(S1).

[59] 朱聪.发挥进博会的示范窗口作用[J].中国外资,2023(1).

[60] 李盛丹歌.透视中国消费新动力[N].经济日报,2023-11-10.

[61] 孙铁牛.各国一起努力才有望走出全球经济发展困境[N].光明日报,2024-12-15.

[62] 吴正平.基于5G+大数据技术的智能会议室设计与应用[J].中国宽带,2023,19(9).

[63] 李艳玲,孟浩,刘金陈.全球首个ICCA国际会议研究及培训中心在蓉揭牌[N].成都日报,2019-12-18.

[64] Brent Ritchie J R. Assessing the impact of hallmark events: Conceptual and research issues[J]. Journal of travel research, 1984(1).

[65] 戴光全,保继刚.西方事件及事件旅游研究的概念、内容、方法与启发(下)[J].旅游学刊,2003.

[66] 杜玉梅.城市节庆品牌与社区文化建设双向良性互动模式探究--以济南市国际合唱节为例[J].东岳论丛,2021(9).

[67] 吴必虎.节事活动的运作原则及模式[J].中国会展,2005(3).

[68] 于涛,张京祥,罗小龙.城市大事件营销的空间效应:研究进展及思考[J].城市发展研究,2011,18(2).

[69] 张静.基于媒体舆情分析的中国国际进口博览会影响研究[D].上海:上海师范大学,2021.

[70] 赵睿.节庆旅游:开拓崭新视野——以上海为例[J].沿海经济(江苏),2001(9).

[71] 陈圣来.艺术节是城市人对诗意生活的集体追求[J].现代传播:中国传媒大学学报,2015(10).

[72] 徐颖.艺术节事的影响研究[D].上海:华东师范大学,2006.

[73] 金李梅.基于时空思维视角的国内会展分布特征研究[D].杭州:浙江工商大学,2015.

[74] 孟祥丰,张一.基于传统文化品牌构建视角的乡村节事活动策划研究——以宜兴芳桥目连文化节活动策划为例[J].旅游纵览(下半月),2018(18).

[75] 李青.中国电影节展项目现状与发展思考[J].大众文艺,2019(1).

[76] 邢艳玲.北京国际电影节影响力研究[D].北京:中央民族大学,2018.

[77] 韩岳、张雅欣.国际电影节的商业性功能与运营战略分析[J].当代电影,2016(5).

[78] Brent Ritchie J R. Assessing the impact of hallmark events: Conceptual and research issues[J]. Journal of Travel Research, 1984(1).

[79] 余青,吴必虎,廉华,等.中国节事活动开发与管理研究综述[J].人文地理,2005(6).

[80] 邵云.国际社交媒体中的城市形象传播效果研究——基于北京市政府在Facebook平台官方账号的实例分析[J].新闻与写作,2020(11).

[81] [美]刘易斯·芒福德.城市发展史:起源、演变和前景[M].宋俊岭,倪文彦译.北京:中国建筑工业出版社,2005.

[82] Ashworth G J, Voogd H. Marketing the city: concepts, processes and Dutch applications[J]. Town Planning Review, 1988(1).

[83] 刘颖.2022冬奥视角下新城市形象发展探究[J].新闻研究导刊,2017,8(17).

[84] 邵祎.空间媒介视角下广州地铁对城市形象的多维建构研究[D].广州:广东外语外贸大学,2020.

[85] 陈道志.武汉城市形象研究与设计[J].城市开发,2002(1).

[86] 卢世主.城市形象与城市特色研究[D].武汉:武汉理工大学,2003.

[87] 王晓辉,鲁力.会展概论[M].武汉:华中科技大学出版社,2019.

[88] 方嘉.会展行业智能WiFi建设及运营与“互联网+会展”的发展思路[J].信息与电脑,2016(6).

[89] 杨正.数字会展是什么?[J].中国会展,2023(15).

[90] 田欣欣.“十四五”时期我国会展业高质量发展的几点思考[J].商展经济,2023(11).

[91] 张东娜.数字会展在校园展会中的应用研究[J].中国会展(中国会议),2024(8).

[92] 顾莎莉.数字经济背景下会展营销的实践策略研究[J].商展经济,2024(5).

[93] 李月华.产业数字化视角下推动会展服务业转型发展的策略研究[J].商展经济,2024(9)

[94] 孟凡新.产业数字化视角下推动会展服务业转型发展的策略探讨[J].时代经贸,2021,18(10).

[95] 杨正.数字会展是什么?[J].中国会展,2023(15).

[96] 赵天倚.数字会展助推生物制药专业与信息化创新产业的融合与发展[J].中国会展(中国会议),2023(22).

[97] 郝海媛.互联网线上会展之发展现状及问题探讨[J].知识经济,2021(7).

[98] 刘雅祺.直播背景下线上会展的功能形式探析[J].商业经济,2020(7).

[99] 陈露薇.新媒体在会展营销中的运用策略研究[J].中国商论,2020(10).

[100] 郭延江,柴子仪.数字经济时代海南会展企业数字化CRM创新的思考——以海南A会展公司为例[J].全国流通经济,2022(25).

[101] 崔跃萍.物联网背景下的会展信息化问题研究[D].上海:上海工程技术大学,2015.

[102] 喻曼景.数字经济视域下会展业转型升级研究[J].商展经济,2024(7).

[103] 王鑫春."互联网+"时代背景下会展物流组织与运营管理研究[J].中国储运,2022(1).

[104] 李子晨.数字化赋能,生鲜B2B跑出"隐形冠军"[N].国际商报,2021-08-12.

[105] 顾舜丽.论全媒体传播体系建设与国家影响力打造的成功实践——以全媒体参与五届进博会报道为例[J].新闻传播,2023(23).

[106] 吴世庆.浅析展会客户关系管理系统的构建[J].无线互联科技,2013(8).

[107] 郭海霞,李秋燕.数字展会问题与优化对策分析[J].经济师,2023(3).

[108] 杨月华.基于循环经济理念的纺织产业可持续发展路径研究[J].纺织报告,2025(2).

[109] 马志新.国内外绿色会展研究综述[J].旅游纵览(下半月),2014(8).

[110] 蔡萌,格林斯·迈克凯恩,唐佳妮.国际绿色会展的概念与实践评述[J].上海对外经贸大学学报,2015(4).

[111] 潘田,李文静.国内外绿色会展的研究综述[J].上海商业,2022(4).

[112] Collins A, Flynn A, Munday M, et al. Assessing the environmental consequences of major sporting events: The 2003/04 FA Cup Final[J]. Urban Studies, 2007(3).

[113] Pasanen K, Taskinen H, Mikkonen J. Impacts of cultural events in Eastern Finland - development of a Finnish event evaluation tool[M]//Festival and event management in Nordic countries. Routledge, 2014.

[114] Hall C M. Sustainable mega-events: Beyond the myth of balanced approaches to mega-event sustainability[J]. Event Management, 2012(2).

[115] 苏娟娟.论绿色会展城市的建构途径[J].大众文艺,2018(14).

[116] 徐娜.可持续发展下绿色会展的问题及发展对策研究[J].绿色科技,2020(2).

[117] Laing J, Frost W. How green was my festival: Exploring challenges and opportunities associated with staging green events[J]. International Journal of Hospitality Management, 2010(2).

[118] Izzo F, Bonetti E, Masiello B. Strong ties within cultural organization event networks and local development in a tale of three festivals[J]. Event Management, 2012(3).

[119] Fairley S, Tyler B D, Kellett P, et al. The formula one Australian grand prix: Exploring the triple bottom line[J]. Sport Management Review, 2011(2).

[120] 何军.论我国绿色会展设计的实现途径[J].人民论坛,2011(5).

[121] 孙根紧,张洁琳,王丹.绿色会展评价指标体系构建研究[J].内江师范学院学报,2021(4).

[122] 赵敏,姚歆,王益谊.我国会展业标准化的现状与对策研究[J].标准科学,2019(6).

[123] 刘海莹.会展业标准化建设的新动力[J].中国会展(中国会议),2021(20).

[124] 张凡.会展业标准化工作的重点在企业[J].中国会展,2023(5).

[125] 张在宇,吴秋霞,吴思瑶.绿色会展发展下特装展位搭建材料回收对策——基于广交会经验[J].中国会展,2024(9).

[126] 董军.绿色会展经济产业化发展之路[J].中国会展,2023(11).

[127] 颜思远,童琦.绿色会展发展现状与对策研究--以广交会为例[J].企业导报,2016(14).

[128] 陈珂.商务部发布:《环保展台设计制作指南》行业标准解读[J].中国会展,2021(11).

[129] 刘亚民.IT展会喜忧相随[J].中国电子商务,2001(Z1).

[130] 王涛.政府主导型会展品牌建设研究[D].天津:天津商业大学,2021.

[131] 何蔚仪.A会展公司品牌建设研究[D].广州:广东工业大学,2021.

[132] 兰宇鑫.新质生产力与会展文化[J].中国会展(中国会议),2024(16).

[133] 赵珂.科技馆公共文化服务研究[D].郑州:郑州大学,2021.

[134] 宋冰雪,姚微.体验式会展研究——以日本无印良品户外用品展示会为例[J].旅游纵览(下半月),2013(14).

[135] 陈静静.基于数字媒体技术的会展体验设计研究[J].中国会展(中国会议),2023(22).

[136] 陈小通,刘委.廊坊市会展经济发展问题的思考[C]//对接京津与环首都沿渤海第13次论坛论文集.2016.

[137] Yang X. The Impact of Convention and Exhibition Industry on Regional Economic Development Based on Grey Relational Model[J]. Journal of Mathematics, 2022(1).

[138] 张刘玲.会展行业发展现状及未来发展趋势[J].质量与市场,2023(12).

[139] 蔡梅良,何丹.透视中国会展业的发展及态势[J].乌鲁木齐职业大学学报,27(1).

[140] 金辉. 会展概论[M]. 上海:上海人民出版社,2016.

[141] 叶前林,段良令,朱文兴.中国会展产业结构水平测度及影响因素分析[J].统计与决策,2022(8).

[142] 叶前林,段良令,朱文兴.对我国会展产业结构综合水平均值的测评[J].统计与决策,2022(8).

[143] 邬燕,周国忠.基于博弈论的会展产业融合模式研究[J].浙江学刊,2018(1).

[144] 新质赋能展产共进——2024会展产业展洽会在京隆重举办[J].中国会展,2025(1).

[145] 邢应利.一线城市会展经济发展策略研究——以上海市为例[J].智能城市,2021(18).

[146] 廖大兴.基于钻石模型的成都会展经济竞争力研究[D].雅安:四川农业大学,2015.
[147] 魏建丽.数字经济与双碳目标时代的会展经济[J].经济师,2024(3).
[148] 马健.会展经济发展探析[J].行政事业资产与财务,2017(19).
[149] 张赟.上海建设国际会展中心城市的作用研究和对策选择[D].上海:上海交通大学,2014.
[150] 任宁,陈思宇.我国智慧会展的发展现状与对策研究[J].现代经济信息,2015(18).
[151] 陈荣荣.浅谈会展经济的功能[J].知识经济,2012(5).
[152] 杨明强.会展业对区域经济发展的影响研究[D].天津:天津财经大学,2013.
[153] 朱虹.新质生产力驱动会展经济高质量发展的理论逻辑与可行路径[J].商展经济,2024(18).
[154] 唐婧瑶.重庆会展产业发展战略研究[D].重庆:西南大学,2015.
[155] 公钦正.浅析我国人口结构变化对经济社会发展的影响[J].商,2015(52).
[156] 杨娇.兰陵县人口结构变化及其对经济社会发展的影响[J].今日财富,2022(22).
[157] 柳玉芬,宋桂祝.东北地区与东南沿海区域文化比较——兼论文化特质差异对于区域经济与社会发展的影响[J].辽宁广播电视大学学报,2007(2).
[158] 刘海洋.基于地域文化的会展品牌营销策略研究[D].沈阳:沈阳理工大学,2012.
[159] 李军燕,李欣诺,周乘风,等.数字经济背景下会展业转型升级研究[J].商展经济,2020(7).
[160] 魏颖.以数字化赋能推进广州会展业高质量发展[J].广州城市职业学院学报,2023(4).
[161] 林琳.地方政府在会展业发展中的作用研究——以山西省为例[D].太原:山西大学,2021.
[162] 张雅凤.内蒙古会展旅游发展中政府职能研究[D].呼和浩特:内蒙古大学,2014.
[163] 赵宁.以世博会为契机,打造上海市全新会展形象[J].中国市场,2010(15).
[164] 唐晓岚.海南省会展业发展中政府职能研究[D].海口:海南大学,2019.
[165] 马勇,梁圣蓉.会展业实施政府主导发展模式的依据与策略创新[C]//2007中国会展经济研究会学术年会论文集.2007.
[166] 汪波,薛杨.天津滨海新区会展业协同发展的分析及对策[J].天津师范大学学报(社会科学版),2011(5).
[167] 杨丽娟.敦煌文博会如何带动区域经济发展——基于产业升级的视角[J].纳税,2019(24).
[168] 蒋振声.会展经济探析[J].浙江树人大学学报,2004,4(6).
[169] 倪鹏飞. 中国城市竞争力报告N0.2——定位:让中国城市共赢[R]. 北京:社会科学文献出版社,2004.
[170] 位亚男.上海今年计划举办近300场展会[J].中国会展,2023(7).

[171] 赵磊,游大江,张扬,等.北京雁栖湖国际会展中心设计创新与施工关键技术[J].建筑技术,2017(6).

[172] 朱永润."鹏"程万里[J].中国会展,2018(11).

[173] 张水清,李慎亭.会展经济特性与都市功能的提升[J].地域研究与开发,2002,21(3).

[174] 付桦.长江三角洲会展业空间格局研究[D].上海:华东师范大学,2006.

[175] 郝海媛.基于增长极理论的京津冀区域会展业发展研究[J].全国流通经济,2020(29).

[176] 任国岩.长三角会展场馆空间集聚特征及影响因素[J].经济地理,2014,34(9).

[177] 岳林琳,王波,姚灵忠,等.会展经济区域发展比较与评价[J].商展经济,2022(6).

[178] 苏苗.会展业对区域经济发展的影响研究——以西安市为例[D].兰州:兰州大学,2017.

[179] 何健宁.沈阳A会展中心竞争力提升策略研究[D].沈阳:沈阳大学,2020.

[180] 刘宛洁,雷蕾.珠三角会展都市圈构建分析[J].价格月刊,2010(1).

[181] 刘松萍,刘勇.广东省会展政策类型、特征及城市关联性分析[J].科技管理研究,2014(13).

[182] 方忠权,郭思茵,王章郡.会展企业微观集聚研究——以广州市流花地区为例[J].经济地理,2013(8).

[183] 薛阳,郭世乐,冯银虎,等.长江经济带数字经济和物流高质量发展的时空耦合、区域差异及驱动因素[J].苏州大学学报(社会科学版),2024(5).

[184] 宋冬梅.区域战略性新兴产业竞争力测度研究——以江苏省为例[J].企业经济,2014(10).

[185] 蔡礼彬,唐园园.山东半岛会展产业集群竞争力评价研究[J].旅游论坛,2011,4(1).

[186] 唐颖,张慧琴.基于SEM结构方程的区域科技竞争力评价模型构建[J].科学管理研究,2013(1).

[187] 周慧芝.港珠澳大桥通车对区域会展发展影响的研究[J].商展经济,2020(5).

[188] 李铁成,刘力,吴娜妹.基于功能协同与空间整合的会展经济与临空经济融合研究[J].商业经济研究,2019(18).

[189] 孟浩.中国城市会展业竞争力成都居第四[N].成都日报,2023-10-27.

[190] 张金花.数字经济对我国低碳贸易竞争力的影响研究——基于空间溢出效应[J].天津商务职业学院学报,2023(4).

[191] 黄燕琳.区域旅游业竞争力评价指标体系的构建[J].统计与决策,2013(5).

[192] 周芳.产业竞争力视阈下区域跨境电商发展路径研究[J].商业经济研究,2018(19).

[193] 王丽.区域跨境电子商务产业竞争力评价指标体系研究[J].广西质量监督导报,2020(3).

[194] 黄助群.基于"一带一路"背景下"主客"感知的昆明会展旅游竞争力研究[D].昆明:云南大学,2016.

[195] 宗祖盼，王惠冰．疫情防控常态化背景下会展业的数字化转型研究[J]. 文化软实力研究，2021(6).
[196] 杨洁玉．数字技术对我国制造业出口竞争力的影响研究[D]. 兰州：兰州财经大学，2023.
[197] 李洋．京津冀一体化背景下会展经济协同发展研究[J]. 天津商务职业学院学报，2018，6(4).
[198] 田灿．后疫情时代展览会O2O2O商业模式研究[J]. 商展经济，2021(23).
[199] 课题组．电商经济与会展规模：来自中国的经验证据[J]. 中国流通经济，2021，35(7).
[200] 刘海莹．理性审视会展场馆的经济带动效应[J]. 中国会展(中国会议)，2024(16).
[201] 徐洁．国际会展中心城市评价指标体系研究[D]. 上海：华东师范大学，2010.
[202] 张健康．会展学概论[M]. 杭州：浙江大学出版社，2013.
[203] 来逢波．会展概论[M]. 北京：北京大学出版社，97-98.
[204] 菲利普·科特勒．市场营销管理[M]. 北京：中国人民大学出版社，2001.
[205] 郑建瑜．会展场馆经营与管理[M]. 上海：上海人民出版社，2006.
[206] 张敏，任中峰，聂鑫焱，等．中外会展业动态评估研究报告(2016).
[207] 詹雅婷，江春蕾，骆娇，闫婷，王柳茜．武汉市会展场馆多功能开发与运营研究[J]. 湖北经济学院学报(人文社会科学版)，2018，15(12).
[208] 林颖．综合体式会展建筑设计策略研究[D]. 广州：华南理工大学，2018.
[209] 赵新良著．第四章中国建筑文化现代化之路建筑文化与地域特色．中国城市出版社，2012.01.
[210] 刘秀丽，刘杰．我国会展场馆绿色发展现状及对策分析[J]. 现代商业，2021(35).
[211] 李根柱．绿色供应链价值共创机制研究[D]. 北京：北京交通大学，2021.
[212] 倪阳，邓孟仁．珠江边上吹来的“和煦之风”：中国出口商品交易会琶洲展馆一、二期[J]. 建筑创，2010(12).
[213] 陈剑飞，梅洪元．会展建筑[M]. 北京：中国建筑工业出版社，2008.
[214] 王文慧．深耕的力量——访AUBE欧博设计董事总经理、深圳国际会展中心项目总负责人林建军[J]. 建筑技艺，2019(8).
[215] 李连波，杨玲，王宏进．浅谈建筑节能新技术[J]. 城市建设理论研究(电子版)，2013(26).
[216] 雷显峰．智慧导航系统在数智会展场馆中的应用研究与实践[J]. 绿色建造与智能建筑，2024(9).
[217] 贾艳君．新媒体背景下大型活动策划与组织[J]. 中国报业，2024(17).
[218] 高兰芳．会展中心代建全过程项目管理方法研究[J]. 中国会展(中国会议)，2024(24).
[219] 薛良．“中国策展学”与策展人才培养[J]. 美术观察，2019(8).
[220] 冯金金．企业会展活动的财务预算编制策略[J]. 中国会展，2025(1).

[221] 侯贝贝,韩碧莹,刘婷.数字化转型下的会展营销创新策略研究[J].商展经济,2024(24).
[222] 卫程.如何做好电力企业安全管理中的“四个管住”[J].电力安全技术,2024,26(12).
[223] 卢新新.基于利益相关者的会展场馆运营研究[J].商展经济,2024(8).
[224] 林少铮.品牌管理视角下展会品牌构建与发展策略研究[J].商展经济,2024(22).
[225] 崔炬.营销视角下的会展品牌建设策略[J].中国会展,2024(23).
[226] 徐乾杰,魏瑶.项目管理理论在电网电力基建项目管理中的应用[J].自动化应用,2024,65(S1).
[227] 崔丹妮.地域文化元素在现代会展设计中的应用与实践[J].商展经济,2023(20).
[228] 程童.参展企业会展项目的时间管理——以XX企业参加广州酒店用品展为例[J].经营与管理,2014(9).
[229] 张美琴.从财务视角浅谈会展项目管理[J].财经界,2020(19).
[230] 龚慕辛,车念聪,王满元,等.中医药科研团队建设有关问题的思考[J].统计与管理,2017(2).
[231] 舒梦.企业参展视角下的境外会展项目管理策略与实践[J].商展经济,2024(17).
[232] 罗泽润.国际会议之都建设的战略路径与创新机制研究——以上海为例[J].商展经济,2025(4).
[233] 吴江:政府大型会议服务是怎样炼成的[J].国际公关,2024(15).
[234] 邓秀军,董筱姗.城市形象短视频跨文化传播中的“他者”认同建构[J].中国电视,2024(4).
[235] 李鹏,蔡礼彬.展览营销的一个分析框架:“价值—体验”矩阵建构[J].天津商业大学学报,2020(5).
[236] 牛江.文旅文创融合促进地方经济转型的策略研究[J].商展经济,2025(4).
[237] 周慧芝.数字化背景下珠海会展业高质量发展研究[J].商场现代化,2024(11).
[238] 刘俊宁.会展营销策略研究:以北京国际印刷技术展览会为例[J].中国会展(中国会议),2024(22).
[239] 张贝贝,朱灿基.基于大数据分析的会展观众流量预测与疏导算法研究[J].中国会展(中国会议),2024(24).
[240] 李欣童.全媒体背景下会展活动的传播策略探究[J].商展经济,2024(22).
[241] 黄静玮.工商管理理论在媒体融合中的应用与实践探索[J].老字号品牌营销,2024(2).
[242] 谢少常.在线社区与会展项目孵化[J].中国会展,2024(13).
[243] 李欣遥.A饮品公司数字化营销策略研究[D].长春:吉林大学,2024.

教学支持说明

普通高等学校“十四五”规划旅游管理类精品教材系华中科技大学出版社“十四五”规划重点教材。

为了改善教学效果，提高教材的使用效率，满足高校授课教师的教学需求，本套教材备有与纸质教材配套的教学课件和拓展资源。

为保证本教学课件及相关教学资料仅为教材使用者所得，我们将向使用本套教材的高校授课教师免费赠送教学课件或者相关教学资料，烦请授课教师通过电话、邮件或加入旅游专家俱乐部 QQ 群等方式与我们联系，获取“电子资源申请表”文档并认真准确填写后发给我们，我们的联系方式如下：

地址：湖北省武汉市东湖新技术开发区华工科技园华工园六路

邮编：430223

电话：027-81321911

E-mail：lyzjjlb@163.com

旅游专家俱乐部 QQ 群号：758712998 旅游专家俱乐部 QQ 群二维码：

电子资源申请表

填表时间：________年____月____日

1. 以下内容请教师按实际情况填写，★为必填项。
2. 学生根据个人情况如实填写，相关内容可以酌情调整提交。

<table>
<tr><td rowspan="2">★姓名</td><td rowspan="2"></td><td rowspan="2">★性别</td><td rowspan="2">□男 □女</td><td rowspan="2">出生
年月</td><td rowspan="2"></td><td>★ 职务</td><td></td></tr>
<tr><td>★ 职称</td><td>□教授 □副教授
□讲师 □助教</td></tr>
<tr><td>★学校</td><td colspan="3"></td><td>★院/系</td><td colspan="3"></td></tr>
<tr><td>★教研室</td><td colspan="3"></td><td>★专业</td><td colspan="2"></td><td></td></tr>
<tr><td>★办公电话</td><td colspan="2"></td><td>家庭电话</td><td colspan="2"></td><td>★移动电话</td><td></td></tr>
<tr><td>★E-mail
（请填写清晰）</td><td colspan="5"></td><td>★QQ 号/微信号</td><td></td></tr>
<tr><td>★联系地址</td><td colspan="5"></td><td>★邮编</td><td></td></tr>
</table>

★现在主授课程情况		学生人数	教材所属出版社	教材满意度
课程一				□满意 □一般 □不满意
课程二				□满意 □一般 □不满意
课程三				□满意 □一般 □不满意
其　他				□满意 □一般 □不满意

教 材 出 版 信 息

方向一		□准备写 □写作中 □已成稿 □已出版待修订 □有讲义
方向二		□准备写 □写作中 □已成稿 □已出版待修订 □有讲义
方向三		□准备写 □写作中 □已成稿 □已出版待修订 □有讲义

请教师认真填写表格下列内容，提供索取课件配套教材的相关信息，我社将根据每位教师/学生填表信息的完整性、授课情况与索取课件的相关性，以及教材使用的情况赠送教材的配套课件及相关教学资源。

ISBN(书号)	书名	作者	索取课件简要说明	学生人数（如选作教材）
			□教学 □参考	
			□教学 □参考	

★您对与课件配套的纸质教材的意见和建议，以及希望提供哪些配套教学资源：